행복한 선교사 유현숙의
희망전도

다시 태어나도 이길을

행복한 선교사 유현숙의
희망전도

다시 태어나도 이길을

유현숙 지음

내가 이 책의 필자를 알게 된 것은 교회를 개척하고 정말 전도에 목마를 때였다. 목사님들을 모시고 전도 강의를 한다는 소식을 듣고 찾아갔던 것이 필자를 만나게 된 계기가 되었다.

전도 강의가 끝나고 저렇게 열정이 있는 분과 함께 사역했으면 하는 생각이 현실이 되면서 8년이라는 시간을 함께 사역하게 되었다. 함께 사역하면서 필자에게서 느꼈던 강력한 인상은 영혼사랑의 열정이었다.

두 번째 가라면 서운할 만큼 그의 영혼사랑의 열정은 상대가 누가 되었든 강력한 복음 제시와 함께 예수 믿겠다는 응답을 받아내고 만다는 것이다.

요즈음 한번 물면 놓지 않는다는 진돗개 전도가 유행하고 있지만 필자가 바로 그런 사람이었다. 목사인 나는 성도가 사정이 있어 교회를 떠난다거나 교회 출석을 거부하면 성도의 사정을 먼저 생각한다거나 쉽게 포기하는 스타일인데 반해, 필자는 '목사님은 왜 그렇게 쉽게 포기하세요? 한 사람을 전도해서 교회로 인도해 오는 것이 얼마나 힘든데' 하며 끝까지 놓지 않는 그 열정에 내가 부끄러울 때도 종종 있었다.

요즈음 우리교회가 전도에 불이 붙어 매일 전도대가 나가지만 한 때 전도가 식어 있을 때는 필자가 생각나곤 했다. 그만큼 영혼을 사랑하는 사람,

복음을 제시할 자가 있다면 언제든 달려가 복음을 전하던 필자, 지금은 멕시코 선교사로 파송 받아 가난하고 억눌린 영혼들을 위해 사랑을 쏟고 있다. 그의 복음의 열정을 알기에 그곳에서도 전도의 사역을 잘 감당하리라 믿고 있다. 그의 영혼사랑의 삶을 그린 책이 출판되었다니 더없이 기쁘고 축하해주고 싶다. 많은 사람들에게 읽혀지고, 선한 영향력을 끼치는 좋은 책으로 전도에 큰 힘이 되기를 바란다.

전주 예닮교회
조재선 목사

추천사 2

전도는 예수 그리스도의 지상 명령이다. 그러므로 성도들의 최고의 직무이기도 하다. 교회가 세워진 것은 전도의 본분을 다하기 위해서이다.

예수님의 공생애도 전도의 일부터 시작되었고, 그의 제자들을 부르신 후에 그들에게 분부하심도 역시 전도의 일이었다.

성도라면 전도는 마땅히 해야 할 나의 일이라고 의식을 하고 있지만 실상 행동은 하지 않고 있으니, 일생을 전도 생활 없이 끝맺는 이들도 상당수 있다. 본서는 문장 위주로 한 것도 아니고, 억지 이론을 짜깁기 한 것도 아니다. 오랜 세월 동안 전도의 경험을 바탕으로 한 전도의 원리가 담겨져 있으므로 매우 소중하게 정리한 책이라고 생각한다.

이 책 속에 있는 많은 내용을 한 마디로 표현하면 '전도! 전도! 전도!'이다.

주님은 전도하는 자와 세상 끝 날까지 함께 하실 것이며 전도자를 위해 더 큰 능력과 은사들로 격려하실 것이다.

본서는 전도해야 한다는 사명의식을 가지고, 하나님의 기뻐하는 전도를 위해 인내를 가지고 끝까지 읽는다면 전도 사역에 큰 도움이 되리라 확신하며 기쁘게 추천한다.

(미국 워싱턴 주) 타코마 포스퀘어 교회

조경배 목사

　　몇 해 전 여름 행사들이 끝나가는 한가해진 무렵에 아담하고 단아한 외모의 여성 선교사님 한 분이 우리 교회로 오셨다. 처음 뵐 때 과연 이 황량한 멕시코를 견뎌낼 수 있을까 염려가 되었었다. 그러나 시간이 지나며 어리석은 생각이었음을 알게 되었다.

　　현지인 목회자들의 전도에 대한 열정을 끌어내기 위해 애쓰고, 서툰 스페인어이지만 한 사람 한 사람에게 복음을 전하는 모습은 영락없는 하나님의 사람이었다. 특히 전도에 대해 말씀하실 때면 그 조그마한 체구에 어디서 저런 파워가 나올까 궁금했었는데 이 책을 읽으며 그 답을 알게 되었다.

　　선교사님은 외모에서 풍겨나는 모습과는 달리 온실에서 고이 자란 화초가 아니었다. 차라리 들판 가득 향기를 내뿜는 야생화였다. 선교사님의 고난과 역경의 삶 속에서 그를 그 되게 하신 하나님의 손길을 보았다. 어린 딸과 나누는 사랑은 여느 엄마와 다를 바 없는데 사랑하는 영혼을 위해 몸부림치는 모습에서는 특별한 하나님 사람의 향기가 났다.

　　평범하지 않은 삶을 주시며 강하게 훈련시키신 하나님께서 이제 이 곳 멕시코의 지친 어린 영혼들을 위해 선교사님을 또 다시 한 포기의 야생화로 피어나게 하실 것을 기대한다. 그 향기가 이 책을 읽는 독자들과 선교사님을 만나는 멕시코 현지인들의 가슴에 전해져 복음의 꽃을 피우는 수많은 야생화로 피어나길 기도한다.

멕시코 한인 연합교회

박기억 목사

그리스도인들이라면 누구나 전도하고 싶은 마음이 있을 것입니다. 그러나 전도가 결코 쉽지 않다는 것을 알기에 마음에 무거운 짐이 되기도 합니다. 전도는 가장 강력한 영적 전쟁이기 때문입니다.

그렇다고 전도하는 동안에 힘든 고난의 시간만 지속되는 것은 결코 아니며 전도자에게는 반드시 복이 따른다는 것을 확신하고 있습니다. 주님께서는 모든 것을 눈여겨보고 계시기 때문입니다.

전도가 힘들다고 낙심하고 포기해 버린다면 결국 마귀만 좋아하게 될 것입니다. 우리가 포기하지 않고 게으름과 욕심, 교만과 향락의 유혹을 이기며 끝까지 힘든 과정을 통과하면 결국 우리는 승리할 것입니다.

전도는 하려고 마음만 먹으면 누구나 할 수 있다고 생각합니다. 예수 믿은 지 얼마 안 된 새 가족이 전도하는 것을 종종 보게 됩니다. 혼자 나오기 쑥스러워 친구나 형제나 이웃을 데리고 오는 경우가 많기 때문입니다. 여러 가지 다양한 방법으로 하나님께서 역사해 주시기 때문에 딱히 방법이 정해졌다고 할 수 없을 것입니다.

"너희는 가서 모든 족속을 제자로 삼아"(마 28:19).
"온 천하에 다니며 만민에게 복음을 전파하라"(막 16:15).
"너는 말씀을 전파하라 때를 얻든지 못 얻든지 항상 힘쓰라"(딤후 4:2).

주님께서 이렇게 강조하신 전도의 명령이기에, 주님을 사랑하는 마음으로 어린 아이처럼 말씀에 순종하는 삶을 살려고 노력했습니다. 저의 20여 년 동안의 삶을 되돌아보니 전도하며 살았던 기억이 매우 많았습니다. 제

힘으로는 도무지 그런 일들을 할 수 없었는데 모두 하나님께서 하심을 고백합니다.

전도하다 보니 영혼의 소중함을 더욱 절실히 깨닫게 되었고, 불신자만 보면 불쌍한 생각이 들어 어떻게든 전도하기 위해 노력했습니다. 그런 부족한 저에게 하나님께서는 여러모로 많은 기적을 체험하게 해주셨습니다.

지진과 기근, 쓰나미, 홍수, 음란, 끝없는 욕심 등을 보면서 마지막 때가 임박했음을 느낍니다. 주님의 때가 차기 전에 한 생명이라도 더 복음을 전해 들어야 할 텐데 하는 생각에 이 책을 쓰게 되었습니다.

부족한 제가 먼 이국땅 선교지에서 책을 쓰게 되리라고는 전혀 생각을 못했기 때문에 그동안의 전도 사례들도 기록을 위해 모아두지 못함이 아쉬웠습니다. 할 수 없이 기억을 더듬어 어렴풋이 떠오르는 여러 사례들을 모두 싣지 못해 아쉬움도 남지만 이것만으로도 족하게 생각합니다. 이 책을 통해 독자들에게 전도하고 싶은 열정이 조금이라도 생긴다면 더 바랄 것이 없겠습니다. 오직 하나님께만 영광이 되기를 기도합니다. 감사합니다.

멕시코에서
유현숙

목차

04장_멕시코 전도와 멕시코 선교

05장_전도 방법 및 자료 소개

에필로그

God bless you!

IN MEXICO

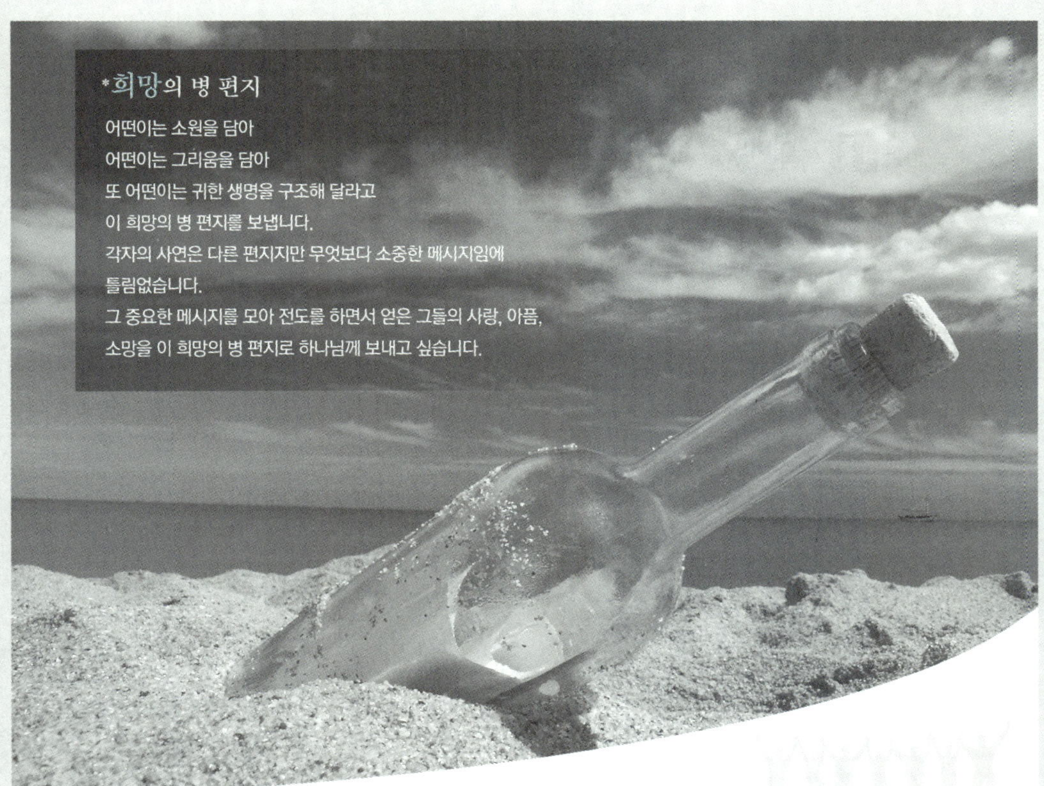

PART 01

선교의 길 들어서며

"사랑 안에 두려움이 없고 온전한 사랑이 두려움을 내쫓나니 두려움에는 형벌이 있음이라 두려워하는 자는 사랑 안에서 온전히 이루지 못하였느니라. 우리가 사랑함은 그가 먼저 우리를 사랑하셨음이라"(요일 4:18-19).

01 – 어머니의 질병과 서원

우리 부모님은 슬하에 딸 넷을 두셨다. 나는 그 중 셋째로 태어났다. 젊은 시절 경찰 공무원이셨던 아버지는 유교에 심취하셨고, 어머니는 불교를 신봉하는 집안에서 자라왔다.

어느 날 초등학생이었던 큰 언니가 시름시름 앓더니 그만 세상을 떠나고 말았다. 이로 인해 유난히도 자식들을 사랑하셨던 어머니께서는 많은 날을 눈물로 지새며 힘들어 하셨고, 아버지께서도 불면증으로 힘든 날을 보내셔야만 했다.

어머니 말씀에 따르면, 우리 집에 닥친 불행을 해결하려고 큰 아버지께서는 굿을 하라고 권유하셨다고 한다. 불교 집안에서 자란 어머니는 물론 유교 사상이 몸에 배인 아버지조차도 굿이 싫었지만, 큰 아버지의 말씀을 받아들여야만 했다.

그러나 굿 하는 것이 너무 싫으셨던 어머니는 어떻게 하면 굿을 하지 않을 수 있을까 고민하던 끝에, 누군가로부터 교회를 다니면 굿을 하지 않아도 된다는 말을 듣고는 교회를 다니기 시작하셨다고 한다. 어머니께서 그렇게 교회를 다니시게 되자 자연스럽게 우리 자녀들도 일찍부터 신앙생활을 할 수 있게 되었는데, 지금 생각해 보면 참으로 하나님의 은혜라고 생각되어 감사할 뿐이다.

그 후로 아버지는 어머니가 아들을 못 낳는다는 이유로 뒤늦게 작은댁을 보게 되었다. 어머니는 아들 못 낳은 죄로 아버지께 아무런 물질적 도움도 받지 못한 채 집을 나와야만 했다. 그때부터 우리 세 자매는 익산의 작은 셋방에서 어머니와 우리 세 자매의 힘겨운 삶이 시작되었다. 우리 집의 불행은 여기서 그치지 않았다.

어느 날 어머니께서 자꾸 하혈을 하신다기에 전주 예수병원을 찾아갔는데 병원 진단이 자궁암 말기라고 하는 것이 아닌가. 힘든 생활에 지쳐있던 우리에게 어머니의 이 질병은 곧 우리의 죽음과도 같았다. 더구나 병원에서는 어머니의 체력이 수술을 견딜 수 없을 만큼 약한 상태라고 했다. 할 수 없이 어머니는 오로지 방사선 치료만을 받으셨다. 그러나 그 방사선 치료마저 견디지 못하고 결국 퇴원하여 돌아가실 날만 기다리게 되었다. 그때 어머니의 나이는 49세였다. 너무 안타까운 생각에 나는 여동생과 함께 50일 작정 새벽기도를 시작했다.

"주님 저희 어머니를 살려 주세요. 차라리 제 생명을 거둬 가시고 어머니를 살려주세요. 히스기야 왕의 생명을 15년 연장하셨던 것처럼 저희 어머니 생명도 15년만이라도 연장해 주세요."

하루도 빠지지 않고 동생과 함께 부둥켜안고 울며 기도했다. 그때 새벽기도회에 오셨던 많은 성도님들도 함께 울면서 우리를 위해 기도해 주셨던 기억이 생생하다.

"저 자매들을 불쌍히 여기사 저들의 기도를 들어 주시옵소서."

우리가 50일 새벽 기도를 마친 날, 어머니는 곧 숨이 멎을 것처럼 말씀하셨다.

"내가 아무래도 죽을 것 같구나."

그때 우리는 집 근처에 있는 구세군 교회를 다니고 있었는데 임종을 앞둔 순간이라 놀라 울면서 교회로 달려가 사관님과 사모님을 모시고 왔다. 동생과 언니는 어머니 발쪽에서, 나와 사관님과 사모님은 어머니 머리맡에서 울부짖으며 기도했다. 어머니를 살려달라고 몸부림쳤다. 그때 갑자기 어머니께서 한숨을 크게 내쉬시더니...

"내 머리 위에 무지개 세 개가 떠있는 것이 보인다."라고 가냘픈 목소리로 말씀하셨다. 그때 사모님이 무릎을 탁 치면서 말씀하셨다. "어머니 이제 오래 사시겠네! 하나님께서 15년 생명을 연장해 주셨어! 걱정하지 마!"라고 하셨다. 그 후로 신기하게도 어머니는 하루하루 좋아지시더니 정말 깨끗이 병이 나으셨고, 세 딸을 모두 결혼시키시고 손자 손녀들도 다 보실만큼 건강을 되찾으셨다.

어머니는 우리가 기도한 대로 정확하게 15년을 더 사시고, 65세의 짧은 생애를 마치고 주님 나라에 먼저 가셨다.

어머니의 병이 완전히 나은지 3년 쯤 지난 어느 날, 우연히 길에서 어머니를 치료해 주셨던 담당 의사 선생님을 만났다. 집사님이셨던 그분은 동정어린 눈으로 나를 향해 "그래 어머니 어떻게 되셨어? 돌아가셨지?"하며 조심스럽게 물으셨다. 나는 웃으면서 대답했다.

"어머니 병 깨끗이 다 나으셨어요."

그러자 잠시 멍하니 서 계시던 의사 선생님은

"할렐루야! 하나님께서 고쳐 주셨구만!"

하시며 함께 하나님께 영광을 돌렸던 기억이 난다.

어머니는 참으로 조용한 분이셨다. 늘 기독교방송을 청취하시며 믿음을 키워 나가셨다. 또한 어떤 목사님의 말씀을 듣던지 말씀이 떨어질 때마다 큰소리로 "아멘"을 하셨다. 매주 예배가 끝나면 신선한 우유를 치마폭에 감춰 들고 사택에 들어가시는 목사님의 손에 수줍게 전해 드리곤 하셨다. 어쩌다 갑자기 어머니가 계신 방문을 열면 말없이 엎드려 기도하시다가 문 여는 소리에 깜짝 놀라 머리를 드시던 어머니를 뵌 것이 한두 번이 아니었다.

우리가 잠들어 있을 때 조용히 머리맡에 오셔서 우리를 위해 기도해 주셨던 어머니 박양순 권사님! 힘들고 어려운 사람을 보면 절대로 그냥 지나치지 않으셨던 고운 성품의 어머니께서는 곱디고운 모습으로 주님 나라에 먼저 가셨다. 내가 하나님 나라에 가면 가장 먼저 꽃다발 들고 나를 마중 나오실 것 같은 어머니!

어머니가 돌아가신 후 나는 너무나 마음이 아파 매일 밤 섬기던 교회 의자에 엎드려 울며 기도하다가 잠이 들곤 하였는데 그때 어머니가 천국에

가 계신 꿈을 꾸게 되었다. 나는 꿈속에서 방송국에 전화를 했다.

"빨리 여기로 와서 취재해 가세요. 천국이 진짜 있다구요. 우리 어머니가 지금 천국에서 전화 왔다구요. 이것 봐요. 천국이 진짜 있잖아요."

이렇게 외치다가 꿈에서 깨어났다. 그 후로 어머니로 인한 슬픔이 사라졌다.

어머니의 질병이 나를 헌신케 하였고, 그로 인해 내가 진리 안에서 복된 삶을 살게 된 것을 나는 주님께 감사하지 않을 수 없다.

"사람이 여호와께 서원하였거나 결심하고 서약하였으면 깨뜨리지 말고 그가 입으로 말한 대로 다 이행할 것이니라"(민 30:2).

▲현재의 내 모습-베텔교회에서 사역중

02 – 첫 단추

　내가 초등학교 3학년부터 중학교 때까지 살았던 답동에서 선생님 두 분이 교회를 개척하였는데, 그곳에는 목회자가 따로 없었다. 총회 신학을 막 졸업하던 해에, 나는 선생님들이 개척한 고향 답동교회에서 첫 사역을 하게 되었다. 그곳에서 일 년간 행복한 경험을 한 후 정읍 성결교회로 사역지를 옮겼고 그곳에서는 주일학교와 선교원 주임 교사를 맡아서 담당하였다.

　주님의 은혜로 25명이었던 소규모 선교원이 1년 동안 120명 원생의 선교원으로 성장하였다.

　그때 교회 뒷산에 절이 하나 있었는데, 그 절에 사는 두 형제가 우리 선교원에 다니게 되었다. 어느 날 그곳으로 가정방문을 가게 되었다. 가보니 아이들의 엄마가 한센씨 병으로 양손을 붕대로 동여매고 방에 누워 있었다.

　너무나 선해 보이는 젊은 그 엄마를 보니 아이들이 가여운 생각이 들었다. 그때 같이 사는 할머니가 이런 말씀을 하셨다.

　"우리 아이들이 밥을 먹을 때 기도를 해요. 하지만 나는 이 아이들이 절대로 교회에 넘어가지 않을 것을 믿으니까 보내는 거예요."

　"할머니! 기도하는 것은 나쁘지 않으니까 그냥 두세요."라고 했더니 할머니도 동감하셨다.

　나는 그 아이들의 마음속에 꼭 복음의 씨앗이 심어지게 해 주시기를 기도하면서 매일 선교원을 시작할 때 드리는 예배에 많은 노력을 기울였다. 창세기부터 역사의 인물들을 동화식으로 재미있게 표현하여 들려주면 아이들은 너무나 좋아했다. 지금 생각하면 그때 절에 살던 할머니의 그 가정을 담대하게 전도하지 못한 것이 못내 아쉽기만 하다. 내 안에 성령이 충만해져야 복음을 담대히 증거할 수 있지만 그 당시 나는 믿음이 너무 부족하기만 했다.

27살이 되던 해에 섬기던 교회에서 남편을 만났다. 선교원 사역과 남편과의 교제에 빠져 1년이 어떻게 지나간지도 모르게 지나가버렸다. 1년 후 교회를 사임하고 결혼을 했다. 나는 하나님 앞에서 어머니를 살려 주시면 목숨 바쳐 주님만을 위해 살겠노라고 서원한 것을 잊고 남편을 만나 세상 삶에 푹 빠져 들어갔다. 그러나 행복은 잠깐, 늘 마음 조이며 사는 삶이 되고 말았다. 그것은 첫 단추가 잘못 끼워진 결혼이었다. 결혼 생활이 힘들어지자 그때서야 결혼하지 않고 주님의 일을 하며 살겠다고 기도했던 기억이 되살아났다. 서원은 해가 될지라도 갚으라는 말씀이 떠올랐다.

그 사이 딸을 하나 낳았다. 사춘기 때 아버지를 떠나 어머니와 함께 살면서 아버지에 대한 그리움이 컸기 때문에, 내 딸 하나만큼은 아빠의 사랑 속에 행복하게 살기를 바랐다. 그런 딸아이가 아빠없이 살 것을 생각하니 가슴이 미어지도록 아파왔다. 할 수만 있다면 불행한 결혼 생활일지라도 견디며 살아보려고 노력을 했다.

그런데 결국 세 살된 딸 아이를 데리고 집을 나오고야 말았다. 남편의 외도, 어린 내가 감당하기에는 너무도 어려웠던 그의 강한 성품, 거기에 더 이상 나를 버티지 못하게 했던 힘든 주변 환경들을 이기지 못하고, 나는 아이의 아빠를 포기하고 말았다. 위자료 따위는 생각도 하지 못하고 맨몸으로 나올 수밖에 없었다. 아무런 대책도 없이 집을 나와 딸아이와 함께 살아가기는 참으로 힘겹고 두렵기까지 했다. 이 세상 천지에 나 혼자인 것처럼 느껴졌다. 바람이 스쳐 불기만 해도 그 외로움이 나를 짓눌러 견디기 힘들었다. 그래도 남편에게 다시 돌아가는 것보다는 이렇게 사는 것이 낫다는 생각을 하며 스스로를 위로했다. 그동안 내가 가지고 있던 믿음은 아무것도 아니라는 것을 알게 되었다.

영적으로 너무나 무지하기만 했던 시절이었다. 현모양처가 되어 그림 같은 가정을 꾸미고 행복하게 살고 싶었던 꿈들은 한낱 몽상에 지나고 말았다.

언니네 아파트 작은방에서 밤마다 엎드려 소리 없는 통곡의 기도를 하였다. 주체할 수 없는 눈물을 쏟으며 두 손을 높이 들고 간구했다.

"하나님! 나는 이제 어떻게 해야 합니까! 남편에게 다시는 돌아가고 싶지 않습니다. 다른 남자를 만나서 산다는 것도 생각하고 싶지 않습니다. 하나님의 선한 뜻을 가르쳐주세요!"

참으로 처절한 기도였던 걸로 기억한다. 밤마다 이렇게 기도하기를 몇 주째. 그러던 어느 날 내가 엎드려 기도하고 있는 방안에 갑자기 밝은 불빛이 환하게 비치는 것이었다. 나는 지금도 그때의 그 불빛이 어떤 빛이었는지 알지 못한다. 깜깜한 밤중에 불도 켜지 않고 엎드려 기도하고 있던 내 주위를 환하게 비춰준 그 불빛. 하지만 그 불빛만 생각하면 주님의 따스한 사랑이 떠오른다. 그때 나는 그 기이한 불빛에 너무 놀라서 기도를 하다 말고 입을 다문 채 잠시 멍하니 엎드려 있었다. 그때 누군가 나를 꼭 끌어안아주는 느낌을 받았고 "딸아, 안심하라"는 주님의 속삭임을 마음으로 들을 수 있었다. 나도 모르게 마음에 큰 평안이 찾아왔다. 무엇인가가 내 온몸을 포근하게 감싸고 있는 느낌이었다.

"주님 사랑합니다."라는 말이 나도 모르게 흘러나왔다. '그래 이제는 주님께 모든 것을 맡기자.' 내가 가야 할 길을 나는 알 수 없지만 앞으로는 더 이상 고통이 없는 길로 인도해 주시기를 간절히 기도했다. 기도하다 용기를 얻어 몸을 일으켜보니 주위는 어느새 다시 깜깜해져 있었다. 나는 불을 켜고 성경 시편을 펴고 잠이 들 때까지 계속 읽었다. 그리고 오후 내내 남편에게 부치려고 써 놓았던 편지를 없애버렸다. 다음날도 물밀듯이 마음속에 평안이 임했다. 내 마음속에 '주의 종의 길을 다시 걸어야지.'라는 생각이 자연스럽게 들었다.

그날 언니가 몹시 아파서 꼼짝 못하고 침대에 누워 있었다. 나는 언니의 머리맡에 가서 낫기를 위해 간절히 기도를 드렸다. 기도가 끝나자 언니는 내 기도를 통해 성령의 강한 역사를 느꼈고 큰 은혜를 받았다고 했다. 그리고는 곧바로 깨끗이 나았다며 외출을 하는 것이었다.

이것이 하나님이 주시는 '싸인'이라고 생각한 나는 주의 종의 길을 걸어야겠다고 다시 마음속으로 다짐했다. 하지만 이 몰골로 당장에 사역을 한다는 것이 마음에서 용납되지 않았다. 내가 마음을 추스르기까지는 약 1년 반 정도의 시간이 걸렸다. 드디어 내 기억 속에서 아픔이 사라지고 새로운 삶을 시작할 수 있는 용기가 되살아났다. 그제야 주변의 모두를 용서할 수 있었다. 그리고 주님은 나에게 적합한 좋은 일자리를 허락해 주셨다.

"사랑 안에 두려움이 없고 온전한 사랑이 두려움을 내쫓나니 두려움에는 형벌이 있음이라 두려워하는 자는 사랑 안에서 온전히 이루지 못하였느니라. 우리가 사랑함은 그가 먼저 우리를 사랑하셨음이라"(요일 4:18-19).

새로운 일터

언니의 도움으로 새마을 유아원을 인수 받아 운영하게 되었다. 교육학을 전공하였고 선교원과 유치원에서 일한 경험이 있었기에 선택한 일이다. 그런데 시작한 지 얼마 안 되어 남자 아이 둘이 싸우다 한 아이가 돌에 맞아 크게 다치는 사고가 발생했다. 이마에서 피가 줄줄 흐르는 한 아이를 선생님이 안고 병원으로 달려갔다. 나는 너무 놀란 가슴에 몸을 주체할 수도 없었고 사고를 해결하기는커녕 내 자신을 지탱하기도 힘들었다. 그때 너무 큰 충격을 받고 유아원을 정리하고 싶은 생각을 하던 참에 동생 유복남 집사로부터 기업체 한 곳을 소개받았다.

당시에 나이가 많지 않았고 딸은 겨우 네 살밖에 되지 않아서 주위에서 재혼하라는 말도 많았지만, 다시는 하나님 앞에서 마음먹은 길을 돌이키고 싶지 않았다. 인생의 실수를 다시 하지 않으리라는 확고한 마음으로 어떠한 이야기에도 흔들리지 않았다. 모두에게 동일하게 적용되는 것은 아니겠지만, 하나님께서는 내가 결혼하지 않고 나의 삶을 온전히 바치기를 원하시지 않았을까 하는 생각도 들었다.

하나님께 서원한 기도를 모두 갚기로 결심하고, 생계를 위해 동생이 소개해준 전주에 있는 BYC 계열사 신한섬유 여학생 기숙사 사감으로 취업을 하게 되었다. 그곳은 낮에는 회사에서 일을 하고 밤에는 야간 고등학교에 다니는 여학생 기숙사였다. 그로부터 13년 동안 그 기숙사에서의 생활은 단순히 생계만 해결받은 것이 아니라 많은 학생들에게 복음을 전할 수 있는 기회가 되었다. 신실하신 하나님의 계획 속에 부족한 나를 이만큼이나마 사용하실 줄을 누가 알았을까?

좋으신 하나님은 측량할 수 없는 사랑으로 언제든지 우리를 가장 아름답고 복된 길로 그리고 친히 영광 받으실 길로만 인도하시는 분임을 고백하게 된다.

주님께서 나에게 이렇게 질문하시는 것 같았다.

"세상은 어떠니? 남편은? 자식은? 돈은?"

"주님! 그것들도 좋지만요, 주님의 사랑 받는 것이 더 좋아요. 그리고 그 사랑의 복음 전하는 것이 가장 후회가 없는 행복한 삶이에요."

"고난 당한 것이 내게 유익이라 이로 말미암아 내가 주의 율례들을 배우게 되었나이다"(시 119:71).

PART 02

기숙사 전도 외국인 전도

"내가 복음을 부끄러워하지 아니 하노니 이 복음은 모든 믿는 자에게 구원을 주시는 하나님의 능력이 됨이라 먼저는 유대인에게요 그리고 헬라인에게로다"(롬1:16).

내가 근무하던 기숙사는 5층 건물로 방이 66개가 있는 꽤 규모가 큰 기숙사였다. 학생들이 많을 때는 360명이 넘었다. 그곳에서 매일 하는 일은 취침 전 점호와 입·퇴소 관리, 청소, 전기 점등, 소등, 외출 외박관리, 상담, 응급환자 돌보기 등이 나의 주된 일이었다.

내가 처음 입사를 결심했을 때 그곳에서 가장 중요하게 생각했던 것이 자유로운 신앙생활이었다. 교회를 다닐 수 있어야 하며, 낮에 시간이 나면 교회 일을 할 수 있고 금요일에는 예배를 드릴 수 있는 곳이어야 한다는 생각이었다. 다행히도 처음부터 생각했던 대로 신앙생활을 하는데 별다른 문제가 없었으며, 학생들을 모아 놓고 금요일마다 예배를 드렸지만 아무런 제재도 없었기에 너무나 감사했다.

그러던 어느 날 총무과에서 결재 받는 중에 갑자기 공장장님이 특정 종교를 가르치지 말라는 것이었다. 그분은 독실한 불교 신자였다. 그 일로 매주 금요일 아침 결재 때마다 공장장님과 자주 얼굴을 붉히는 일이 생겼다. 내가 그분의 말을 따를 수 없었기 때문이었다. 그날도 결재를 받으려던 나에게 앞으로는 금요일에 절대로 예배를 드리지 말라고 강력하게 말씀하셨다. 예배드리는 것이 학생들에게 큰 피해를 주는 것도 아니고 오히려 여러모로 유익할 텐데, 사탄이 방해를 하는구나 하는 생각이 들었다.

그날 나는 회사를 그만 두는 일이 있어도 그렇게는 못하겠노라고 하면서 "우리나라는 종교의 자유가 있으니 공장장님도 기숙사에 들어오셔서 목탁 두드리면 될 게 아닙니까!"라고 큰 소리로 외쳤다. 그러자 할 말을 잃은 공장장님은 결재 장부를 집어 던지며 위계질서가 없다면서 크게 화를 내셨다.

그 일로 마음에 부담감이 생겨 회사를 그만둬야겠다고 생각했다.

'하나님, 여기까지만 제가 이곳에서 필요하셨나 봐요.'

다시 일자리를 알아봐야 했다. 내가 할 수 있는 일이라고는 과거에 교회일과 유치원 교사를 한 경험이 있기 때문에 당시로서는 유치원이나 학원밖에 할 수 있는 일이 없었다. 이제 와서 교회 사역자로 들어간다는 것은 마음에서 허락되지 않았다. 그래서 동생에게 새로 짓는 아파트 상가에 학원 자리를 알아봐 달라고 부탁하여 마땅한 장소를 찾고 있었다.

장소를 부탁한지 2~3주 지난 후 총무과에 결재를 받으러 갔더니 공장장님이 말끔하게 양복을 차려입고 나에게 그동안 수고했다면서 악수를 청하였다. 그는 사표를 냈다면서 다른 곳에 하청 공장을 운영할 계획이니 혹시 이곳 기숙사에서 학생들이 졸업하고 나가거나 다른 곳으로 옮기는 일이 있으면 꼭 좀 소개해 달라고 간곡한 부탁까지 하였다. 총무과 직원에게 갑자기 왜 나가는 건지 살짝 알아보니 얼마 전 사장님과 몹시 불편한 일이 있었다고 귀띔을 해준다.

'이상하다. 내가 나가려고 했는데 왜 공장장님이 먼저 나갈까? 그럼 나는 나갈 필요 없게 되었네. 여긴 내가 전도하면서 안전하게 딸과 함께 살기에 너무 좋은 곳인데, 주님 감사합니다. 저를 남게 해 주셔서...'

"밤에 주께서 환상 가운데 바울에게 말씀하시되 두려워하지 말며 침묵하지 말고 말하라 내가 너와 함께 있으매 어떤 사람도 너를 대적하여 해롭게 할 자가 없을 것이니 이는 이 성중에 내 백성이 많음이라 하시더라"(행 18:9-10).

이번에도 제가 남게 되었군요

그런 일이 있은 후 나에게 또 다른 부담스러운 일이 생겼다. 내가 관리하던 기숙사는 14개 계열사의 학생들이 머무는 종합 기숙사였다. 계열사 사장 중에 한 분이 내 마음을 불편하게 하였다. 그분 역시 공장장님처럼 독실한 불교 신자였다. 세상 사람이 볼 때는 젊은 과부가 어린 딸 하나를 데리고 혼자 살고 있으니 쉽게 생각할 수도 있었을 것이다. 회사를 그만 두어야 할 위기가 또다시 찾아왔다.

그리고 주님 섬기는 일 외에 다른 것에 한눈을 팔 여유가 못 되었다. 오직 주님만을 바라보고 붙들고 늘 주님을 묵상하며 살던 때였다. 아무리 바빠도 매년 성경을 3독씩하고 또 성경을 필사하고 종교 서적들을 읽었는데 그 와중에도 없는 시간을 쪼개어 부업까지 하느라 힘이 들었다. 어쩌다가 교회집사님들이 쇼핑하자고 할 때는 외출하고 오면 그 빼앗긴 시간들이 아까워 후회를 했을 정도이니 어떻게 이성에 대해 마음을 품을 수가 있었겠는가.

답답한 마음에 어머니께 이런 사정 이야기를 하며 기도 부탁을 하였더니 그때 어머님은 이런 말씀을 하셨다. "착한 우리 딸. 네가 어서 늙어야 이런 고민이 필요 없게 될 텐데, 아니면 어서 그곳 회사를 그만 두고 교회에서 본격적으로 전도사 일만 해야 할 텐데…"

그런데 그렇게 어머니께 기도 부탁한 지 한 달도 채 되지 않아 그 계열 회사에 원인 모를 불이 나서 건물 전체가 전소되어 버렸다. 그 후로 그분의 행방을 알 길이 없게 되었다.

'주님 이번에도 제가 남게 되었군요. 감사합니다.'

"너희는 먼저 그의 나라와 그의 의를 구하라 그리하면 이 모든 것을 너희에게 더하시리라"(마 6:33).

이번에도!

이번에는 내가 매일 결재를 받아야 했던 우리 회사 사장님이었다. 항상 결재 받으러 들어갈 때마다 마음이 무겁고 부담스러웠다. 처음에는 자상하고 좋으셨던 분이 갑자기 왜 나에게 불편한 마음으로 대하는지 도무지 알 수 없었다. 나는 어디서든지 주어진 환경에 최선을 다하려고 노력했다. 그러나 당시에는 30대 초반의 젊은 나이였기에 살아갈 앞날이 염려가 되어 비교적 한가한 낮에는 틈나는대로 이것저것 부업까지 하느라 무척 힘든 생활을 하고 있었다. 그래서 혹시 내가 부업 하는 것 때문에 회사에 충실하지 못할까봐 그러나 하는 생각도 해 보았다. 사장님이 어찌나 퉁명스럽게 대하는지 마음이 너무 무겁고 내 자신이 너무 초라한 생각이 들어 다시 회사를 그만 둘 생각으로 다른 일자리를 알아보기 시작했다.

그때도 전과 똑같이 동생에게 학원을 할 수 있을 만한 장소를 알아봐 달라고 부탁했다. 그런데 그즈음 회사에서 감사가 시작되었다. 감사가 있은 지 얼마 후 사장님은 전에 공장장님과 비슷한 인사를 하는 것이 아닌가. 그동안 수고했다며 악수를 청하고 회사를 떠나가는 것이었다.

나는 그때 무릎을 꿇었다.

'주님! 저는 지극히 부족한 사람입니다. 제가 회사를 그만 두려고 할 때마다 왜 상대방이 먼저 나가려 하는 것이죠? 제가 이곳에 혹시 필요하신가요? 우리의 걸음을 인도하시는 분이 주님이시니 이 일도 주님께서 하신 것이라 믿습니다.'

그 후로 하나님께서 나를 이 기숙사에 있도록 하신다는 것을 깨닫게 되었다. 그날 나는 주님께 기도했다.

'주님! 부족한 저를 어디에 쓰시렵니까? 제가 무엇을 하기를 원하십니까?'

생각해볼 것도 없이 주님께서 명령하신 천하보다 귀한 생명에게 전도하라는 뜻으로 받아들였다.

'주님! 제가 복음을 전하겠습니다.'

그런데 전도가 내 뜻대로 그리 쉽게 되지 않았다.

"형제들아 사람이 만일 무슨 범죄한 일이 드러나거든 신령한 너희는 온유한 심령으로 그러한 자를 바로잡고 너 자신을 살펴보아 너도 시험을 받을까 두려워하라. 너희가 짐을 서로 지라 그리하여 그리스도의 법을 성취하라"(갈 6:1-2).

그즈음 기숙사에 자주 발생하는 도난 사고가 일어났다. 사고가 일어난 방에 초등학교를 졸업하고 들어온 학생이 있었는데 평소에 측은하게 생각하던 학생이었다. 그런데 그날따라 자꾸만 돈을 잃어 버렸다는 신고가 있자 화가 치밀었다.

그 학생을 사감실에 불러 가져간 돈을 도로 갖다놓으라고 심하게 추궁하며 다그쳤다. 점심시간에 그가 아무도 없는 방에 들어가는 것을 확인했고 그동안 경험으로는 대부분 함께 살고 있는 방 식구가 훔친다는 것을 알고 있었기에 확신을 가지고 추궁했던 것이다.

지금 생각하면 미안한 맘이 그지없다. 그 어린것에게 도둑 잡으려는 마음만 앞세워 얼마나 야단을 쳤는지 모른다. 다음날 새벽기도를 마치고 숙소에 들어오는데 내 눈앞에 확~ 들어오는 것이 있었다. 사감실 정면 벽에 붙여놓은 칠판에다 〈사감 나쁜 년〉이라고 커다란 글씨가 한가운데 비스듬하게 쓰여 있었다.

순간 나는 얼굴이 빨개지면서 '누구야! 어떤 놈이...' 하면서 보복 조치를 취할 생각부터 했다. 그리고 누가 볼세라 재빨리 지우고 사감실로 들어오는데 갑자기 가슴이 두근두근 뛰면서 무릎이 후들후들 떨려 사감실 바닥에 털썩 꿇어앉고 말았다. 갑자기 눈물과 함께 회개가 터져 나오기 시작했다.

"하나님 잘못했습니다. 제가 학생들을 전도하려면 이들을 섬겨야 되는데, 너무나도 세상적인 방법으로 다루면서 전도하려고 돌아다녔으니 얼마나 비웃음을 당했을까요. 용서해 주세요. 이들을 섬기겠습니다. 사랑하겠습니다."

그때부터 새벽마다 회개의 기도를 시작했다. 하나님은 참으로 전지하신 분이심을 다시 한 번 고백하고 싶다. 아무리 기도를 해도 분별하지 못하고 내 스스로 깨닫지 못하니까 이런 충격적인 방법으로 나를 깨우치셨던 것이다. 나는 그제야 깨닫고 못난 자신을 돌아보며 내가 얼마나 무지하고 영적으로 둔감하게 살고 있는지를 되돌아보게 되었다.

"그의 형제를 사랑하는 자는 빛 가운데 거하여 자기 속에 거리낌이 없으나 그의 형제를 미워하는 자는 어둠에 있고 또 어둠에 행하며 갈 곳을 알지 못하나니 이는 그 어둠이 그의 눈을 멀게 하였음이라"(요일 2:10-11).

방법을 바꾸었더니

사랑하며 섬기겠다고 기도하고 전도하려고 마음먹으니 학생들에게 함부로 대할 수가 없었다. 그 일이 있은 후로 관리 방법을 완전히 바꾸었다. 일부러 청소를 하지 않는 학생이 있으면 함께 비를 들고 다니며 청소를 하였다. 잘못을 저지르는 학생에게는 주님의 사랑으로 타이르고 권면하며 예수님을 소개하고 함께 눈물로 기도했다.

전에는 문제를 일으키면 무조건 꾸중부터 하고 '반성문을 써와라, 1주일간 화장실 청소를 하라.'는 등 벌을 주곤 했었다. 학생들은 많은데 말은 잘 듣지 않고 혼자서 벅차기도 하였고 매일 잔잔한 문제들이 발생했기 때문이다. 그런데 칠판에 써놓은 〈사감 나쁜 년〉이란 사건이 있은 다음부터 회개의 기도를 통해 많은 것을 깨닫게 해 주셨다. 할 수만 있으면 그들을 이해하려고 노력했다.

또 여러 가지 환경을 통해 전도할 수 있도록 하나님께서 역사해 주셨다. 상담을 하며 그들의 사정을 듣고 보면 이해하지 않을 수 없었다. 그곳 학생들은 주로 결손 가정의 아이들이거나 가정 형편이 좋지 않은 학생들이 많았기 때문에 사랑이 많이 필요했던 것이다. 그들을 사랑으로 대하게 되자 오히려 말도 더 잘 듣고 순종하기 시작했다. "나는 너희들을 사랑한다. 하지만 나보다 너희를 더 사랑하시는 분이 계시는데 그분이 바로 예수님이셔. 다음 주에 나와 함께 교회 가자." 하면 그들은 대부분 "네!" 하고 순종했다. 인간적인 생각에서 영적으로 방법을 바꾸니 오히려 은혜의 시간들을 가지게 되었다. 칼바람보다는 따스한 햇볕이 승리의 비결이었다. 명절에는 어려운 학생들을 골라 회사에서 나오는 양말 세트를 사서 부모님께 선물을 하도록 나눠주었다.

그즈음 때마침 내 동생 유행진이 책을 한 권 내게 선물해 왔다. 현선영 전도사가 쓴 《사랑 있는 믿음 외에 기억치 않겠노라》라는 책이었다. 그 당시 나는 한참 전도하려고 몸부림치는 중이었기 때문에 그 책을 읽고 나서 많은 은혜를 받았고 전도에 큰 도전을 받게 되었다. 사랑과 희생 없이 열매를 거둘 수 없다는 것도 알게 되었다. 그 책을 통해 강력하게 마음에 와 닿았던 내용은 전도를 위해서 자기의 마지막 남은 교육보험을 해지할 때 눈물을 흘렸다는 것이었다. 그동안 내가 얼마나 인색하고 베풀지 못했는지
'전도는 맨입으로 하는 것이 아니구나.' 하는 것을 깨닫게 되었다.
그때부터 나는 전도에는 많은 희생과 헌신이 따른다는 것을 공감한 후 나도 작은 것부터 실천하기 시작했다. 책을 다 읽고 난 다음 곧장 켄트지에 굵은 칼라 펜으로 〈사영리〉책을 베껴 쓰기 시작하였다. 그리고 전도를 위해 물품들을 사들였다. 초코파이, 껌, 요구르트, 회수권(버스표), 비누 등의 선물들을 구입하고 기도했다.
"하나님 도와주세요. 저는 죄인입니다. 아무 짝에 쓸모없는 부족한 사람이기에 주님의 보혈을 의지합니다. 저의 죄를 용서해 주시고 복음의 거룩한 도구로 사용해 주시옵소서."
그리고 학생들을 놓고 기도하면서 작은 사랑을 실천하기 시작했다. 시도 때도 없이 미련스러울 정도로 욕을 먹으면서까지 커다란 〈사영리〉책을 들고 학생들을 찾아 다녔다. 그때부터 하나님께서는 너무나도 많은 기적들을 체험하게 하셨다.
그 동안 내가 얼마나 전도를 하지 않고 살았는지 새삼 주님 앞에 부끄러운 생각이 들었다. 시간만 나면 "사영리에 대해 들어보았니? 지금 잠깐

시간 좀 내줄 수 있겠니?"라고 하며 학생들을 찾아다녔다.

잘못한 이들에게는 회사에서 주어진 권한을 최대한 활용하였다. "교회에 나온다면 용서해 줄게. 다음부터 그러지마." "일찍 들어와야지 왜 담을 뛰어 넘어, 다치면 어쩌려고." 당시에는 순전히 전도를 하기 위한 용서였다.

어느 때는 한참 전도를 하고 있는데 듣고 있던 학생이 꾸벅 꾸벅 졸고 있었다. 시간을 보니 11시가 훨씬 넘어 있었다. 나는 깜짝 놀라 미안한 나머지 제대로 마무리도 못하고 "어서 자거라. 너무 늦었다. 미안해. 내일 보자." 하고 그 방을 나와 숙소 윗 층에서 아래층으로 학생들이 깰까봐 조용조용 걸어 왔던 적도 있다. 나중에는 회사에서 실제로 예수에 미친 사람이라는 소문이 나돌기도 했다.

"그러나 하나님께서 세상의 미련한 것들을 택하사 지혜 있는 자들을 부끄럽게 하려 하시고 세상의 약한 것들을 택하사 강한 것들을 부끄럽게 하려 하시며 하나님께서 세상의 천한 것들과 멸시 받는 것들과 없는 것들을 택하사 있는 것들을 폐하려 하시나니"(고전 1:27-28).

유 사감은 전도에 미친 사람이래요

기숙사 건물 앞과 뒤쪽에 모두 수위실이 있었다. 어느 날 학생들이 모두 학교에 가고 난 뒤라 조용한 시간에 정문 앞 수위실에 가보았다. 그런데 수위 아저씨가 나에게 고자질을 한다.

"사감님, 뒤쪽 경비 김 주사님이 사감님보고 전도에 미친 사람이라고 했대요."

순간 화가 치밀어 올라서 "뭐라구요? 누가 뭐라고 했다구요?" 하며 따지려들다가 잠시 생각을 한 후 바꾸어 말을 했다. "아~ 그래요! 왜 그렇게 말했을까요? 내가 뭘 잘못했다고..."하며 말을 얼버무렸다. 밖으로 나와 사감실로 들어와서는 오히려 웃음이 나와 씩 웃었다. 사실 내 생각에는 그렇게 열심히 전도한 것 같지 않은데 그렇게 보아 준 것이 오히려 고마웠기 때문이다.

도대체 누가 무슨 말을 했기에 그런 소문이 나돌았을까? 사실 전도는 내가 하는 것이 아니고 성령님께서 하시며 단지 전도하려는 마음을 하나님께서 받으시고 역사해주시는 것이다. 중요한 것은 전도 대상자 이름을 기록하고 열심히 기도하면서 사랑으로 섬기는 일이다. 그 후 하나님께 온전히 맡기고 의지하는 믿음이 필요하다.

우리 모두는 예수 믿는 그날부터 살고 있는 지역에 파송 받은 선교사들이다. 전도를 부끄러워한다면 주님을 사랑한다는 말이 거짓말일 것이다. 담대한 마음으로 기도하고 체면이나 명예, 자존심 등을 모두 버려야 한다.

기숙사에서 생활하는 학생들은 일반적으로 3년의 고등학교 과정을 마치면 다른 직장으로 옮기거나 야간대학에 진학을 하는 경우가 많았다. 그래서 신년 초가 되면 입, 퇴소자들로 인해 분주했다. 적어도 3~4년을 함께 생활하다가 떠나는 그들에게 못내 아쉬운 마음이 들었다. 특별히 신앙생활을 열심히 함께 하던 자매들이 떠날 때에는 마치 자식을 떠나보내는 슬픔처럼 아픔으로 내게 다가왔다.

"내가 복음을 부끄러워하지 아니 하노니 이 복음은 모든 믿는 자에게 구원을 주시는 하나님의 능력이 됨이라 먼저는 유대인에게요 그리고 헬라인에게로다"(롬 1:16).

사랑

기숙사에서 생활하기 시작했을 때 사실 처음부터 전도를 하지 않은 것은 아니었다. 과거에 전도사였던 내가 입사하자마자 전도를 마음먹지 않을 수는 없었다. 그런데 많은 시행착오를 겪은 것이다. 학생들이 많다보니 하룻밤에도 별의별 일들이 다 일어났다. 술, 담배, 환자, 도벽, 싸우고 다치고, 외박하고... 차분히 타일러 보기도 했지만 한참 반항기에 있는 그들은 도무지 말을 듣지 않았다. 오히려 비웃기라도 하듯 다시 사고를 치고는 하였다. 점심시간이나 작업 시간에 방에 볼일이 있다며 들어가서 문이 열려 있는 방의 물건들을 훔치고, 어떤 아이들은 현장에서 여러 번 붙잡히기도 했다. 그러면 그럴수록 나는 더 꾸중을 하고, 쫓아내기도 하고, 벌과 함께 반성문을 쓰게 하고, 한 층에 다섯 칸씩 있는 화장실을 일주일씩 청소하게 하였던 것이다.

한번은 너무나 자주 습관적으로 남의 물건에 손을 대는 한 자매를 경찰서에 데리고 가기까지 했다. 다른 사람들이 충격을 받고 그러지 말라고 본보기로 그렇게 했던 것이다. 물론 경찰에게 잘 얘기를 해서 충고하고 다음부터 그러지 않겠다는 각서를 쓰고 끝난 일이지만 그런 세상적인 방법에 충격을 받았을 자매들에게 지금도 미안한 마음 그지없다.

사실 다 그렇지는 않았다. 문제아 몇 명이 항상 말썽을 일으켰지만 대부분 학생들은 너무나 착했다. 낮에는 쉴새 없이 다람쥐 쳇바퀴 돌 듯 단순노동을 하고 밤이면 꾸벅꾸벅 졸면서 공부를 하였다. 봉급날이면 가족들이 와서 지켜 서 있다가 먹고살기 위해 애써 일한 자식에게는 용돈 몇 푼 쥐어주고는 월급봉투 채 가져가 버리는 모습이 때로는 얄밉기도 하고 보기에 안타깝기도 했다.

내게 학생들을 향한 사랑의 마음이 없음을 깨닫고 눈물로 회개할 때 내 자신이 그렇게 미울 수가 없었다. 이제는 섬기며 사랑하기로 마음을 먹고 기숙사 내에 비어 있는 방을 하나 선별하여 그동안 전도하여 교회에 잘 출석하는 자매들과 함께 새벽기도 모임을 시작하였다. 어느 날 새벽에 꿈속에서 시계가 이곳저곳에서 돌아가기에 신기하여 그곳으로 발길을 향하는데, 내 앞에 너무나도 작은 손톱만한 황금 십자가 하나가 땅바닥에서 마치 별빛처럼 반짝반짝 빛나고 있었다. 나는 가까이 다가가 그 빛이 나는 십자가를 신기한 듯 쳐다 보았다. 너무나 반짝반짝 빛나고 있었기 때문이다.

깜짝 놀라 깨어 보니 새벽기도회 인도할 시간이었다. 나는 그때 또 한 번 깨달았다. 내가 지금 하고 있는 일들과 내 삶의 어려움들이 얼마나 작은 십자가인지... 그렇지만 작은 십자가임에도 불구하고 그 얼마나 빛나고 아름다운 일들인지를 생각해 보았다. '그래 더 큰 고통은 더 큰 십자가이니 더 아름답겠구나.'라고 생각하며 부족한 내게 감당할 수 있는 큰 능력주시기를 간절히 기도했다.

매주 금요 구역예배 때는 몇십 명씩 기숙사 한방 가득 모여 마치 부흥회처럼 예배를 드렸다. 그리고 예배에 참석한 이들에게는 필요한 생필품을 나눠 주었다.

성경을 통독시키고 교회 출석과 새벽 기도를 독려했다. 받은 사랑이 부족했던 그들은 조그마한 사랑에도 쉽게 마음 문을 열어주었다.

당시 회사에서는 주일날에도 자주 일을 했다. 만약 학생들이 주일날 출근하지 않으면 심한 꾸중을 들었다. 그럼에도 믿음이 성장한 자매들은 아무리 혼이 나도 개의치 않고 주일을 끝까지 지키는 모습을 보며 감사의 눈물을 흘린 적이 한두 번이 아니었다. 그런 자매들은 오전에 교회를 다녀온 후 오후에 다시 회사에 복귀하여 열심히 일을 하곤 했다. 어떤 때는 출근하지 않고 교회 갔다는 이유로 꾸중하는 고함 소리가 얼마나 크던지 회사 마당 밖에까지 쩌렁쩌렁 들리기도 했었다. 그때 나는 밖에 나가 그 고함 소리를 들으며 마음속으로 안타까워서 얼마나 기도했는지 모른다.

'주님께서 은혜 베푸시기를...'

그런데 몇 달 후부터는 회사에서도 아예 교회 갔다 오는 것을 인정해 주었다. 대부분 교회를 다니는 학생들은 착하고 또 지혜가 있어서 순발력 있게 일을 잘했다. 그렇기 때문에 회사에서 없어서는 안 될 인정받는 모범 기능공들이었다. 시간이 흐른 뒤 그녀들은 좋은 남편을 만나 결혼하는 모습을 종종 볼 수 있었다. 그들은 훗날 신학교도 들어가고 새벽기도회 출석은 물론 교회학교 교사, 찬양대, 청년회 일까지 큰 일꾼들로 쓰임 받게 되었다.

만약 내가 그리스도인으로서 공동체 속의 나를 발견하지 못하고 이기적인 행동을 계속하였더라면 나는 아무 짝에도 쓸모없는 사람이 되었을 뿐만 아니라 고난의 순간들을 견뎌내지도 못했을 것이다.

하나님은 고난의 순간마다 더 큰 사랑으로 인도하시고 보호해 주셨다. 힘들고 어렵게 살아가는 자들을 위로하고 소망을 줄 때 오히려 나에게 소망과 위로가 더욱 넘쳤음을 고백하게 된다. 부끄러운 모습으로 살아갈 수밖에 없었던 부족한 내가 작은 부분에서나마 사용되어짐에 감사할 뿐이다. 곧 내가 크리스천으로서 공동체 속에서 나 자신을 깨닫고 각기 다른 사람들을 주님의 사랑으로 이해하며 다가갈 때 하나님께서는 작은 부분이었지만 나를 붙들어 사용해 주신 것이 아닌가 생각해 본다. 또한 자기희생을 통하여 감동을 줄 때 사람들의 마음을 움직일 수 있다는 점도 깨닫게 되었다. 이 일은 기도와 말씀을 통해 성령 충만해져야만 가능한 것이었다.

"그들이 날마다 성전에 있든지 집에 있든지 예수는 그리스도라고 가르치기와 전도하기를 그치지 아니 하니라"(행 6:42).

▲먹시코에서 어린이 사역중 인형이 들어 있는
로스카 빵 절단 (동방박사의 날)

02 – 비누 한 장

　내가 기숙사 사감시절엔 회사에서 가까운 곳에 있는 팔복 중앙교회를 섬겼다. 기숙사에서 학생들을 전도해서 교회에 정착시키려면 거리상 가까운 교회가 유리할 것 같아 섬겼던 교회다. 회사에 몸을 담고 있으면서 교회를 섬기다 보니, 학생들이 나를 부를 때 기숙사에서는 '사감님'으로, 교회에서는 '전도사님'으로 불렀다. 기숙사에 함께 살지만 학생들 모두 성격도 다르고 환경도, 종교도 달라서 그들을 지도하고 돌보는 일이 그리 만만치는 않았다. 그럼에도 나의 전도를 통해 예수님을 영접하고 신앙생활을 하게 된 동기도 참으로 다양했다.

　기숙사에서 졸업한 후에도 오랫동안 기숙사에 남아 신앙생활을 함께 한 은자 자매가 있었다. 어느 날 은자 자매와 함께 교회를 갔다가 걸어서 기숙사로 오는 길에 자신이 어떻게 신앙생활을 하게 되었는지를 들려주었다.

　"전도사님! 제가 처음에 어떻게 교회에 가게 된 줄 아세요?"

　"잘 모르겠는데!"

　"사실은 비누 타러 갔었는데…"라고 말하면서 수줍게 웃었다.

　"어머 그랬었구나. 그것까지는 몰랐어. 하지만 나는 은자 자매가 처음 교회에 나오던 날은 기억하고 있지. 1층 세면실에서 처음으로 나에게 질문했던 그때가 아마도 처음 교회에 나오게 된 때였었지?"

　그 사연은 이러했다. 어느 날 한 학생이 세면대에서 빨래를 하다가 내게 물었다.

　"사감님! 오늘도 예배 보나요?"

　학생의 질문에 내 귀가 번쩍 뜨였다. 나에게 가장 기쁘고 행복한 소리였기 때문이다. 나는 너무 좋아서 상기된 목소리로 얼른 답했다.

"그럼! 오늘 예배드리지! 오늘은 사감실에서 드려."

"그런데 저도 가도 되나요?"

"그럼! 와도 되고말고… 오늘 저녁에 꼭 와! 그동안 내가 왜 은자에게 참석하라는 말을 하지 않았지? 9시 30분까지 오면 돼."

항상 내가 먼저 학생들에게 예배에 참석하도록 부탁했었는데, 스스로 참석하겠다는 말을 들으니 너무나 반갑고 기뻤다.

"사감님, 오늘 꼭 갈게요."

은자 자매는 약속대로 예배에 참석을 했다. 나는 너무나 고마워서 주님 께 감사 기도를 드렸다.

"주님! 이렇게 기분 좋은 날도 있군요. 이런 날이 더 자주 있게 하셔서 이 기숙사 안에서 예수 믿는 학생들이 더 많아지게 해주세요."

나는 예배에 참석한 학생들에게 선물로 생필품들을 나눠 주었다. 간식 은 조촐하게 초코파이와 요구르트가 전부였다. 처음에는 버스를 타고 다닐 수 있도록 버스표(당시는 회수권)를 5장씩 나눠 주었다. 은자 자매가 참석하 던 때는 세탁비누와 세수비누를 번갈아가며 나누어 주던 때였다. 자매의 말에 의하면 그때 학생들이 예배를 드린 다음 손에 뭔가를 들고 나오는데 자세히 보니 비누를 한 장씩 들고 나오기에 자기도 은근히 비누를 받고 싶 은 마음이 들었다고 한다.

그래서 사실은 처음 예배에 참석하던 날 비누를 타고 싶은 마음에 참석 해도 되는지 질문을 했다는 것이었다. 그 자매는 그렇게 예배를 참석한 이 후 한 번도 빠짐없이 꼬박꼬박 예배를 드렸다. 너무나도 성실하게 신앙생 활을 했고 하나님께서는 그런 자매를 모른 척하지 않으셨다. 자매의 믿음 은 계속 자라갔다. 비누 한 장이 한 생명을 살렸던 것이다. 세상 사람들에 게 비누 한 장은 아무것도 아니지만 하나님께서는 내 작은 정성에 기적을 일으켜 주신 것이었다. 비누 한 장을 받으러 왔던 그 자매는 훗날 십일조까 지 하는 믿음으로 자라갔다.

은자 자매는 정읍에서도 한참 들어가는 작은 마을에 살고 있었다. 어느 날 그 자매의 시골집을 방문할 기회가 있어서 목사님을 모시고 성도들과 함께 심방한 적이 있다. 그 곳에서 가족들이 너무나 가난한 환경에 살고 있는 것을 보고는 '비누 타러 왔었다'라고 하던 말이 떠올라 마음이 아프기도 했었다.

하나님은 성실한 사람을 사용하신다는 것을 그 자매를 보며 믿는다. 그 자매는 학습 세례를 받고 지방에 있는 신학교에 들어갔다. 그리고 주일학교 교사로, 성가대원으로, 청년회 부회장으로, 각 분야에서 봉사하며 귀하게 쓰임 받는 일꾼이 되었다. 나와 함께 새벽기도를 다녔고 제자 훈련도 함께 받았다. 어느새 그 자매는 교회에서 말없이 봉사하는 충성스런 일꾼이 되어 있었다.

비누 한 장을 통해서 그 자매가 예수님을 만나게 된 것이다. 우리에게 가장 가치 있는 삶이 있다면 바로 영혼 구원이 아닐까 생각한다. 별 것 아닌 비누 한 장도 영혼 구원에 쓰이는데, 내가 어떻게 멋진 커피 집에서 찻잔을 기울이며 겉멋에 빠져 하나님의 요구에 귀를 막을 수 있을까? 커피 한 잔의 여유가 필요한 때도 있다. 그러나 적어도 이 자매의 삶이 눈앞에 아른거리는 오늘 만큼은 내 소유를 팔아 가난한 자를 돕겠다는 의지를 보여야 하지 않을까? 오늘만큼은 나도 내 필요를 자제하며 가난했지만 가진 것을 나누던 그 시절처럼 도움이 절실한 이웃을 찾아 봐야겠다. 지금은 내게 주어진 것을 가지고 가장 가치 있는 일에 사용할 줄 아는 용기 있는 믿음이 필요한 때이다.

"더러는 좋은 땅에 떨어지매 자라 무성하여 결실하였으니 삼십 배나 육십 배나 백 배가 되었느니라"(막 4:8).

03 - 사감님 드세요

　　내가 기숙사에서 처음 입사하여 생활했던 시절은 경제적으로 매우 힘든 시기였다. 그 시절이 벌써 20년이 훌쩍 넘어 버렸다. 그 당시는 한해동안 고기를 사먹어 본 기억이 없다. 기숙사 식당에서 밥을 먹었기 때문에 특별히 식료품이 필요하거나 시장을 보아야 할 일이 많지는 않았지만, 토요일과 주일은 기숙사 식당의 식사시간이 나와 맞지 않아 스스로 해결을 해야만 했다.

　　식당 밥이 좋든 나쁘든 나야 형편에 맞게 먹으면 되었지만, 그 당시 네 살 된 딸의 먹는 것이 고민이었다. 정부미로 지은 밥에 어른들이 먹는 음식이라, 어린 딸이 먹기에는 너무 짜고 매운 것뿐이었다. 더욱이 공업단지 내 공장 안에 있는 기숙사에서 살았기 때문에 가까운 곳에 식품점이나 식당도 없었고 버스나 택시를 타려 해도 한참을 걸어서 큰 도로까지 나가야만 했다. 그러니 아이의 입맛에 맞는 반찬을 해 주는 것은 쉬운 일이 아니었다. 끼니때마다 딸아이에게 미안하고 혹시 내가 잘 먹이지 못해 키가 크지 않으면 어쩌나 걱정이 되기도 했다. 그러나 그 당시 내 처지에서는 이렇게 앞뒤로 경비가 지켜 주는 안전한 곳에서 딸과 함께 숙식을 해결하며 살 수 있다는 것만으로도 무한히 감사한 일이었다.

　　어느 날인가 'J 실업' 사무실 여직원이 커다란 봉지 하나를 가지고 사감실로 찾아왔다.

　　"이게 다 뭐예요?"

　　"고기예요. 이것 좀 냉동고에 보관해 주시겠어요?"

사감실에는 작은 냉장고가 하나 있는데 비어 있었기 때문에 보관해 주는 일은 별 문제가 되지 않았다.

"내일 일요일 아침 일찍 가져갈게요."

"네, 알겠어요. 하지만 우리는 아침 일찍 교회를 가기 때문에 늦게 오면 곤란해요. 일찍 오세요!"

"걱정 마세요. 내일 우리 회사 사원 전체가 단풍놀이를 가는데요. 그때 먹을 것이라서 일찍 가져갈 거예요."

그런데 다음날 아침에 아무리 기다려도 그 직원이 고기를 가지러 오지 않았다. 기숙사 마당에 나가 확인해 보니 대기 중이던 대형 관광버스들도 J 실업 직원들을 모두 싣고 이미 떠나버린 뒤였다. 주일날 아침이면 우리 기숙사 학생들을 위해 내가 섬기던 팔복 중앙교회에서 승합차를 보내 주었기 때문에 나도 학생들과 함께 교회로 서둘러 발걸음을 옮겼다. 그리고 며칠이 지난 후에 그 여직원이 다시 사감실로 찾아왔다.

"그날 많이 기다렸는데 왜 고기 가지러 오지 않았어요?"

"네. 그럴 만한 이유가 있었어요."

그러더니 그 직원은 그 많은 고기 중에서 조그마한 덩어리 하나를 한참 동안 힘겹게 떼어 내고는 남은 커다란 고깃덩이를 나에게 다시 내밀었다.

"이것은 사감님 드세요. 그리고 아무 말도 하지 말아주세요. 사실은 일요일 날 저희 회사 가을 단풍놀이 갈 때 반장님이 고기를 샀는데, 제가 실수로 또 사 가지고 왔어요. 고기가 너무 많아서 맡겨 놓았었는데 제발 아무 말씀하지 말고 드세요. 누가 알면 제가 곤란해져요. 부탁이에요."

이렇게 말하더니 휭 하니 사라져버렸다. 나는 어리둥절했다. 이런 상황이다 보니 잘 먹겠다고도 못하고 고맙다고도 못하고 그렇다고 가져가라고도 할 수 없어, 잠자코 그 여직원을 바라만 보고 있는데 미처 내 고민이 끝나기도 전에 부리나케 방을 나가버렸다.

'주님! 이럴 때는 제가 어떻게 해야 하나요! 이 고기가 주님께서 주신 것이라면 감사히 먹겠습니다.'

가만히 생각해 보니 우리는 그때 너무 오랜 기간동안 고기를 먹지 못했다. 하나님은 희한한 방법으로 고기를 내려주셨고 우리는 생각지도 않은 귀한 고기로 오랜만에 포식하였다. 하나님은 우리의 형편과 처지를 너무나 잘 알고 계신다.

지금은 모두들 생활이 좋아져서 고기 한 두 근 정도야 마음만 먹으면 사 먹을 수 있겠지만 그 당시 궁핍했던 시절의 가난은 진정 그러했다. 4살 난 딸이 가게 앞을 지나다 설탕 포도를 보고 먹고 싶다며 사달라고 한참을 서서 울며 졸랐지만 그때는 사 줄 형편이 못되었다. 아이를 달래고 달래도 막무가내로 조르는 통에 야단을 쳐서 집으로 데려 왔다. 훗날 형편이 풀려 그 포도를 잔뜩 사가지고 와서 먹으라고 하였더니 먹지 않겠다고 한다.

"왜 너 이거 좋아하잖아?"

"아니, 이제는 안 좋아해!"

그때 마음이 무척 아팠다.

오랜 세월이 지난 일이지만 나는 그때 주님의 은혜와 사랑을 잊을 수가 없다. 돌이켜 보니 몸과 마음이 가장 지치고 힘든 그때가 하나님의 사랑을 가장 많이 받고 살았던 때였던 것으로 기억에 남아 있다.

우리의 마음과 생각, 숨 쉬는 것조차도 모두 아시고 보고 계시는 주님! 때마다 도우시고 먹이시며 입히시고 보호해 주신 주님! 나보다 나를 더 사랑하시는 주님, 이 큰 사랑을 어떻게 보답해 드릴 수 있을까요.'저도 이웃을 사랑하며 살겠습니다.' 마음속으로 조용히 다짐해본다.

하나님의 그 깊고 선하신 뜻을 어떻게 우리가 다 헤아려 알 수 있을까마는 언제나 곁에 계시는 주님의 숨결을 느끼며 살았으면 좋겠다.

"그러므로 염려하여 이르기를 무엇을 먹을까 무엇을 마실까 무엇을 입을까 하지 말라. 이는 다 이방인들이 구하는 것이라 너희 하늘 아버지께서 이 모든 것이 너희에게 있어야 할 줄을 아시느니라"(마 6:31-32).

04 – 콩나물 살까?

내 나이 30대 초반에 회사 기숙사에서 청소년들과 함께 생활하기 시작하여 40대 중반이 될 때까지 무려 13년의 세월을 그곳에서 지냈다. 지금 생각하면 그 시기는 하나님께서 각별한 사랑과 은혜를 나에게 베풀어 주신 기간이었음을 깨닫고 새삼 눈물겹게 감사드리곤 한다.

어린 딸과 함께 울고 웃고 뒹굴며 보낸 그 시간들은 참으로 행복한 날들이었다. 또 그 곳에서 청소년들에게 복음을 전하며, 그들을 믿음으로 인도하던 때가 나에게 있어서는 너무나도 소중한 시간들이었다. 배우자가 있고 돈이 많아야만 행복한 것이 아니라 믿음으로 말씀 따라 순종하며 사는 것이 얼마나 행복한 것인지를 실감할 수 있었다.

처음 회사에 입사했을 때 나는 가진 것이 아무것도 없었다. 자녀를 어떻게 제대로 교육시킬까 현실적인 고민을 하기도 했다. 사정이 그렇다 보니 알뜰하게 살지 않으면 안 되었다. 나름대로 좀 보탬이 될까 싶어 기숙사 안에서도 이것저것 부업을 해 보지 않은 것이 없었다.

식사 문제는 회사 방침으로 숙소에서 취사를 금지했기 때문에 따로 만들어 먹는 것이 쉽지 않았다. 그저 전기밥솥과 전기쿠커 하나가 취사도구의 전부였다.

그래서 딸에게 늘 미안했다. 그때 처음으로 간절하게 하나님께 기도했다.

"하나님, 저 돈 좀 주세요."

사실 나라와 민족을 위해, 선교사님들과 교회를 위한 기도를 할 때는 자연스럽게 기도가 나오지만, 나 자신을 위해 기도할 때면 회개 기도와 말은바 사명 감당을 위한 기도 외에는 잘 되지 않았다. 가뜩이나 돈을 구하는 기도는 하나님 앞에 죄송한 마음이 들어 입이 떨어지지 않았다. 그러나 그 당시 나는 염치도 없었다. 당장 눈앞에 당면한 문제가 시급하다 보니 그런 기도가 나도 모르게 애절하게 나왔던 것이다.

어느 주일날이었다. 교회에서 집까지 걸어서 약 15분 정도 걸리는데 슈퍼마켓을 지나게 되었다. 주일날 교회에서 저녁 예배까지 마치고 돌아오면 매번 시간이 늦어서 기숙사 식당의 밥을 먹을 수가 없었다. 생각해 보니 그날따라 집에 가도 저녁에 마땅히 먹을 것이 없었다.

나는 딸에게 물었다.

"셀라야! 오늘 집에 먹을 게 없는데 우리 뭐 사가지고 갈까? 콩나물 사갈까?"

"싫어. 콩나물 안 먹어!"

"그럼 두부 살까?"

"싫어. 두구 안 먹어! 엄마가 주일날에는 뭐 사먹으면 안 된다고 했잖아!" (당시 딸이 '두부' 발음을 잘 못해서 항상 '두구'라고 했다.)

아마도 입맛이 없어서 아무것도 먹고 싶지 않았던 모양이다.

나는 좀 마음에 찔렸다.

"맞다. 엄마가 잘 못 생각했네. 그럼 우리 회사 근처 기차 철길 뒤에 가서 쑥 캐다가 국 끓여 먹자!"

"그래!"

쑥국이 먹고 싶어서가 아니라 쑥 캐는 일이 재미있을 것 같아서 하는 대답이었다. 그럴 때 셀라와 나는 그렇게 뜻이 잘 통하는 동지이기도 했다.

나는 종종 유달리 작고 가냘픈 딸아이의 손목을 붙잡고 하늘을 노래하고 푸른 나무와 예쁜 꽃들을 노래하면서 인적 없는 공업단지 회사 뒷길을 걸어 집으로 오곤 했다. 어느 때는 딸과 함께 자연을 주제로 작사 작곡까지 해가며 노래를 부르면서 서로 잘했다고 깔깔 대며 웃곤 했다.

그렇게 13년을 셀라와 단둘이 즐기며 주일마다 교회와 기숙사 사이를 오갔던 것이다. 이렇게 사는 우리 모녀를 보고 어머니는 비록 둘째딸이 남편은 없지만 딸과 함께 믿음을 지키며 비둘기처럼 예쁘고 착하게 산다고 말씀하셨다. 그리고 언니와 동생에게서 받은 용돈을 꼬깃꼬깃 모아 두셨다가 내게 필요한 것들을 사주시면서 사랑으로 우리 모녀를 잘 돌봐 주셨다.

그날도 우리는 커다란 회사 게이트를 통과하여 기숙사로 돌아왔다. 도착하자마자 누군가 우리 방문을 똑똑 두드리는 것이었다. 딸아이가 달려가 문을 열어 주었다. 사감실 바로 앞에 사는 김순자 학생이 커다란 비닐봉지를 들고 서 있었다.

"사감님. 이것 드세요. 콩나물하고 두부예요. 오늘 친구들하고 금산사에 놀러 가서 먹으려고 샀는데, 못 가게 되었어요. 다 깨끗이 씻었으니까 그냥 드셔도 될 거예요."

"어머, 고마워. 잘 먹을게."

순자 학생이 돌아가고 나서 봉지를 열어보니 콩나물과 두부가 가득 들어 있었다. 딸아이와 함께 약속이나 한 듯이 합창을 했다.

"하나님이 주셨다!"

"그래! 우리가 아까 콩나물하고 두부를 사고 싶다는 것을 하나님께서 들으셨나 봐."

뜻하지 않은 콩나물과 두부로 기쁨에 잠겨 있는데, 이번에는 U실업 반장 임정숙 자매가 검정 봉지 하나를 들고 복도 끝에서 달려 왔다.

"사감님, 이것 드세요. 아까 오후에 시간이 있어서 기찻길 뒤에서 깨끗한 것만 골라서 캔 쑥이에요. 사감님 드시라고 일부러 캔 거예요."

봉지를 열어 보니 정말 여리고 깨끗한 쑥이 한 움큼이나 들어 있었다.

"어머, 고마워. 잘 먹을게!"

마음속 깊은 고마움을 제대로 표현하지도 못하고, 딸에게 다가가서 흥분된 큰 소리로 "셀라야! 이것 봐! 하나님께서 이것을 또 주셨어." 하고 봉지를 들이 밀었다.

"엄마 그게 뭐야!"

딸이 다가와서 검정 봉지를 들여다보았다.

"와! 또 하나님이 주셨다!"

셀라와 나는 그날 우리를 먹이시고 기르시는 주님을 찬양하며 감사하면서 두부를 넣은 쑥 국에 콩나물 무침으로 어느 진수성찬 부럽지 않은 맛있는 저녁을 먹었다.

우리의 필요한 바를 다 아시는 하나님께서 우리는 한 가지만 원했는데 세 가지를 모두 채워 주셨던 것이다.

"여호와는 나의 목자시니 내게 부족함이 없으리로다"(시 23:1).

▲우리 아이처럼 예쁜 멕시코 아이들
(현재 급식 사역에 참석하는 아이들)

딸과 함께 아침을 먹을 때마다 서로 번갈아가며 감사 기도를 드렸다. 하루는 딸의 기도 차례가 되었다.

"하나님! 이 밥을 먹게 해 주셔서 감사합니다. 그런데 온 세상 사람들이 다 예수님을 믿게 해 주세요. 아니 외계인까지도 다 예수님을 믿게 해 주세요. 예수님 이름으로 감사기도 드립니다. 아멘."

나는 기도 중에 웃음이 나오는 것을 억지로 참고 있다가 간신히 "아멘"을 했다. 외계인까지 생각하는 딸이 참으로 엉뚱하기도 하고 맹랑하기도 했지만 셀라의 그 순수함에 절로 웃음이 나왔다. '부모가 자녀들의 거울'이라는 말은 확실히 맞는 말이다. 특별히 가르치지 않아도 보고 들은 것의 영향을 받으니 말이다. 아마도 셀라가 본 TV 만화 영화에 외계인들이 많이 나왔던 것 같고, 또 엄마가 시간만 나면 언니들을 붙들고 전도하는 모습에 영향을 받은 것 같다.

우리는 아침을 먹기 전에 항상 짧은 성경을 한 장씩 읽은 다음, 기도를 하고 밥을 먹었다. 성경 한 장을 다 암송할 때까지 반복해서 읽으면 대략 한 달 정도 걸린다. 그러다보니 셀라는 유치원을 다닐 때 벌써 상당히 많은 성경 구절을 암송하게 되었다. 시편 1편, 23편, 고린도전서 13장 등… 또한 매일 등교하기 전 딸아이의 머리에 손을 얹고 기도를 해 주었다. 어떤 날은

"엄마 빨리 기도해줘요. 학교 늦어요!" 하면서 머리를 들이밀며 발을 동동 구르기도 했다.

"하나님! 오늘도 학교 오고 가는 길 지켜주시고, 학교생활 즐겁게 하게

해주세요. 예수님 이름으로 기도합니다. 아멘." "아멘"

　나는 짧은 기도라도 빠뜨리지 않았다. 딸이 잠자리에 들면 이마에 손을 얹고 기도해 주었고, 새벽기도를 갔다 와서도 항상 기도해 주곤 했다. 이제 그 딸이 다 커서 몇 년 전에 나를 만나러 잠시 이곳 멕시코를 방문했었다. 그때도 새벽기도를 다녀온 후에 머리에 손을 얹고 기도를 해주었더니, 여전히 자면서 어린아이처럼 "아멘" 하는 것이 사랑스럽기만 했었다.

　딸이 아주 어렸을 때부터 우리는 함께 지구본을 앞에 놓고 각 나라를 손가락으로 짚어가며 그 나라와 그 민족을 구원해 주시기를 위해 기도했다.
　"오늘은 어디를 기도할까. 아시아? 아프리카?"
　어느 날은 좋아하는 나라를 선택하여 집중적으로 기도를 드리기도 했다. 그래서인지 셀라는 혼자서 여러 나라를 여행하거나 낯선 나라에서 사는 것을 두려워하지 않고 잘 적응한다. 어릴 때부터 세계를 품고 기도하는 훈련을 시켰더니 그야말로 세계를 지구촌으로 알고 이곳 저곳을 누빈다. 아프리카 케냐에서 2년, 캐나다에서 4년, 중국에서 1년, 멕시코에서 나와 함께 7개월을 살다가 지금은 한국에서 살고 있다.

　딸이 고등학교 1학년 때 안디옥교회 선교 팀과 함께 중국을 다녀 올 기회가 있었다. 10일간 땅 밟기 선교 여행을 다녀온 딸이 기분 좋게 말했다.
　"엄마가 매일 나에게 기도를 해준다고 했더니 언니 오빠들이 되게 부러워했어요. 엄마, 나는 솔직히 엄마가 해 주는 기도가 어떨 땐 귀찮았는데, 언니 오빠들 말을 듣고 나서 생각이 바뀌었어요. 예전에는 엄마가 기도해 주시는 것이 이렇게 좋은 것인 줄 몰랐어요."

　믿음의 가정들에 있어서 섬김과 사역도 중요하지만 가정 사역이 얼마나 중요한지 모른다. 특별히 우리의 자녀들은 다음 세대를 이어갈 소중한 믿음의 일꾼들이다. 가장 중요한 것은 자녀들의 가슴에 하나님의 말씀을 심어 주는 일일 것이다. 학자들은 말하기를 "0세부터 만 5세까지가 모든 인격이 다 형성되는 시기"라고 한다. 그 기간 동안에 자녀를 돌보면서 성경 말씀을 들려주고, 주님과 친밀한 관계를 만들어 주는 가정의 역할이 무엇보다 중요할 것이다.

억지로가 아닌 아주 자연스러운 방법으로. 착하고 정직하고 서로 사랑하며 섬기는 모습을 삶으로 보여 주는 그리스도인의 가정들이 되었으면 좋겠다. 자녀들에게 지나친 욕심을 부리는 모습을 보이기보다는 양보하는 모습과 용서해 주는 모습, 겸손하게 섬기는 모습을 보여 주고, 그 이후 삶의 문제들은 주님께 맡기고 기도해 주는 것이 우리의 몫이라고 생각한다.

이렇게 험한 세상에서 기도없이 어떻게 자녀를 키울 수 있을까? 딸아이에게 아무것도 줄 것이 없어서 기도 밖에 해 준 것이 없는데, 이제는 다 커서 제 앞가림뿐 아니라, 지금은 오히려 나에게 선교비도 보내 주고 있으니 기특할 뿐이다.

"여호와를 경외하는 것이 지혜의 근본이요 거룩하신 자를 아는 것이 명철이니라"(잠 9:10).
"마땅히 행할 길을 아이에게 가르치라 그리하면 늙어도 그것을 떠나지 아니 하리라"(잠 22:6).

06 – 약속을 지켜야지

　팔복 중앙교회 주일학교에서 선생님이 광고 시간에 다음 주일날 친구들을 가장 많이 전도해 오는 반은 상을 주겠다고 했는데, 반 전체가 함께 자장면을 먹을 수 있는 회식비를 내걸었다. 우리 딸은 늘 내가 전도하는 것을 보고 자라서인지 전도하는 것도 엄마처럼 고집스럽게 하곤 했다. 이번에는 선생님께서 상도 걸었으니 딸이 마음으로 얼마나 굳세게 다짐을 했을까?

　"선생님이 친구들을 전도해 오라고 하셨어. 1학년 우리 반이 전도를 젤 많이 해서 꼭 1등을 할테야."

　그러더니 주중 내내 이번 주일에 친구들이 많이 오지 않을까봐 걱정했다. 친구에게 전화도 하고 학교에 다녀와서는 친구가 이번 주일 교회에 올 것을 약속했다며 좋아하며 자랑하기도 했다. 주일을 하루 앞둔 토요일에는 다급했는지 친구에게 내일 교회에 오지 않으면 가만 두지 않겠다고 전화로 협박을 하기도 했다. 나는 그 모습을 지켜보며 웃음을 참지 못했다.

　"셀라야! 친구가 교회에 오게 하려면 친절하게 잘해 주어야지, 그렇게 하면 오겠어?"

　"아니야. 내가 반장이니까 친구들이 내 말을 잘 들어야 해. 그리고 싸우면 내가 이길 수 있어. 우리 반이 이번에 일등 해야 된단 말이야!"

　상을 받아서 선생님이랑 친구들과 함께 밖에 나가 자장면 먹을 것을 생각하니 너무 신이 나서 꼭 1등을 하고 싶었던 모양이다.

　드디어 주일이 되었다. 점심 식사를 마치고 오후 1시 30분에 주일학교가 시작되는데, 딸은 밥도 먹지 않고 교회에 오겠다고 약속한 친구를 데리러 교회 주변에 있는 반룡리 마을로 갔다. 그런데 주일학교 예배가 다 끝나고, 오후 4시 어른 예배가 시작되었는데도 교회에 나타나지 않았다.

'이런 일이 없었는데 무슨 일일까? 이렇게 몇 시간씩 어디에 가 있을까? 동네 길도 잘 모르는데.'

나는 이만 저만 걱정이 되는 게 아니었다. 그즈음에 사회적으로 어린이 유괴 사건이 종종 일어났기에 더욱 염려가 되었다.

오후 예배가 다 마치고도 딸이 나타나지 않자 나는 목사님께 말씀을 드리고 경찰서에 신고를 하였다.

"몇 살입니까? 아이가 똑똑합니까? 집 전화번호를 압니까?"

"네."

"그럼 너무 걱정하지 마시고 기다려 보세요."

경찰서에 신고를 하고 나서 중고등부 학생들과 청년들이 모두 나서서 교회 주변 온 동네에 딸을 찾아 다녔다. 교회가 발칵 뒤집히고 모두들 큰 걱정으로 마음을 졸이고 있었다. 나는 시간이 지날수록 점점 더 불안해졌다. 안절부절못하다가 더 이상 참을 수 없어 눈물이 막 나오려고 할 때에 교회 청년이 딸을 데리고 내 앞에 나타났다. 나는 너무나 반가워서 달려가 덥석 안았다.

"어디 갔다 왔니?"

그랬더니 찾아 온 청년이 말했다.

"셀라 친구 집에서 찾았어요. 친구네 집 마당 한쪽에 울상을 하고 앉아 있었어요."

"왜 교회 오지 않고 거기 있었니?" 하고 물었더니, 친구가 오늘 교회 오기로 약속을 했는데 약속을 어기고 교회를 안 오겠다고 하니까, 그 친구를 데리고 교회에 오려고 그 집 마당 한 쪽에서 친구가 나올 때까지 계속 기다리고 있었다고 청년이 웃으며 말해 주었다. 그때까지 딸은 아무 말도 하지 않고 고집스럽게 입을 굳게 다물고 있었다. 나는 어이가 없었다.

"그랬구나, 친구가 안 오면 다음에 오도록 하면 되지. 이제 예배도 다 끝나버렸는데 이때까지 거기 있으면 어떻게 해!"

그제야 딸은 눈물을 흘리며 말문을 열었다.

"친구가 온다고 약속했단 말이야! 약속을 했으면 약속을 지켜야지! 앙 앙앙……"

사탄의 방해 공작은 어른이나 어린이나 가리지 않는 것 같다.

나는 딸아이를 꼭 안아주며 말했다.

"그러게 말이야. 약속을 어기다니, 다음에 다시 오도록 잘 말해보렴, 배고프지! 빨리 집에 가서 밥 먹자."

힘없이 어깨가 축 늘어진 딸의 손목을 잡으며 나는 속으로 생각했다.

'누가 그 어머니에 그 딸 아니랄까봐. 너에게서 고집스런 내 모습을 보는구나.'

문득 돌아온 탕자 이야기가 생각이 났다. 아무리 잘못을 저질러도 주님 곁에 돌아오기만 하면 안아주시고 기뻐하시고 반기시는 주님의 모습을 떠올리며, 주님 마음을 아프게 하지 않는 말 잘 듣는 자녀가 되고 싶다는 다짐을 해본다.

"지극히 작은 것에 충성된 자는 큰 것에도 충성되고 지극히 작은 것에 불의한 자는 큰 것에도 불의하니라"(눅 16:10).

▲급식사역 아이들과 함께

07 – 교회에 가수가 와요?

　기숙사 학생 가운데 4년을 전도해도 교회에 전혀 관심을 두지 않던 H양이 있었다. 졸업 후에도 회사를 옮기지 않아 우리 기숙사에서 오랫동안 같이 지냈다. H양은 보기와는 다르게 일을 순발력 있게 어찌나 잘하는지 회사에서 일하는 모습을 보고 깜짝 놀란 적도 있었다. 그녀는 회사일이 끝나면 바깥출입도 잘 하지 않고 줄곧 기숙사에 남아 부업을 하곤 했다. 나는 매일 저녁, 학생들이 모두 등교한 후에는 혹시 방에 남아 있는 학생들이 있으면 전도하기 위해 기숙사를 1층부터 5층까지 한 바퀴씩 돌아보곤 했다.

　그때마다 어김없이 H양과 마주치게 되었다. 하지만 그녀는 복음을 완강히 거부할 뿐만 아니라 전도할 틈도 주지 않았다. 짧게 전하는 복음에도 전혀 반응을 보이지 않았다. 나는 그녀를 위해 기도하기 시작했다.

　'마음 문을 열어 주세요. 복음을 전할 기회를 주세요. 복음을 들을 수 있는 귀가 열리게 해 주세요.'

　그런데 때마침 섬기던 팔복 중앙교회에서 가을철을 맞이하여 이웃주민 초청 잔치를 하게 되었다. 강사로 복음성가 가수 김동국 씨를 초청하기로 했다. 나는 교회의 전도 행사를 앞두고 더 열심히 전도 대상자들을 찾아다녔다.

　그날도 학생들은 모두 학교에 가고 조용한 시간에 기숙사에 남아있는 졸업생이나 학교를 가지 않은 학생들을 찾아다니며 전도를 하기 시작했다.

　어느덧 3층 방문을 노크하니 짐작한 대로 H양의 방에서 인기척이 났다.

　"누구세요?"

"나야! 뭐하니?"

그녀는 그날도 방에서 부업을 하고 있었다.

"다음 주일날 시간 있어?"

"다음 일요일이요? 시간은 있는데 왜요?"

"다음 주 일요일날 우리 교회에 가수가 온다고 했어, 여기 있으면 심심하잖아. 그러니까 교회에 와서 가수 노래도 듣고 선물도 받고 맛있는 밥도 먹고 그러면 안 될까?"

"네? 교회에 가수가 와요? 진짜요?"

"응, 진짜야. 우리 교회에서 이웃주민 초청 잔치를 하거든. 시간 나면 꼭 한 번 와서 구경해봐."

"가수가 온다면 갈게요. 그런데 누가 와요?"

"이름이 잘 기억나지 않는데, 누구라고 했더라? 가수 김동국 씨라고 하는 것 같았어."

"그래요? 잘 모르는 사람이네! 그래도 가수가 온다고 하니까 한번 가볼게요."

"그래 고마워. 정말 고마워. 너무 행복한 시간이 될 거야. 다음주 10시 20분까지 준비하면 돼. 기다릴게."

정말 오랫동안 기도하고 기다렸던 순간이었다.

'주님, H양을 예수 믿게 하시려고 이 기숙사에 오래 있게 하셨잖아요. 이번 초청잔치에 참석해 단 한 번에 큰 은혜를 받고 교회 나올 수 있는 계기가 되게 해 주세요.'

기숙사 계단을 내려오는 내 발걸음은 너무나 가벼웠다. 나는 또 마음속으로 그녀의 마음이 변치 않기를 위해 계속 기도했다. 한 주간 동안 기숙사를 오르내리다 그녀와 얼굴을 마주치기라도 하면 웃는 얼굴로 따뜻하게 대해 주며 다음 주일날을 상기시켜 주었다. 여러 번 꼭 오겠다는 다짐도 받았다.

드디어 행사 날이 되었다. 고맙게도 H양은 내가 데리러 올라가지 않았는데도 예쁘게 단장을 하고 약속한 대로 사감실 앞에 나와 있었다.

"고마워. 약속 지켜줘서."

나는 그동안 잉태했던 여러 학생들과 또 평상시 교회를 출석하는 학생들과 함께 교회로 향했다. 교회에서 운행하는 승합차 한 대가 가득 찰 정도로 자리가 부족하였다.

드디어 예배 시간이 되었다. 우리는 복음성가 가수 김동국 씨의 아름다운 찬양과 함께 개인 간증을 들었다. 찬양뿐 아니라 간증도 너무나 은혜로웠다. 나는 예배 시간 내내 나와 함께 온 자매들이 은혜 받기를 기도하면서 그들의 표정과 분위기를 살폈다. 고맙게도 H양은 연신 웃음을 잃지 않으며 강사인 김동국 씨에게 집중하고 있었다.

'주님! 감사합니다. 제가 먼저 은혜를 받았습니다. 다른 사람들도 은혜를 받았겠지요? 특히 H양이 은혜 받게 해주신 줄 믿습니다.'

교회에서는 하루 종일 천국 잔치가 이어졌다. 그동안 이집 저집 다니며 땀 흘렸던 결과가 기대 이상이었다면서 목사님도 장로님들도 온 성도들과 함께 즐거워했다. 행사가 다 끝난 오후에는 기쁨을 감추지 못하고 장구와 꽹과리를 치며 덩실덩실 춤을 추기도 했다. 선한 목자 되신 주님께서 잃은 양을 찾았을 때 온 동네 사람들을 불러 모아 잔치를 베풀고 기쁨을 함께 나누신다는 말씀이 실감나는 시간이었다.

주일 늦게 기숙사에 돌아와 나는 제일 먼저 3층에 있는 H양에게로 달려가 반응을 살폈다.

"오늘 어땠어? 노래 잘 들었어?"

"네 사감님! 너무 좋았어요, 저 진짜 오늘 처음 교회 갔는데요. 그 가수 이야기 듣고 이제라도 교회 다녀야 되겠다고 생각했어요."

"어머 정말? 잘했어. 은혜 받았구나. 나도 너무 은혜 받았어. 오늘 좋았지?"

"네, 사감님. 감사합니다."

"아니야 내가 고마워. 그럼 다음 주일부터 함께 교회가자. 수요일도 시간 나면 함께 가고."

"네, 알겠습니다."

이렇게 해서 그 자매는 교회에 발을 들여놓기 시작했다. 복음 듣기를 거부하고 전할 기회도 주지 않더니 자신과 관심사가 통하자 이렇게 쉽게 마음 문을 연 것이다.

하나님께서는 우리 한 사람 한 사람의 눈높이로 다가와 불러 주심을 다시 한 번 깨닫게 되었다. H양은 그 후로도 수년간 회사를 다니며 정말 열심히 신앙생활을 했다. 제자훈련도 받고 성경을 암송하며 새벽기도를 함께 다니기도 했다.

청년회와 성가대 봉사까지 참으로 주님을 사랑하는 자매가 되었다.

그녀는 가정 형편이 어려웠다. 군산에 사시는 어머니가 매월 봉급날이면 기숙사에 와서 기다리고 있다가 월급에서 용돈만 조금 제하고 봉투째 가져가시는 것을 여러 번 보았다. 한 번은 H양에게 물어 보았다.

"어머니께서 저렇게 돈을 가져가셔도 섭섭하지 않아?"

"네, 어쩔 수 없어요. 아빠는 아파서 누워 계시고 엄마는 식당 다니며 일하시는데, 엄마도 건강이 안 좋으세요."

"그렇구나. 자매는 참 착하다!"

그녀는 수줍게 웃었다.

그즈음 나는 여러 교회에서 전도 간증집회에 강의를 하기도 하고, 전도 세미나와 전도특공대 훈련을 담당하기도 했었다. 그때 여산에 있는 한 교회에 초청되어 집회를 하게 되었다. 집회를 마친 뒤 그 교회 목사님께서 장로님의 아들을 소개하면서 중매를 부탁했다. 그때 나는 그 장로님 아들과 잘 어울릴 것 같은 신부감을 생각하다가 문득 신앙 좋은 H자매가 떠올랐다.

그래서 선을 보게 하였더니 만난지 몇 달 되지 않아 결혼하기로 결정했다고 한다. 그 자매는 지금은 결혼 비용이 부담스러우니 조금 천천히 하자고 했지만 장로님 댁에서 결혼 비용 일체를 마련하고 자매가 부담 갖지 않도록 모든 배려를 아끼지 않겠다면서 결혼을 서두르셨다. 또 어렵게 사는 부모님을 돌보아 줄 사람이 없어 걱정하는 자매의 마음을 아시고 매월 필요한 생활비마저 도와 주시기로 하였다. 결국 결실을 보게 되어 많은 이들의 축복 속에 교회에서 이뤄진 그들의 결혼예식은 너무나도 아름다운 축복의 잔치가 되었다. 나에게는 딸을 시집보내는 이상의 기쁨이 넘치는 순간이었다.

공평하고 의로우신 하나님께서 젊은 날 주님을 사랑하며 믿음으로 살려고 애쓰는 착한 자매를 그토록 아름답게 인도하시는 것을 보면서 감사하지 않을 수 없었다. 이웃을 내 자신처럼 사랑하라는 말씀 따라 천하보다 귀한 생명을 살리기 위해 인내심을 가지고 섬기게 하시더니 주님은 나에게 이처럼 큰 기쁨을 안겨 주셨던 것이다.

"하나님은 모든 사람이 구원을 받으며 진리를 아는 데에 이르기를 원하시느니라"(딤전 2:4).

▲레끌루소리오 페미닐 여자 교도소 앞 전도

08 – 사감님이 전도했잖아요!

나는 매일 학생들이 눈에 보이는 대로, 또 시간이 나는 대로 전도를 하며 교회에 함께 갈 것을 권면했다. 그들은 대부분 졸업하면 다른 곳으로 직장을 이동하기 때문에 교회 나오는 학생들이 수시로 바뀌었다. 그러다보니 내가 전도를 한 학생임에도 잘 기억하지 못하는 경우가 많았다.

다들 학교에 가고 조용한 시간에 그 날도 어김없이 기숙사의 방문을 노크하며 다녔다. 혹시 남아 있는 학생이 있으면 전도하기 위해서 항상 그렇게 해 왔다. 그러나 그날따라 전도할 대상자들이 아무도 없었다. 단지 고등학교를 졸업하고도 오랫동안 기숙사에 남아서 함께 신앙생활을 하고 있는 진희 자매만이 방에 남아있었다.

나는 진희 자매 방에 들어가 함께 시간을 보내면서 이런 질문을 했다.

"그런데 진희는 어떻게 교회에 나오게 되었지?"

"사감님이 전도 했잖아요!" 하면서 웃는다.

나는 조금 미안한 마음이 들어서 "어머나 너무 오래전 일이라서 잊어버렸어. 아! 그랬었나?" 하고 덩달아 웃었다.

진희 자매는 아버지의 유전인자를 받아 장애자로 태어났다. 하지만 공부도 잘하고 똑똑하고 손재주가 어찌나 좋은지 못하는 것이 없었다. 그래서인지 방도 항상 예쁘고 깔끔하게 꾸미고 살았다.

어느 크리스마스에는 색종이로 장미꽃을 예쁘게 접어 꽃바구니를 만들어 내게 선물했다. 그녀가 손수 만든 그 꽃이 하도 예뻐 내가 기숙사를 떠날 때까지 버리지 않고 오랫동안 장식해 놓았다.

기억을 더듬어보니 진희가 처음 교회에 나오던 때가 생각이 난다. 그가 학창시절 사춘기를 겪고 있을 때였다. 어느 누구나 마찬가지겠지만 진희 역시 사춘기를 피해 갈 수는 없었다. 자꾸만 반항적인 행동을 하곤 했다.

하루는 마음먹고 진희의 방에 들어가 꾸중 대신 따뜻한 말로 교회를 소개하고 복음을 전했다. 그리고 교회에 가면 착하고 좋은 학생들이 많이 있으니 그곳에서 교제를 함께 나누라고 말했다. 아마도 나에게 꾸중 들을 줄로만 알았다가 따뜻한 말로 위로를 받았기 때문인지 그날은 머리를 숙이고 다소곳이 내가 하는 말을 다 듣고 앉아 있었다.

이번 주부터 교회에 함께 가자고 하였더니 "네!" 하고 대답하였다. 이렇게 쉽게 대답하면 헛방일 수도 있는데, 조금은 의심도 갔지만 교회에 가겠다는 대답만으로도 기분 좋고 감사했다. 그런데 진희 자매는 그 주일에 약속을 지켰다. 같은 방에서 함께 살고 있던 예쁜 동생과 함께 교회를 출석했던 것이다.

그렇게 교회를 나오게 된 자매는 동생과 함께 열심히 신앙생활을 했고, 주일학교 교사로, 청년회로, 성가대 봉사까지 교회의 기둥처럼 쓰임 받는 일꾼이 되었다. 주일학교 저학년 교사로 활동할 때는 학생들이 작고 귀여운 그 선생님을 얼마나 좋아했는지 인기가 참 많았다.

그 자매는 항상 명랑하여 누구에게나 친절하게 잘 대해 주었다. 특히 외국인 자매들과 각별히 지냈다. 필리핀이나 인도네시아 자매들은 키가 작은 자매의 외모에 관계없이 늘 그녀와 함께 외출 하는 것을 좋아했고, 그에게 매우 친절히 대하는 것을 자주 볼 수 있었다. 진희 자매 역시 외국인들이 쇼핑을 할 때면 길을 안내해 주고 통역까지 해 주면서 동행해 주니 모두들 그녀를 사랑해 주는 것이었다.

그는 졸업 후에도 여러 해 동안 기숙사에 남아 대선배가 되어 후배들을 전도하고 따뜻하게 보살펴 주는 없어서는 안 될 사람이 되었다.

그리스도의 사랑으로 이루지 못할 일이 없다는 것을 그 자매를 통해 확인하게 되었다.

"높음이나 깊음이나 다른 어떤 피조물이라도 우리를 우리 주 예수 그리스도 안에 있는 하나님의 사랑에서 끊을 수 없으리라"(롬 8:39).

▲마을 전도 나가기 전 (익나시오 목사님과 성도들)

09 – 오늘은 308호에서 예배드립니다

나는 기숙사에서 효과적인 전도를 위해 일주일에 한 번씩 반 강제적으로 호실 별로 돌아가면서 예배를 드렸다. 66호실까지 있었으니 따져보면 각자의 방을 1년에 한 번 정도 예배 장소로 제공하면 되는 것이었다.

하지만 믿지 않는 학생들이 더 많다보니 자기 방에서 예배드리는 것을 싫어하는 학생들도 적지 않았다. 하지만 나는 예배 장소로 각 방을 개방할 것과 방주인이 예배에 꼭 참석할 것을 간곡히 부탁했다. 처음에는 어쩔 수 없이 참석하는 학생들이 대부분이었다. 타종교를 가지고 있는 학생들은 방만 비워 주고 본인은 예배에 참석하지 않는 경우도 종종 있었다. 그런데 하나님께서는 그 한 번의 예배를 통해서도 역사하셨다. 의무적으로 드리는 그 예배를 통해서 예수 믿고 교회에 출석하게 되는 일들이 생기기 시작했다.

기숙사에서 근무하는 동안 나에게 주어진 권한을 최대한 전도하는데 사용했다. 구역예배뿐만 아니라 매일 아침저녁 찬양 테이프로 기상 시간이나 청소 시간을 알렸다. 하나님이 주신 지혜를 총동원해서 전도하는 일에 힘을 썼다. 아울러 반 강제적으로 예배를 드리게 하면서 내 생활이 바르지 못하면 오히려 예수를 배척하게 되는 계기가 될 것 같아 매사에 조심하지 않으면 안 되었다.

그렇게 시작된 구역예배가 어느 날은 부흥회가 되기도 하고, 어느 날은 새 가족반 교육으로 기독교 기본진리를 가르치는 날이 되기도 하고, 어느 날은 전도하는 날이 되기도 했다. 서툴고 부족한 나를 하나님께서 순간순간 인도해 주신 것을 생각하면 참으로 감사하지 않을 수 없다.

　한번은 공중전화 박스에서 전화를 하고 있던 한 자매가 그 앞에 서있던 나를 발견하더니 갑자기 깜짝 놀라면서 "네! 사감님 교회 나갈게요!"라고 하는 것이 아닌가. 공중전화 박스 앞에 있는 자판기 커피를 마시려고 거기 있었는데 오히려 나를 놀라게 했던 것이다. 나는 무슨 영문인지도 모른 채, 교회 간다는 말에 그냥 좋아서 "그래? 고마워. 이번 주에 데리러 갈게 꼭 나와!"라고 했던 기억도 있다. 전도하고 싶은 마음이 불타오르니 성령님께서 함께 역사해 주시는 것을 느낄 수 있었다.

　연초가 되면 새로 입소하는 신입생들과 3년간의 고등학교 생활을 마치고 퇴소하는 졸업생들로 기숙사가 분주하다. 그즈음 함께 신앙생활을 열심히 하다가 학교를 졸업하고 기숙사를 나가게 된 자매가 있었다.

　"미영 자매! 함께 더 있고 싶었는데 섭섭하다. 어디로 가게 되었어?"

　"네. D 전자 회사로 가게 되었어요."

　"그래! 잘 되었네. 가서도 신앙생활 잘 해야 돼!"

　"네! 그럴게요. 그런데 사감님, 부탁이 있는데요. 앞으로도 계속해서 호실별로 돌아가면서 예배드리세요!"

　"그럼, 그렇게 해야지. 그렇게 할게. 그런데 왜?"

　"사실 제가 예수 믿게 된 것은 호실별로 돌아가면서 드린 구역예배 때문이었어요. 처음 저희 방에서 예배드릴 때 어쩔 수 없이 참석했거든요. 그런데 그때 그 예배시간에 은혜를 받고 그때부터 교회를 다니게 되었어요. 그러니까 앞으로도 계속 호실별로 돌아가면서 예배드리면 좋겠어요."

　"아! 그랬었구나. 알았어. 꼭 그렇게 할게."

　나는 그 자매가 그렇게 해서 교회에 나오게 된 것을 그때 처음 알았다. 그동안 하나님께서 이모저모 역사해 주신 것에 감사하며 마음속으로 다짐했다.

　'할 수 있을 때 주어진 일에 더욱 충성해야지. 그리고 도구로 사용하시

기에 합당한 그릇이 되도록 더욱 나 자신을 다듬어야지. 이들을 더욱 사랑하고 섬겨야지.'

매주 기숙사 출입구 앞 칠판에 이렇게 쓰곤 했다.

〈금일 구역예배는 308호에서 드립니다.〉

이것을 본 그 방 식구들은 다른 친구들보다 일찍 학교에서 돌아와 청소도 하고 예배드릴 준비를 해 놓았다. 나중에 믿음이 자란 학생들은 간식까지 준비해 놓았다. 나는 이렇게 기도했다.

'하나님! 믿음의 딸들을 축복해 주십시오.'

어린 나이에 다람쥐 쳇바퀴 돌듯 낮에는 쉼 없이 공장에서 일하고, 밤에는 공부하고, 돈을 벌어 가정까지 책임져야 하는 이들이 가엽기도 했다. 그러나 감사하게도 기숙사에 들어와 함께 생활하며 예수님을 믿게 된 학생들의 신앙이 날이 갈수록 깊어져만 갔다. 그리고 어두웠던 얼굴 표정들이 점차 밝아져 가는 것을 느낄 수 있었다. 한 인간의 영적 삶이 사망에서 생명으로 옮겨지는 것을 생생히 보며 날마다 감사가 넘치게 되었다.

언젠가 소녀 가장이 맡길 데 없는 어린 동생들을 기숙사로 데리고 들어와 함께 살기도 했다. 그 동생 중 막내는 나의 딸과 초등학교에 함께 다녔다. 부족한 나에게 그런 가정의 이런 저런 일들을 돌보며 신앙생활도 함께 할 수 있도록 인도하신 하나님께 감사했었다.

'천하보다 귀한 생명'을 살리는 일! 이것만큼 가치 있고 소중한 일이 또 어디 있을까. 이 귀한 일에 작은 부분이나마 생명 있을 동안에 쓰임 받고 싶을 뿐이다.

"그러나 하나님께서 세상의 미련한 것들을 택하사 지혜 있는 자들을 부끄럽게 하려 하시고 세상의 약한 것들을 택하사 강한 것들을 부끄럽게 하려 하시며 하나님께서 세상의 천한 것들과 멸시 받는 것들과 없는 것들을 택하사 있는 것들을 폐하려 하시나니 이는 아무 육체도 하나님 앞에서 자랑하지 못하게 하려 하심이라"(고전 1:27-29).

10 – 외국인 노동자 선교

1990년대 중반부터 우리나라 경제사정이 점점 더 좋아지면서 사람들 사이에 3D 직종 기피현상이 나타나기 시작했다.

3D 직종이란 difficult(어렵고), dangerous(위험하고), dirty(더러운) 일을 기피하는 현상이다. 그로 말미암아 내가 다니던 회사에서도 사원 채용이 힘들어졌다. 예전에는 주로 진안, 장수, 무주, 임실 등의 농촌에서 중학교를 졸업하고 고등학교 진학을 할 수 없는 가정의 자녀들이 스스로 찾아와 입사했지만 점점 스스로 찾아오는 학생들이 줄어들게 되었다. 오히려 회사에서 농촌에 있는 중학교를 찾아다니며 홍보까지 해도 회사에 들어오겠다는 학생들이 별로 없었다.

우리 회사는 옷을 만드는 곳이기 때문에 노동력이 많이 필요했다. 할 수 없이 회사에서는 외국인 노동자들을 채용하기 시작했다. 그로 인해 기숙사 한 건물 안에 4개국 사람들이 함께 생활을 하게 되었다. 나의 입장에서는 같은 계열사인 '제일' 기숙사의 인도네시아와 베트남 자매들까지 합하면 5개국의 사람들에게 복음을 전할 수 있게 된 것이다. 처음 이 소식을 들었을 때는 나는 무척 당황했었다. 그러나 생각해보니 이것이 나에게는 복음과 같은 기쁜 소식이었다. 앉은 자리에서 5개국으로 파송 받은 선교사가 된 것이다. 이들에게 복음을 전할 생각을 하니 마음이 설레었다. 그들을 만나기 위해 가장 먼저 한 것은 각 나라 말 사전을 들고 다니면서 인사말이라도 익힌 것이었다.

"안녕! 굿 모닝! 슬라맛 빠기! 니 하오 마! 챠오!"

그들이 입소하자마자 나는 미팅을 통해 기숙사 규칙을 소개했다. 처음 그들을 대하는 내 마음은 주님의 사랑으로 벅차올랐다. 하나님께서 이들을 이곳에 보내주신 것은 복음을 전하라는 것이니 전도에 초점을 맞춰 그들의 불편을 덜어주며 섬기기로 마음먹었다.

나는 첫 번째 미팅부터 자원 봉사자들을 소개했다. 앞으로 봉사자들이 한국어를 가르쳐 주기도 하고 어려운 문제들이 있을 때 많은 도움을 줄 것이라고 했다. 각 나라별로 유익한 모임을 가질 것인데 참석은 자유롭게 해도 되지만 참석하는 사람들은 봉사자들을 통해 많은 도움을 받게 될 것이라며 은근히 참석을 유도하였다. 내심 그 모임을 통하여 복음을 전할 계획을 가지고 있었기 때문이다.

오래 전부터 선교사들을 위해 기도하던 중 어느 날 나는 꿈을 꾸었다. 거대한 바다 가운데 세계 지도가 펼쳐져 있었고 나는 딸과 함께 바다 위에 펼쳐진 지도 한 귀퉁이에 떨어졌다. 아무것도 알 수 없는 어둡고 캄캄한 골목에서 딸을 부둥켜안고 외롭고 무서워서 부들부들 떨고 있는 꿈이었다. 아마 내가 훗날 선교를 가나보다 라고 생각했었다. 그 꿈을 떠올리며 나는 이곳 기숙사가 선교의 현장임을 즉시 깨달았다. 하지만 나 혼자서는 할 수 없는 일들이 너무 많았다. 그래서 함께 일할 동역자를 보내 주시도록 간절히 기도했다. 기도한 지 몇 주가 안 되어 선교에 관심이 많으신 전주 안디옥교회 최대호 집사님이 기숙사를 방문하셨다.

최 집사님은 소아과 병원 원장님이셨다. 외국인들이 우리 기숙사에 많이 와 있다는 소문을 듣고 찾아 오셨다고 했다. 그분은 정말 효과적인 선교를 하고 싶어서 기도하며 일할 곳을 찾고 있었는데 하나님께서 이렇게 예비하셨다면서 매우 기뻐하였다. 집사님을 통해 전주 안디옥교회의 대학부와 청년부의 지원을 받게 되었다.

집사님은 매주 청년들과 함께 예배를 도와주실 뿐만 아니라 환자들도 돌봐주셨다.

그러나 밀려드는 외국인 노동자를 섬기기에는 역부족이었다. 동역자를 위해 기도하던 중 필리핀 선교를 하고 오신 마금령 목사님과 지금은 목사님이 되신 영생교회 이석형 장로님과 청년들이 찾아 왔다. 하나님께서는 선교에 필요한 사람들을 미리 준비시켜 놓으셨던 것이다.

우리는 지체하지 않고 기숙사 내에서 토요일마다 필리핀인들을 위한 예배를 드리기 시작했다. 30명의 필리핀 자매들과 소문을 듣고 찾아 온 전주 시내 영어 학원 외국인 강사들까지 함께 예배에 참석했다.

필리핀 예배가 안정 되어갈 즈음, 본사 기숙사에 100명이 넘는 중국인들이 입소했다. 곧바로 중국어에 능통하신 믿음 좋은 전주 동부교회의 화교 진서금 집사님이 중국인을 위한 예배를 시작하게 되었다. 얼마 후에 우리 기숙사에 다시 중국인 30명과 인도네시아인 40명이 입소하였다. 이들을 위해 봉사자가 더 많이 필요할 때 양정교회의 이응윤 선교사님과 전주 안디옥교회의 서석주 선교사님이 중국인들을 맡아 관리하며 예배를 인도하게 되었다. 매주 토요일 6시 30분부터 8시 30분까지, 1부는 예배, 2부는 찬양과 레크리에이션, 3부는 한국어 공부, 4부는 교제와 다과회 등의 순서로 기숙사 각 층에서 나라별 모임이 진행되었다.

그리고 주일에는 모두가 교회에 출석하였다. 이런 일을 위해 회사의 허락을 받아 내는데 약간의 어려움이 있었지만 그동안 꾸준히 직원들을 섬기며 신뢰를 쌓아 왔기에 큰 어려움 없이 기숙사의 모든 관리를 자유로이 할 수 있게 되었다.

한 번은 그들을 인솔하고 교회에 갔는데 한 자매가 화장실을 핑계로 이탈하여 도망가 버린 일이 발생했다. 그 후로도 이런 일이 몇 번 더 있었다. 그렇게 되면 불법 체류자가 될 뿐 아니라 회사에도 지장이 있기 때문에 그런 일이 발생 때마다 한 달 또는 두 달씩 외출 금지령이 내려지기도 했다. 그러면 교회를 가지 못하는 대신 기숙사에서 예배를 드렸다. 그때마다 많은 눈물의 기도가 필요했다. 그들이 예수님을 영접하고 믿음을 갖는 것이 급하고 중요한 일이었기에 하나님께서는 기적처럼 모든 문제들을 하나하나 쉽게 해결해 주셨다.

우리 기숙사에서는 필리핀인, 중국인 예배와 인도네시아인 모임이 각 층에서 있었고, 또 다른 건물인 '제일상품' 기숙사에서는 베트남인 예배와 인도네시아인 모임, 본사 기숙사에서는 중국인 예배, 이렇게 3개의 건물에서 동시에 예배가 진행되었다. 나는 토요일 오후가 되면 이 건물에서 저 건물로 뛰어 다니며 예배와 모임을 살폈다. 외국인들이 잘 모이고 있는지, 봉사자들은 왔는지, 그리고 봉사자들이 경비실을 잘 통과하여 회사 안에 들어갔는지 등을 살펴야 했다. 봉사자들은 매주 예배뿐만 아니라 그들을 위해 간식을 준비하고 환자들을 치료해 주기도 하고, 때로는 깨끗하게 손질된 헌 옷을 교회에서 수거하여 전해 주기도 했다.

그리고 매월 한 차례씩 150명이 넘는 각 계열사 외국인 노동자들이 연합으로 본사 기숙사 또는 우리 기숙사 식당에서 선교대회로 모임을 가졌다. 선교에 관심 있는 교회에 부탁하여 음악회처럼 공연도 하고 말씀도 전하고 풍성한 음식도 제공했다. 어떤 교회에서는 그들을 위해 선물까지 준비해 오기도 했다. 그들을 정성껏 섬기니 힘들이지 않고도 많은 외국인 노동자들이 참여했다. 주일이면 조용했던 기숙사가 더욱 분주하기도 했다.

그들은 조금씩 조금씩 복음을 향해 접근하고 있었다. 하나님께서 왜 나를 이 회사에 보내 주시고 이러한 권한을 주셨는지, 또 이곳에 남게 해 주셨는지 주님의 뜻을 조금은 알 것 같았다. 당시에 이 일에 협력해준 각 회사 총무과 담당 직원들과 수위실 직원들의 협력도 큰 힘이 되었다.

환경 변화 탓인지 외국인들 사이에 환자들이 자주 발생했다. 변비, 마비현상, 위장장애 특히 피부병, 얼굴이나 손에 사마귀, 등이나 가슴에 혹이 자주 생겼다. 그들을 병원에 데리고 가서 수술로 떼어 주면서 하도 이상해서 본국에서도 그랬느냐고 물어보면 대부분 한국에 와서 처음이라고 했다. 그런데 후에 내가 멕시코에 온지 2년 반쯤 되었을 때 손가락과 손바닥에 사마귀가 나서 떼어낸 일이 있다. 그때 나는 예전의 기숙사의 일이 생각났다. 외국에서 환경에 적응하며 산다는 자체가 힘든 일인가보다. 그들의 타향살이가 얼마나 힘들었으면 한밤중에 몸이 마비되어 응급실에 실려가는 자매도 있었다. 막상 내가 그 처지가 되어보니 그때 그 자매들이 힘든 시간을 보냈었겠구나! 다시 생각하게 되었다. 성경에 나그네를 대접하라는 말씀이 떠오르며 그때 좀 더 잘 해 주었더라면 하는 아쉬운 마음이 들기도 했다.

하지만 나는 그 모든 기회를 전도의 기회로 삼을 수 있었다.

필리핀인을 위한 예배는 처음 시작부터 영어에 관심이 있는 사람들이 많아서인지 봉사자들도 많았다. 그들은 대부분 가톨릭 신자들이었지만 30명 중 기독교인이 6명이 있어서 나름대로 순조로운 예배를 드릴 수 있었다. 여호와의 증인 1명만 불참하고 모두 모임에 잘 참석했다.

베트남인을 위한 예배는 그들이 입소한 지 3개월쯤 되었을 때 전주 안디옥교회 서경애 선교사님이 베트남에서 귀국하여 사역을 도와 주셨다. 안디옥교회의 배려로 성경책도 모두에게 보급하게 되었다. 처음에 무신론자였던 그들은 너무나 쉽게 복음을 잘 받아들여 20명이 넘는 전원이 예배에 참석했다. 기타 반주에 맞춰 힘차게 찬양하는 그들을 볼 때마다 감격스러웠다. 주님께서도 그 찬양을 받으시고 기뻐 하셨으리라 믿는다.

중국인을 위한 예배는 처음에 많은 혼란이 있었다. 인도자와 의사소통이 잘 안 되었고 종교성을 띄지 않은 봉사와 섬김만으로는 복음을 전하는 것이 매우 더디고 또 큰 효과를 거둘 수 없었다. 선교는 물질만 가지고 되는 일이 아니었다. 다방면에 재능이 있는 신실한 신앙인들이 힘을 모아 섬기며 특히 복음이 들어갈 때 더 효과적임을 깨닫게 되었다. 나 역시 관리에 미숙하고 그들의 문화를 잘 이해 못하여 여러 번 실수하고 갈등을 겪기도 했다.

이런 시행착오 끝에 두 번째 입소한 팀부터 효과를 거두기 시작했다. 전주 안디옥교회 서석주 선교사님이 교회의 청년들과 함께 섬기게 되었다.

처음에 중국인들은 우리는 기독교인이 아니니 우리에게 종교를 강요하지 말라고 강력하게 모임을 거부했다. 그래서 40명이 넘는 자매들 중에 4-5명밖에 모임에 참석하지 않았다. 하지만 신실한 봉사자들은 비가 오나 눈이 오나 미소를 잃지 않고 온갖 정성을 다했다. 환자가 발생했을 때는 새벽 2시나 3시에도 아랑곳하지 않고 달려와 통역이나 간호로 섬겼고 때로는 병원비까지 해결해 주었다. 정성을 드리는 만큼 그들의 마음도 조금씩 열리기 시작해 점점 모이는 숫자도 많아졌다. 7개월이 지나자 외출한 몇 명을 빼놓고는 모두 모였다.

서석주 선교사님은 처음부터 성경을 기초한 강력한 말씀으로 예배를 인도하셨다. 성경 쓰기, 읽기, 암송하기 등을 통해 작은 선물을 주었더니, 동기 부여가 되어 많은 사람들이 성경공부에 동참하게 되고 그들의 믿음도 빠르게 성장해 갔다. 그들은 회사에서 받는 급여 외에 조금이라도 돈을 더 벌기 위해 퇴근 후나 쉬는 날은 박스를 접는 부업을 하였다. 그 일 때문에 예배참석을 못하는 자매가 있을 때는 모든 봉사자들이 박스 접는 일을 밤 늦게까지 도와주기도 했다. 경험이 없는 봉사자들은 박스를 접느라 손이 빨갛게 부어오르기도 했다. 그들은 하나같이 봉사자들의 섬김과 사랑에 감동을 받아 마음 문을 열고 우리를 대하기 시작했다. 그 후로 아무리 힘들어도 예배에 빠지지 않고 참석하게 되었다.

1년에 한 번씩 각 팀을 섬기던 담당 교회에서 세례식을 가졌다. 그때마다 수십 명씩 세례를 받았다. 해가 거듭될수록 믿음을 가지고 본국으로 돌아가는 사람도 늘었다.

전주 안디옥 교회에서는 600권이 넘는 중국어 성경을 보급해 주었고, 베트남 인도네시아 성경도 수십 권씩 보급했다. 또한 중국어 찬양집 '찬미주'를 만들어 지원해 주었다. 동부교회에서는 찬송가를 중국어로 번역해서 300권을 제본해 주었고 성경책도 많이 지원해 주었다. 공동체의 힘을 합하니 모든 일이 순조롭고 사역 또한 즐겁고 행복했다.

여름휴가와 명절 때에는 1박 2일로 수련회를 갔다. 한 해에 세 번 있는 수련회 때마다 서로 신앙 간증을 나누었다. 그들은 눈물로 간증하기를 처음에는 전도하러 오는 봉사자들이 그렇게 싫을 수가 없었다고 했다. 우리가 이렇게까지 협조를 하지 않으면 이제는 오지 않겠지 생각했는데 하루도 빠짐없이 한결같이 웃는 모습으로 대해주는 봉사자들을 보고 생각이 달라졌다고 했다. 봉사자들은 의사, 교수, 간호사, 사업가, 교사, 대학생 등 각계각층의 다양한 성도들로 구성되어 있었다.

그들은 '우리가 뭐기에 저들이 이처럼 사랑을 베풀까.'라는 생각을 하며 감동을 받고 협조하기로 했다는 것이다. 이제는 예수님 없이는 살 수 없는 사람이 된 것을 감사드린다고 했다. 또 출근 전에 방 식구끼리 함께 모여 손을 맞잡고 기도하고 하루 일과를 시작하게 되었다는 간증도 들을 수 있었다.

또 한 자매는 한국인들이 통성기도를 할 때 눈물을 흘리며 오래 기도하는 모습을 보고 나도 저렇게 기도하고 싶다는 생각을 했다고 한다. 그런데 어느 날 자신의 죄가 떠올라 많은 눈물을 흘리며 기도를 마치고 나니 옆에 있던 친구가 "얘, 너는 왜 기도할 때마다 울면서 그렇게 오래하니."라고 말했다면서 그렇게 원했던 대로 한국인들처럼 기도하게 된 것을 감사한다는 간증을 하기도 했다. 주님의 사랑만 있으면 이루지 못할 것이 없음을 깨닫게 된다.

인도네시아 인을 위한 예배. 문제는 인도네시아 인을 위한 예배였다. 우리의 사역을 도와줄 선교사도 없고 또한 이슬람교도들인 그들에게 도무지 복음을 전할 방법이 없었다. 이슬람교와 기독교의 만남. 그것은 영적 전쟁이었다. 인도네시아인 모임은 전주 안디옥교회 이 전도사님이 인도하는 영어예배 팀이 섬겼다. 처음에는 매주 토요일마다 기숙사에서 한국 동요나 한국어 낱말들을 가르쳐 주는 정도였다. 그러면 그들은 복도를 걸으며 그동안 배운 노래를 부르고 다녔다.

"무엇이 무엇이 똑같은가. 젓가락 두 짝이 똑같아요."

"손이 시려워 꽁! 발이 시려워 꽁!"

그러다가 그들이 영어를 잘 못한다는 것을 알고, 영어 복음성가를 가르쳐 주었다.

"My peace I give unto you, it's a peace that the world cannot give…….."

(평안을 너에게 주노라. 세상이 줄 수 없는…….)

그들은 복도나 화장실에서, 심지어는 샤워 중에도 큰 소리로 복음성가를 부르면서 다녔다. 가사의 뜻도 모른 채 복음성가를 즐겁게 부르고 다니는 그들을 볼 때마다 입가에 미소를 머금었다. 전주 안디옥교회 봉사자들이 그들을 섬긴 지도 1년이 넘어갔지만 그들에게서 아무런 반응조차 읽을 수 없자 서서히 마음이 초조해지기 시작했다. 원래 외국인 노동자를 채용할 때는 2년을 계약하고 그 후로 1년을 연장할 수 있게 되어 있었다. 시간이 조금씩 흐를수록 그들이 출국할 날은 가까워 오는데 복음이 스며들 기미조차 보이지 않자 안타까움이 점점 커져만 갔다.

참다못한 우리는 어느 날 큰맘 먹고 인도네시아 자매들을 모두 한 방에 모이게 한 후 〈예수의 생애〉영화를 보여 주었다. 영화를 통해 간접적으로라도 예수님을 소개하고 싶었기 때문이다. 그러나 예상과는 달리 그 영화를 보여 준 다음부터 한글공부 모임에 한 명도 참석을 하지 않는 것이었다. 그들의 그런 반응에 우리의 안타까움은 이루 말할 수 없었다. 좀 더 참고 때를 기다려야 할 것을 너무 성급하게 복음을 전하려고 하다가 실수를 한 것이 그만 더 먼 길로 돌아가게 되어 버렸다. 이슬람 문화를 잘 이해하지 못했던 탓에 그들이 그토록 완강하게 거부할 줄은 몰랐던 것이다. 그 일을 겪으며 이슬람교도를 개종시키는 것은 정말 힘들다는 것을 뼈저리게 느꼈다. 한편으로 내가 쉽게 믿음을 가졌던 것이 참으로 큰 복임을 깊이 깨닫고 감사하였다.

그들은 퇴근 후 저녁이면 방에 돌아와 하얀 옷으로 바꿔 입고 머리에 하얀 천을 두르고 양탄자 위에 엎드리거나 혹은 서서 머리를 숙이고 합장을 하고 기도를 했다. 그럴 때는 점호를 하기 위해 문을 열어도 뒤도 돌아보지 않고 꼼짝하지 않았다. 특히 '라마단' 금식기도 기간에는 무려 40일 동안 낮에 밥을 먹지 않고 일을 하고 퇴근 후 저녁이 되어야 밥을 먹기 때문에 위장에 탈이 난 환자들이 끊이지 않았다. 나는 그럴수록 아래층 사감실에서 더 열심히 기도를 하였다. 하루하루 강력한 영적 전쟁을 치렀던 것이다.

내 힘만 의지할 때는 패할 수밖에 없도다.
힘 있는 장수 나와서 날 대신하여 싸우네.
이 장수 누군가 주 예수 그리스도 만군의 주로다.
당할 자 누구랴 반드시 이기리로다.

힘이 빠지고 지칠 때면 이 찬송을 부르며 힘을 얻었다. 그렇게 6개월여를 인내와 끈기를 가지고 그들을 대하자, 어느 날부터 그들이 토요모임에 하나 둘씩 다시 보이기 시작했다. 그것은 우리 봉사자들의 눈물의 기도 응답이었다. 봉사자들은 매주 빠짐없이 기숙사로 모였다. 그들이 아무도 모이지 않을 때는 빈방에서 간절히 기도를 하였다. 한 명 두 명씩 다시 모이기 시작하자 정성을 다해 섬겼다. 그들이 토요모임에 나오지 않으면 봉사자들은 밝게 웃는 얼굴로

'슬라맛 말람!'

이렇게 저녁 인사를 하며 사가지고 온 간식들을 각 방마다 넣어주었다. 결국 섬김과 사랑 앞에 마음 문을 열고 모두 다시 모이기 시작했다. 그들 중에 '이스미' 자매가 질병으로 인해 입소한 지 두 달 만에 예수님을 영접하게 되었고, '씨티'와 '아멜리아' 두 자매가 그 일을 계기로 교회에 나오게 되었다.

그들을 섬기던 봉사자들은 환자가 발생했다고 연락하면 언제든지 달려와 통역과 차량 봉사를 해 주었고, 명절이나 여름수련회 때는 집에도 가

지 못하고 동부교회 수양관이나 안디옥교회 수양관에서 1박을 하며 그들을 섬겼다. 또 1년에 한번씩 위로 관광 때 '에버랜드'나 '롯데월드'를 가는 것도 그분들의 도움이 없었다면 이루어지기 힘들었을 것이다.

이름 없이 빛도 없이 눈물겨운 헌신으로 그들을 섬긴 결과 많은 외국인 노동자들이 주께로 돌아오는 아름다운 광경을 보게 되었다. 고달프게 혼자서 하려고 했다면 기대할 수도 없었을 일들을 크리스천 공동체들이 힘을 합하므로 풍성한 열매들을 거둘 수 있었던 것이다.

가끔씩 교회에서 헌옷을 수집하여 전해 주면 고국에 보내고 싶어 하였다. 그러면 그 헌옷을 소포로 붙여 주면 너무 좋아하였다. 또한 여러 교회를 순방하며 구경도 하고 식사 대접도 받으면서 교회에 대한 인식도 달라지고 신앙에 큰 도전을 받기도 했다. 초대받은 교회에 가서는 그동안 틈틈이 배운 찬양과 율동으로 답례하였다. 그들이 공장 안에서 늘 빨리빨리 일하라고 재촉하는 여유 없는 모습만 보다가 교회를 탐방하며 봉사자들의 사랑과 섬김을 받으면서 한국 사람들에 대한 인식도 바뀌어 한국 사람들 참 좋은 사람들이라고 말하기도 하였다. 수련회 때는 각 나라 음식 컨테스트를 하기도 하고, 명절에는 각 나라 전통 음식 재료를 사다 주며 직접 요리를 해 먹도록 하면 너무도 좋아했다.

그들은 교회를 순방하면서 한국 교회의 규모에 놀라고 많은 성도들의 모임을 보고 놀라고 성도들의 사랑과 섬김에 감동을 받았다. 그리고 어느 순간 거부감 없이 교회에 가까이 다가오게 되었고 그리스도인으로 변해가게 된 것이다.

이석형 목사님, 이희운 목사님, 최대호 원장님, 서석주 선교사님, 진서금 집사님, 마금령 목사님, 이ㅇㅇ 전도사님, 서경애 선교사님, 이응용 선교사님, 참으로 그립고 고마운 하늘의 별과 같이 빛날 이름들이다. 특별히 전주 안디옥 교회, 팔복 중앙교회, 동부교회, 영생교회의 교역자님들과 봉사자들의 숨은 수고가 있었기에 감당할 수 있었던 일들이다. 주님께서 이처럼 복음을 위해 헌신하는 교회들을 더욱 축복하셔서 더 많은 일들을 감당하는 교회들이 되기를 기도해본다.

"각각 은사를 받은 대로 하나님의 여러 가지 은혜를 맡은 선한 청지기 같이 서
로 봉사하라"(벧전 4:10).
"눈물을 흘리며 씨를 뿌리는 자는 기쁨으로 거두리로다 울며 씨를 뿌리러 나가
는 자는 반드시 기쁨으로 그 곡식 단을 가지고 돌아오리로다"(시 126:5-6).

▲ 땀삐꼬 에후니오리서치

11 – 인도네시아 자매 '이스미'

　　외국인 노동자들이 기숙사에 들어오게 되었을 때, 나는 해외로 나가지 않고도 선교할 수 있는 기회가 되었기에 기쁘기만 했다. 그러나 당황스러운 일들도 많았다. 그 때마다 내가 이 일을 제대로 감당할 수 있을까 두려워하며 간절히 기도했다. 그러나 하나님께서는 너무나 아름답게 그 길을 인도하셨다. 사람이 필요하면 사람을 보내 주셨고, 물질이 필요하면 물질을 주시면서 하려고 하는 모든 것을 허락해 주셨기에 기숙사가 선교의 현장이 될 수 있었다. 처음 얼마간의 혼란이 지나고 어느 정도 시간이 흐르자 그들을 관리하는데 큰 불편이 없어지고 나도 기숙사도 안정이 되어 갔다.

　　필리핀 자매들이 3년의 연수 기간을 마치고 떠나가고, 중국 자매들과의 생활에 적응해가고 있을 무렵에 인도네시아 자매들이 들어 왔다. 한 팀이 올 때마다 20명에서 40명 정도 많게는 60명까지 들어 왔다. 나는 1990년대 초반에 인도네시아를 1주일간 여행한 경험이 있었다. 그때 발리섬 주민의 99%가 힌두교도로 섬 전체가 우상에 찌든 모습을 보고 선교에 대해 깊이 생각했었다. 그런데 그 나라 사람들과 함께 살게 되다니 주님의 뜻이 무엇일까, 내 나름대로 기대가 되었다.

　　어느 날 인도네시아 이스미(Ismi) 자매가 씨티(Siti) 자매를 데리고 사감실을 노크했다. 그들이 기숙사에 들어 온지 한 달도 채 안 되었기 때문에 나와 의사소통이 잘 안 되어 대화가 힘든 상태였다. 다행히 인도네시아에서 초등학교 교사를 하다 온 씨티가 영어를 할 수 있어서 서로 짧은 영어 실력만으로 간신히 대화를 나눌 수 있었다. 씨티의 말로는 이스미가 지금 한 달째 하혈을 하고 있다는 것이었다.

처음엔 단순히 생리 현상이라고 생각했는데, 한 달 동안 하혈이 그치지 않자 나를 찾아 왔다고 했다. 외국인 노동자들은 규정상 한국에 오기 전에 자국에서 건강 검진을 받고 오도록 되어 있었다. 검진 후 이상이 없는 사람들만 올 수 있었고 또 한국에 와서 입사 후 곧 바로 건강 검진을 다시 받기 때문에 대수롭지 않게 생각했다. 그래서 별일 아닐 것이라고 안심시킨 후 다음 날 함께 병원에 가기로 약속을 하고 돌려보냈다. 다음 날 가까운 산부인과 병원에 갔다. 의사선생님이 몇 가지 검사를 해보더니 아무래도 큰 병원에 가보는 것이 좋겠다고 하였다.

그 길로 전북대학 병원으로 가서 다시 검사를 하자, 이스미는 어이없게도 자궁암 말기라는 결과가 나왔다. 급하게 입원 수속을 했다. 이스미는 한국에 온지 두 달도 채 안 되어 벌어 놓은 돈도 없는 딱한 형편이었다. 회사 역시 치료비를 책임져야 할 의무가 없었기 때문에 빨리 자국으로 돌려보내야 한다는 입장을 밝혔다.

하지만 이스미는 한사코 자국으로 돌아가지 않으려고 했다. 많은 돈을 들여서 겨우 한국에 왔는데 돈도 벌지 못하고 고향으로 돌아갈 수 없다는 것이다. 그리고 인도네시아로 가봤자 의료 수준이 한국보다 못하니 치료를 받더라도 한국에서 받고 싶다고 했다. 회사에서는 일단 입원은 시켜 보겠지만 최악의 경우를 생각해서 병이 호전되지 않으면 빨리 조치를 취해 돌려보내야 한다는 입장이었다.

이스미가 병원에 입원해 있는 동안, 낮에는 내가 간호를 하고 저녁에는 이스미의 친구들이 번갈아 가며 간호를 했다. 입원해 있는 동안 전주 안디옥교회 인도네시아 담당 봉사자들이 시간이 나는 대로 문병을 와주었다. 이스미는 약 한 달 정도 입원해 있었지만 병세가 나아지지 않았다. 낫게 해주시기를 그렇게 간절히 기도했건만, 오히려 날로 악화되어 이제는 병원 측에서도 힘들겠다고 하면서 빨리 자국으로 돌려보내는 것이 좋을 것 같다고 했다. 회사에서는 회사대로 나중에 생길 사태를 염려해서 퇴원시켜 빨리 돌려보내라고 했다. 이런 저런 압박 때문에 하는 수 없이 퇴원을 시키려고 보니 이번에는 병원비가 문제였다. 병원 측에 사정 이야기를 했더니 다행히 많은 도움을 주었고, 또 회사의 배려와 여러 사람의 도움으로 이스미로서는 감당할 수 없는 병원비를 모두 해결하고 기숙사로 돌아올 수 있었다.

나는 이스미가 인도네시아로 돌아가기 전에 어떻게든지 복음을 전해야겠다는 생각이 간절했다. 이스미와 의사소통의 벽을 어떻게 뛰어 넘을 수 있을까 고민하던 끝에 인도네시아 자매들을 섬기고 있던 이 전도사님이 생각났다. 이 전도사님에게 부탁 드렸더니 흔쾌히 도와주시겠다고 하셨다. 기숙사로 오신 전도사님과 함께 씨티를 동반하고 이스미가 누워있는 방으로 갔다.

이 전도사님이 사영리를 영어로 읽어 주면 씨티가 인도네시아어로 통역을 해 주었고, 나는 옆에서 간절히 기도하면서 지켜보았다. 열심히 듣던 이스미는 눈물을 흘리며 힘없는 목소리로 영접 기도를 따라 했고, 복음제시가 다 끝난 다음, "이제 너의 종교가 무엇이냐?"라고 하였을 때, 서슴없이 "나는 크리스천이다!"라고 대답했다. 작고 가냘픈 목소리였지만 얼마나 감동적이었는지 모른다.

나는 이스미에게 인도네시아에 가서도 교회 나갈 것을 권하면서 가족들에게도 전도하라고 했더니 고개를 끄덕이며 고국에 가면 꼭 가족들에게 복음을 전하겠다고 약속했다. 이슬람교도가 개종하기가 쉽지 않다는 것을 잘 아는 나는 하나님만이 하실 수 있는 일이라고 생각했다. 본국으로 돌아가는 이스미의 형편이 딱해서 비행기 표와 앞으로 들어갈 치료비를 어느 정도 마련해 주었다. 나는 그 돈을 전하면서 교회의 여러 크리스천들이 기도하면서 이스미가 꼭 좋은 크리스찬이 되고 빨리 낫기를 바라는 마음으로 주는 거라고 하였더니 눈물을 흘리며 고개를 끄덕였다.

그때 말없이 도와 주셨던 많은 분들이 지금도 기억 속에 남아있다.

인도네시아는 잘 알다시피 이슬람 국가다. 그녀의 병이 몇 달만 일찍 발견되었더라도 한국으로 오지 못했을 것이고 복음도 듣지 못했을 것이다. 하나님께서는 우리 육신의 연약한 부분까지도 사용하셔서 복음을 들을 수 있는 기회를 주시는 분이시다.

이스미가 작은 씨앗이 되어 그 가족이 예수를 믿게 되고 또 그렇게 이웃으로 복음이 전해지길 간절히 기도한다. 우리에게 쉴 만한 그늘을 주는 큰 나무도 작은 새싹에서 비롯된다는 것을 생각하며, 이 연약한 이국 자매를 통해 하나님께서 이루실 큰 일들을 꿈꾸며 눈물로 기도할 뿐이다.

그런데 더욱 놀라운 것은 이스미에게 사영리를 통역해 주었던 씨티와 같은 방에서 지내던 '아멜리아' 자매가 안디옥교회 봉사자들의 헌신에 감동이 되어 교회를 나가게 된 것이다. 사실 그들의 그런 결정은 정말 어려운 것이었다.

다른 인도네시아 자매들이 씨티와 아멜리아가 교회를 나간다는 이유로 그들을 철저히 배척하고 왕따를 시켰다. 그런 모습을 볼 때 두 사람이 너무 가여운 생각이 들었다. 인도네시아 자매들이 복도를 걸어가다가 두 사람과 마주치면 대놓고 외면했고 밥을 먹을 때나 휴식시간에도 두 사람을 따돌리는 모습이 역력했다. 돈 좀 벌어 보겠다고 낯선 타국까지 와서 고생은 말할 것도 없고 동족 간에 따돌림까지 당하며 외톨이처럼 지내는 고통이 얼마나 컸을까? 그것을 너무 잘 알기에 처음 두 자매가 교회에 나왔을 때, 나는 그들의 용기에 감격했고 하나님께서 친히 그 십자가의 길을 지켜 주시기를 기도하며 울었다.

그들을 맞이한 전주 안디옥교회 영어예배 팀원들 또한 아낌없는 헌신과 사랑을 쏟아 부었다. 그 노력이 헛되지 않아 두 자매는 끝까지 교회를 떠나지 않고 출석했다. 주님은 우리의 작은 수고를 결코 헛되이 여기지 않으셨다. 멀고 험난한 길로 이제 막 들어선 두 자매를 우리 주님께서 두 팔 벌려 안아 주시고 위로해 주실 것이다. 두 자매도 끝까지 견뎌 생명의 면류관을 얻게 되기를 간구한다.

"서로 친절하게 하며 불쌍히 여기며 서로 용서하기를 하나님이 그리스도 안에서 너희를 용서하심과 같이 하라 그러므로 사랑을 받는 자녀 같이 너희는 하나님을 본받는 자가 되고 그리스도께서 너희를 사랑하신 것 같이 너희도 사랑 가운데서 행하라 그는 우리를 위하여 자신을 버리사 향기로운 제물과 희생제물로 하나님께 드리셨느니라"(엡 4:32-5:2).

▲과달루페 아저씨는 복음 전해듣고 영접 후
1개월 후에 후두암으로 사망

12 – 중국 자매 '순청펀'

주일날 가끔씩 기숙사에 급한 일이 생길 때면 비상 출동을 해야 했다. 특별히 예배 시간만 아니라면 곧장 달려갔다. 예를 들면 시골집에서 부모님이 방문을 했는데 열쇠를 잃어 버려 방에 들어 갈 수가 없다면 비상 출동을 해서 비상키로 문을 열어 주어야 했다. 또 응급환자가 발생하여 나를 급히 찾으면 기숙사로 달려가야 했다.

그날도 한 학생이 키를 방에 두고 문을 잠그는 바람에 방에 들어가지 못하게 되자 수위실에서 교회로 나를 찾는 전화가 왔다. 급하게 기숙사로 달려가 방문을 열어 주고 보니 점심시간이 지나 있었다. 교회로 돌아가서 밥을 먹기에는 시간이 애매하여 기숙사에서 해결하려고 주방에 들어갔다.

우리 기숙사에 외국인 노동자들이 없었을 때에는 의무적으로 기숙사 식당에서 제공되는 식사만 할 수 있었고, 개인 취사는 금지되어 있었다. 하지만 외국인들이 들어온 후 그들이 한국 음식이 입에 맞지 않아 적응하기 힘든 것을 고려하여 언제부턴가 직장이 쉬는 주일만은 기숙사에서 개인적으로 취사를 할 수 있도록 배려해 주었다. 주일은 각자 입에 맞는 고국 음식을 해 먹고 평일은 기숙사 식당을 이용하도록 규칙이 바뀐 것이다. 덕분에 나도 이 혜택을 보고 있었다. 주일날은 교회에 있는 시간과 기숙사 식사 시간이 맞지 않아 어쩔 수 없이 대강 끼니를 때우다시피 할 때가 많았는데 그때부터 주일에도 따뜻한 밥을 해먹을 수 있었다.

그날도 주방에 들어가니 중국 자매 '순청펀'이 요리를 하고 있었다. 순청펀은 한족 자매다. 중국에서 초등학교 교사였는데 이곳에 와서 회사에서도 기숙사에서도 모범적인 생활을 하고 있었다. 나이도 어린데 가족과 떨어져 머나먼 이국땅에서 외롭고 힘든 시간을 견디며 고국에 있는 가족의 생계를 책임지는 착한 자매였다. 내 중국어 실력은 그저 인사나 하는 정도였지만 언젠가 그 자매에게 복음을 전하리라 생각하고 기회를 엿보고 있던 중이었다.

그 날 순청펀은 프라이팬에 기름을 넉넉하게 두르고 능숙한 솜씨로 고기를 튀기듯 볶고 있었다. 아마 그녀의 고국 요리법인가보다 생각하며 보고 있었다.

그녀는 팬을 들고 이리저리 흔들면서 고기를 뒤집더니 거기에 어떤 첨가물을 붓고는 다시 팬을 흔들었다. 그러자 순식간에 불꽃이 천정에 닿을 만큼 확 오르는 것이었다. TV에서나 보는 식당 주방장 같았다. 기숙사 주방은 샤워실 입구를 개조하여 만들어 놓았기 때문에 팔을 위로 올려 뻗으면 손이 천정에 닿을 만큼 낮았다. 조바심이 나서 도저히 볼 수가 없었다. 한 번도 아니고 계속적으로 불꽃을 일으켜 천정으로 불꽃이 닿을 듯 말 듯 하는데 정말 아찔했다. 내가 그렇게 긴장하며 보고 있는데도 그녀는 아무렇지도 않다는 듯이 계속 불길을 일으키며 음식을 만들었다. 그러다 프라이팬을 세게 흔들어 고기를 뒤집는 순간 엄청난 불길이 주방 천정으로 치달았다. 나는 너무 놀란 나머지 나도 모르게 소리를 질렀다.

"부스! 순청펀! 안~돼!"

그러면서 프라이팬을 얼른 빼앗아 땅바닥에 '탕!' 내려놓았다. 순간 발등에 뭔가 확 덮치는 느낌이 들었다. 동시에 "앗 뜨거." 하고 소리칠 수밖에 없었다. 끓는 기름이 있는 프라이팬을 바닥에 급하게 내려놓을 때 '탕' 하는 소리가 났는데 그때 팬에 있던 기름이 튀어 스타킹을 신은 내 발등을 덮치고 말았던 것이다. 스타킹은 순식간에 오그라들어 발등에 달라붙었다. 벗을 새도 없이 이미 화상을 심하게 입고 말았던 것이다. 응급조치를 했지만 발등은 말이 아니었다. 그녀는 너무나 미안한 나머지 눈물을 글썽이며 어찌 할 바를 몰라했다.

"뚜이부치이! 뚜이부치이, 써젠!"(사감님! 미안해요. 미안해요.)

그녀가 너무 미안해 하길래 나는 아픔을 참으며 말했다.

"메이관시. 부커치"(괜찮아, 괜찮아.)

말은 그렇게 했지만 너무 아파서 순청펀이 알아듣지 못하는 한국말이 나도 모르게 튀어 나왔다.

"도대체 무슨 요리를 하기에 이렇게 위험하고 요란스럽게 하니?"

고통이 좀 진정이 되자 나는 어쩔 줄 몰라 하는 그녀에게 억지로 웃으면서 한 가지 제안을 했다.

"순청펀, 난 괜찮아. 그러니까 다음 주부터 교회 가자. 교회 가면 맛있는 음식 마음껏 먹을 수 있어, 어때? 다음 주부터 교회 갈 거야?"

그녀는 내 말에 잠시의 망설임도 없이 "쓰, 써젠"(네, 사감님) 하고 힘을 주어 대답하는 것이었다. 순간 나는 교회 가겠다는 말에 너무 기뻐서 아픔도 잊은 채 얼굴이 상기되어 좋아했다.

내가 기뻐하는 모습을 보고 마음에 안심이 되었는지 그녀도 잔뜩 긴장된 얼굴이 펴지면서 수줍게 미소가 번졌다. 나는 다음 날부터 발을 절뚝거리며 병원에 다녔다. 병원에서 몇 번의 치료를 받고 기숙사에서 몇 주간의 치료를 한 후에야 제대로 걸을 수 있게 되었다. 그때의 화상 흉터가 아직도 발등에 남아 있다. 절뚝이며 병원에 다닐 때 마음에 불평이 생기려다가도 교회에 나가기 시작한 순청펀을 보면 참을 만 했다.

'하나님은 한 생명을 구원하시는데 나를 이런 방법으로도 사용하시는구나.'라고 생각하며 잔잔히 미소 지을 수 있었다.

중국 사람들은 역시 자존심이 강한 대국 사람이었다. 순청펀은 그 사건이 있은 다음 주부터 교회에 가겠다고 한 약속을 한 번도 어기지 않고 지켰다. 우리 교회에는 중국어 예배가 없어서 나는 전주 동부교회 중국인 예배를 인도하던 진서금 집사님께 순청펀을 소개하고 그녀의 신앙을 위해 힘써 주시기를 부탁드렸다. 당시에 기숙사 107호실에 순청펀과 함께 지내던 중국인 동료도 함께 교회에 출석하게 되었다. 그 후로 두 자매는 동부교회의 따뜻한 사랑을 받으며 믿음이 날로 성숙해져갔다. 처음에는 나에 대한 미안한 마음으로 또 단순히 약속을 지키기 위해 교회에 나갔지만, 시간이 흐르면서 자신들의 신앙으로 학습 세례도 받고 믿음의 딸로 성장해갔다.

그 후 몇 년이 지난 다음 중국으로 돌아갔는데, 중국에서도 복음을 전하는 귀한 믿음의 딸로 전도자의 사명을 잘 감당하고 있으리라 믿는다. 지금은 중국에서 다시 교사로 학생들을 가르치고 있다는 소식을 들었다.

순청펀이 한국에서 생활할 기회가 없었더라면 복음을 접할 기회도 쉽게 오지 않았으리라 생각하니 그녀의 고달팠던 타향살이를 영혼 구원으로 연결해 주신 주님의 사랑과 섭리하심에 놀라고 감사할 뿐이다. 생명을 살릴 수만 있다면 이보다 더한 화상인들 감사하지 않으랴.

이 모든 영광을 주님께 돌려드린다.

"하나님은 헤아릴 수 없이 큰 일을 행하시며 기이한 일을 셀 수 없이 행하시나니"(욥 5:9).

13 – 차라리 제가 교회 갈게요

내가 팔복 중앙교회를 섬기고 있을 때였다. 우리는 전도특공대 훈련을 마치고 매주 목요일 2인1조로 전도를 나갔다. 각 조가 한 구역을 전담하여 매주 같은 지역을 돌면서 전도를 하였다. 모르는 사람들을 만나 먼저 사귀고 차차 친해지면 복음을 전하는 방법으로 전도를 했다. 대원들이 열심히 전도한 결과 시간이 지나면서 한 사람 한 사람 교회를 찾게 되었고, 지역사회에서도 교회에 대해 점점 더 좋은 소문이 나기 시작했다.

그즈음 우리 조가 몇 개월째 방문하면서 이야기를 나누며 관계를 쌓고 기회될 때마다 교회에 나오실 것을 권유했던 60대 중반쯤 되어 보이는 아주머니 한 분이 계셨다. 그 아주머니는 우리가 갈 때마다 드렸던 작은 선물도 부담스럽고, 한편으로 오랫동안 무신론으로 살았던 삶을 쉽게 청산하기도 힘들었던 모양이다. 그래서 그랬는지 하루는 이런 말씀을 하셨다.

"질기네, 질겨. 아무리 고무줄이 질기다고 하지만 팔복 중앙교회 교인들같이 질길까."

전도특공대 훈련을 마치고 한창 전도의 불이 붙어 있던 우리에게 그 말은 결코 기분 나쁘게 들리지 않아 대원들끼리 서로 눈짓을 하며 미소를 지었다.

"아주머니를 사랑해서 그러는 거예요. 저희의 마음을 곧 아시게 될 거예요."

전도대원 중에 신일우 권사님이 계셨다. 그분은 연세가 70에 가까우셨는데 심장이 좋지 않아 늘 고생하시다가 심장 수술을 받으셨다. 그 후 건강을 회복해 가시던 때에 전도특공대 훈련을 받으셨다. 자신이 처한 환경과 관계없이 전도의 사명을 감당하기 원하셨던 믿음의 어머니셨다. 권사님은 나와함께 전도하기를 원하셨다.

"나는 유 전도사님과 같은 조에 넣어 주세요."

권사님의 요청으로 우리는 한 조가 되었다. 권사님은 우리가 맡은 구역에서 오랫동안 터줏대감처럼 사신 분이라서 어느 집에 누가 살고 있는지, 지금 집에 가면 누가 있는지 훤히 알고 계셨다. 그러다보니 전도 대상자와 따로 관계를 쌓을 필요도 없이 곧바로 복음을 전할 수 있어서 그 지역을 전도하는 데 큰 도움이 되었다.

신 권사님의 아들은 우리가 맡은 구역에서 세차장을 하고 있었다. 그런데 우리 교회 학생회에 다니는 은정이네 집은 세차장 바로 앞 도로변에 있는 3층 건물이었다. 자녀들은 교회에 다니고 있었지만 그 부모들은 아직 교회에 나오지 않고 있었다. 동네 터줏대감 같은 신 권사님의 눈을 은정 엄마가 피해갈 수 없었다. 더구나 아들의 사업장 앞에 예수 믿기 딱 좋은 환경의 불신자가 있었으니 오죽했을까.

권사님은 어느 날 은정 엄마를 전도해야겠다고 말씀하셨다. 그날부터 권사님과 나는 은정 엄마를 위해 기도하며 그 집을 방문하기 시작했다. 몇 번 헛걸음 한 끝에 드디어 그 건물 3층에 살고 있는 은정 엄마를 만나게 되었다. 그런데 그날따라 다른 조원 몇이 우리와 일행이 되어 있어서 꽤 많은 전도대원들이 은정이네 집 앞에 서 있었다.

대원들이 많아서 좀 미안한 마음도 들었지만 무례함을 무릅쓰고 들어가기를 청했다. 오늘 기회를 놓치면 언제 또 만날 수 있을지 몰랐기에 좀 무리를 했던 것이다. 은정 엄마는 우리를 보고 시큰둥한 목소리로 들어오라고 했다. 하지만 우리가 방에 들어갔는데도 은정 엄마는 우리를 본체만체 거울 앞에서 외출 준비를 하고 있었다. 나는 그의 눈치를 보면서 사영리 책자를 꺼내 조심스레 말을 붙였다.

"잠시만 이 책을 읽어 드려도 될까요? 하시던 일 하면서 그냥 듣기만 하셔도 되요."

내 말에 은정 엄마는 대꾸도 하지 않고 하던 일을 계속했다. 하지만 나는 그의 무관심에도 아랑곳하지 않고 사영리 책자를 펴서 설명하기 시작했다.

'어떻게 얻은 기회인데 자존심 세우느라 한 생명을 놓칠 순 없지.'

복음을 전하다보면 자주 당하는 외면인데도 그때마다 온몸에서 힘이 빠진다. 여러 가지로 갈등하며 잠깐 책에서 눈을 떼고 고개를 들었을 때 주위에서 간절한 눈빛으로 나를 바라보는 전도대원들이 눈에 들어 왔다. 순간 '아, 저분들이 나를 위해 또 은정 엄마의 영혼을 위해 지금 이 순간에도 얼마나 기도하실까.' 하는 생각이 들었다. 그러자 이 도도한 은정 엄마가 가여워지며 그 영혼을 안타깝게 여기실 주님의 마음이 느껴져 그녀에게 더 가까이 다가가 앉을 수 있게 되었다.

내가 사영리 제2원리를 설명할 때까지만 해도 딴전만 피우고 있던 은정 엄마가 제3원리를 설명할 때는 어느새 내 앞에 가까이 다가와 앉아서 열심히 듣고 있었다. 나는 더욱 진지하게 집중하여 설명을 했다. 이 집중은 동시에 나 자신에게 하는 것이기도 했다. 전도의 사명을 어떤 환경에서도 담대하게 감당하기를 바라는 내 영혼의 외침이기도 했다.

사영리 설명을 마치고 그분이 영접기도를 따라 하기까지 모든 순서가 순탄하게 진행이 되었다. 부족하다고 생각되는 부분을 다시 설명한 후 잠시 기도를 드려도 되겠느냐는 내 질문에 은정 엄마는 고개를 끄덕였다. 나는 그와 그 가족을 축복해달라고 하나님께 간절히 기도 드렸다. 기도가 끝나고 고개를 들어보니 어느새 은정 엄마의 눈가에 눈물이 고여 있었다.

"은정 엄마! 교회가 바로 옆에 있고 자녀들도 교회에 다니고 있으니 엄마가 먼저 신앙생활을 하세요. 그러면 남편도 교회 나오게 되고 가정 천국도 이룰 수 있게 될 거예요. 오늘 긴 시간 끝까지 잘 들어 주셔서 감사합니다."

이렇게 말하고 자리에서 일어서는데 은정 엄마가 교회 오겠다는 말은 하지 않고 대뜸 "그냥 가면 어떻게 해요! 물이라도 한 잔 하고 가셔야지요." 하는 것이 아닌가. 조금 전 우리에게 문을 열어 줄 때 시큰둥하던 표정과 복음을 전해 듣고 우리를 대하는 표정이 완전히 달라졌다.

'아 하나님이 또 하셨군요. 순간 순간 흔들리는 부족한 저를 위해 오늘 특별히 더 많은 전도대원을 우리 조에 붙여 주셨군요. 대원들의 기도가 더 필요한 날이었기에 그것까지 간섭하신 하나님 감사드립니다.'

이렇게 성령님께서 인도하시고 역사하신 것을 고백할 수밖에 없었다.

특별히 복음 들은 분들을 위해서는 더 열심히 기도해야 한다. 또 복음을 듣고 믿기로 작정한 분들에게는 기도뿐만 아니라 사랑과 관심을 가지고 매주 빠짐없이 찾아가야 한다. 대부분의 사람들은 복음을 받아들이고 난 후에도 처음에는 교회 나가는 것을 부담스러워하고, 또 어떤 사람들은 전도자를 만나는 것 자체도 힘들어 한다.

심한 경우에는 내게 "집 청소나 제대로 하고 다니세요?" 하는가 하면 또 "남편이 그렇게 전도나 하고 다니게 내버려 둡니까?" 하면서 비아냥거리기도 했다. 그러면 나는 얼른 이렇게 대답한다. "네! 우리 집은 C아파트 102동 1504호예요. 언제든지 놀러 오세요. 맛있는 차 대접할게요. 깨끗이 청소되어 있으니 언제든지 오셔도 돼요. 그리고 우리 남편은요 힘내서 더 열심히 하라고 응원도 해주시고 제가 가지고 온 이런 것들도 다 지원해 줍니다." 나도 어디서 이런 넉살이 나오는지 모르겠다. 주님이 내 남편 되시는 것이 사실이니 뭐 넉살이랄 것도 없다. 아무리 피곤해도 걸레질하지 않고는 눕지 못하는 내 까탈스런 습관도 이런 때는 도움이 된다.

그런데 이렇게 무안을 주던 사람들도 매주 빠지지 않고 몇 달을 방문하다 보면 어느덧 친한 친구가 되기도 한다. 어쩌다 두세 주 빠뜨리면 기다렸다는 눈치로 그동안 무슨 일 있었느냐며 안부까지 묻는 사람도 있다. 이렇게 관계를 만든 다음 교회에서 전도축제나 초청 잔치 같은 큰 행사가 있을 때 한 번만 와달라고 부탁하면 대부분은 오게 되어 있다. 그러니 이런 행사를 할 때 눈물의 기도로 준비하여 정성을 쏟고, 정확한 복음을 들려주고, 세심한 배려로 섬기면 결국은 교회에 발을 들여놓게 된다.

그래서 전도 대상자를 정한 후에는 꾸준하게 방문하는 것이 무엇보다 중요하다. 포기하지 않고 끝까지 섬기다 보면 주님의 때에 기쁨의 단을 거두게 될 것이다.

그날 이후 몇 주가 지난 어느 주일날이었다. 예배가 시작되기 전에 신 권사님이 입가에 함박웃음을 지으며 본당에 들어오셨다. 그리고 멀리서 나를 향해 두 손으로 승리의 '브이' 자를 만들어 보이며 말씀 하셨다. "왔어요! 왔어!" 하고 입으로만 속삭이며 좋아서 어찌할 바를 모르셨다.

가만히 살펴보니 본당 앞쪽에 은정 엄마가 다소곳이 앉아 있었다. 얼마나 기분이 좋은지 예배 시간 내내 가슴이 콩닥콩닥 뛰었다.

'주님 감사합니다. 또 한 영혼을 살려 주셨군요. 권사님 수고하셨습니다.'

마음속으로 모두를 축복하며 예배를 드렸다.

예배가 끝난 후 권사님께 여쭤보았다.

"권사님, 축하 드려요. 어떻게 모시고 왔어요?"

권사님은 그날 이후로 계속해서 매 주일마다 은정이네 건물 3층까지 올라가 "은정 엄마! 오늘 교회 가게!" "오늘 교회 가자!" 하시면서 조르기 시작하셨단다.

심장수술을 받은 지 얼마 되지 않아서 평지를 걷는 것도 힘들어 하시던 권사님이 3층까지 계단을 오르내린다는 것은 사실 큰 무리였다. 권사님은 은정이네 집에 올라가실 때마다 숨이 차서 집 앞에서 한참 동안 숨을 헐떡이고 계셨다. 그렇게 몇 주를 했더니, 어느 날 은정 엄마가 "몸이나 성해야 말이지. 저렇게 아픈 사람이 매주 이러시니 도저히 미안해서 이 꼴 더 이상 못 보겠네. 차라리 제가 교회 나갈 테니 이제 그만 올라오셔요." 하면서 진짜로 교회로 오셨다는 것이다.

그 후로 은정 엄마는 성실하게 신앙생활을 잘 하여 지금은 교회에서 집사님으로, 온 가족이 교회에 없어서는 안 될 충성스런 일꾼들이 되었다. 한 영혼이 주님께 돌아왔을 때 우리 마음이 이렇게 기쁘고 즐거운데, 우리 주님께서는 얼마나 기뻐하실까? 전도자는 이 기쁨과 행복감 때문에 결코 전도를 쉴 수가 없다.

"나는 선한 싸움을 싸우고 나의 달려갈 길을 마치고 믿음을 지켰으니 이제 후로는 나를 위하여 의의 면류관이 예비되었으므로 주 곧 의로우신 재판장이 그 날에 내게 주실 것이며 내게만 아니라 주의 나타나심을 사모하는 모든 자에게 도니라"(딤후 4:7-8).

▲깐델라리아 마을 아이들에게 인형선물

PART 03

예닮교회 전도편

"아무든지 나를 따라 오려거든 자기를 부인하고 날마다 제 십자가를 지고 나를 따를 것
이니라 누구든지 제 목숨을 구원하고자 하면 잃을 것이요 누구든지 나를 위하여 제 목
숨을 잃으면 구원하리라"(눅 9:23-24).

01 - 유현숙 씨는 면죄합니다

2004년 3월 어느 토요일, 그 날은 내가 예장 총회에서 실시한 LMTC 선교훈련을 마치고 1주일간 베트남과 라오스에 선교 정탐 훈련을 떠났다가 집에 도착한 날이었다. 말이 집에 도착한 것이지 사실은 가방만 던져 놓고 곧바로 교회로 달려갔던 길이다.

섬기던 예닮 교회에서는 계획에 따라 춘계 부흥회를 준비하고 있었다. 강사는 미국 LA 삼성 장로교회 신원균 목사님이 오시기로 되어 있었다. 그 바쁜 때 교회를 비우고 선교 훈련을 떠났으니 내 마음이 얼마나 급했는지 모른다. 교회에 도착해보니 사무실에서 두 분의 전도사님이 바쁘게 부흥회 준비를 하고 있었다. 그 당시는 전단지를 인근 아파트 관리소에 허락을 받고 게시판에 붙이고 또 집집마다 돌리면서 부흥회 홍보를 하던 때였다. 전단지를 준비하고 있던 전도사님이 다른 아파트는 전단지를 다 돌렸는데 엘ㅇ아파트와 대ㅇ아파트는 아직 돌리지 못했다고 하였다. 부흥회 시작은 내일로 다가와 있었고 그때 시간은 이미 늦은 오후였다.

두 분 전도사님은 익산과 군산에서 이곳 전주까지 출퇴근을 하는 분들이셨다. 그동안 선교 훈련 다녀오느라 부흥회 준비하는 일을 돕지 못해 미안한 마음이 들어 재빨리 말했다.

"전도사님, 걱정하지 마세요. 제가 할게요. 그냥 거기 두고 퇴근하세요. 그 동안 제 몫까지 하시느라 수고하셨어요. 어서 가보세요."

나는 남아 있는 전단지를 들고 엘ㅇ아파트로 향했다. 먼저 엘리베이터를 타고 아파트 맨 꼭대기 층으로 올라간 다음 한 층씩 걸어 내려오면서 전단지를 문 사이에 끼워두거나 문틈으로 밀어 넣었다. 그것이 여의치 않으면 우유 주머니에 넣었다. 한 장 한 장 넣을 때마다 성령님께서 이 전단지를 읽는 사람의 마음을 움직이셔서 하나님께로 돌아오게 해주시기를 간절히 기도하였다. 엘○아파트는 다섯 동이었다. 네 동을 돌고 나니 다리가 얼마나 아픈지 더 이상 걸을 수도 없을 지경이었다.

평소에는 그렇게 힘들다고 느끼지 않았는데 지난 일주일간의 고된 선교 훈련으로 체력이 바닥난 상태라서 그런가보다 생각하며 마지막 동을 돌리려고 할 때였다. 그때 마침 내 앞으로 우리 교회 주일학교 학생인 은찬이가 롤러스케이트를 타고 지나가는 것이었다.

은찬이가 나를 보고 먼저 인사를 했다.

"전도사님, 안녕하세요?"

"그래 은찬아, 안녕?"

나는 아직 손에 남은 전도지를 보며 은찬이에게 도움을 청했다.

"은찬아! 전도사님 좀 도와 줄 수 있겠니?"

내 말이 채 끝나기도 전에 은찬이가 쏜살같이 롤러스케이트를 타고 지나가면서 대답했다.

"안돼요, 엄마가 빨리 들어오라고 해서 지금 집에 가야 돼요."

그러고는 뒤로 힐끔 쳐다보더니 이내 사라져 버렸다. 순간 내 눈에서 눈물이 핑 돌았다. 그 어린 은찬이가 야속하게 느껴질 만큼 몸도 힘들고 다리도 아팠다.

평소에 우리 교회 주일 학생들이 잘 도와주었는데 그날은 은찬이가 정말 바빴나 보다.

힘을 내어 마지막 동을 돌리고 나서 어두워져 가는 시간에 다시 대○아파트로 향해 갔다. 대○아파트도 다섯 동인데 각 동마다 19층까지 있는 아파트였다. 겨우 한 층을 돌고 나니 다리가 너무 아파 도저히 더 이상은 올라갈 수가 없었다.

'괜시리 미안해서 내가 돌리겠다고 큰소리 쳐놓고서 이게 뭐람.'

너무 힘이 들어 혼잣말로 불평을 했다. 그때 순간적으로 내 머리를 스치는 생각이 있었다.

'아 공동 우편함이 있지! 거기 호실별로 꽂아 놓으면 되겠다.'

이렇게 생각하고 곧장 공동 우편함으로 달려갔다. 너무 쉽게 세 줄 째 꽂고 있을 때 갑자기 등 뒤에서 큰 소리가 들렸다.

"아줌마! 거기서 뭐하는 거예요! 거기다 그거 꽂지 마세요!"

뒤를 돌아보니 저쪽 105동 앞에서 경비 아저씨가 내 쪽으로 바삐 걸어 오면서 소리를 지르는 것이었다. 나는 얼른 하던 일을 멈췄다.

"네, 저희 예닮 교회에서 내일부터 미국에서 훌륭한 강사님이 오셔서 부흥회를 하는데요. 이것 보고 은혜 받으러 오시라고 꽂았어요. 죄송합니다. 꽂아 둔 것을 다시 뺄까요?"

"그건 그냥 두고 이제 그만 하세요!"

내가 순순히 그리고 다소곳이 대답했더니 경비 아저씨가 소리 친 것이 미안했는지 이렇게 말하면서 가버렸다. 나는'주님 더 이상 서 있을 수도 없을 만큼 다리가 아팠는데 주님께서 저를 도와 주셨군요. 그렇지만 전단지를 미처 받지 못한 대ㅇ아파트에서 이번 부흥회에 제일 많이 참석할 수 있도록 이 아파트 주민들의 발걸음을 인도해주세요. 이렇게 마음속으로 기도하면서 집으로 돌아왔다. 그리고 3일 동안의 부흥회는 너무나 은혜롭게 끝이 났다.

그 후 한 달 정도 지난 어느 날, 교회에 출근을 하니 담임목사님께서 내게 물으셨다.

"유 전도사님, 혹시 대ㅇ아파트에 전단지 돌린 적이 있나요? 조금 전 파출소에서 전화가 왔었는데 다시 연락한다고 했어요."

나는 지난 부흥회 때 일이 떠올랐다.

"네. 목사님, 제가 지난번 부흥회 때 그 아파트에서 전단지를 조금 돌리다가 경비 아저씨가 하지 말라고 해서 그만 둔 일이 있기는 한데요."

"그럼 맞는 것 같구만. 아니 그런걸 고발을 다 하다니..."

알고 보니 한 달 전 내가 전단지 넣은 것을 주민회에서 고발을 한 것이다. 주민회에서는 규정대로 처리한 것이었지만, 목사님께서는 지역 사회에서 그런 일로 교회를 고발한 것이 무척 섭섭하셨던 모양이다. 얼마 후 관내 파출소에서 전화가 왔다. 나에게 주민등록증을 가지고 파출소로 출두하라는 것이었다. 담담한 마음으로 파출소에 갔더니 경찰이 나의 인적 사항을 기록하면서 위로해주었다.

"그 아파트 주민들 좀 별난 것 같네요."

그 경찰은 친절한 어투로 뭔가를 계속 쓰면서 말을 했다. 아마도 파출소가 우리 교회와 가까이 있고 그 앞을 자주 지나 다니다보니 이미 내가 예닮교회 전도사인줄 잘 알고 있는 것 같았다.

"한 지역 사회에서 전단지 돌린 것 때문에 고발까지 하다니 마음이 좀 아프네요. 경범죈데요. 북부경찰서에서 연락이 올 겁니다. 그러면 하라는 대로 하면 돼요. 벌금을 좀 물게 될 겁니다."

대수롭지 않다는 듯이 말하며 이제 가도 된다고 했다. 그리고 며칠 후 경찰서에서 연락이 왔다.

"어떻게 하면 되지요?"

"네, 다음 주 수요일 오전 9시까지 법원으로 오세요."

"무엇을 준비해 가면 되나요?"

"주민등록증하고 벌금 십만 원 정도 준비하면 될 겁니다."

"네. 잘 알겠습니다."

나는 오라는 날짜에 맞춰 법원으로 갔다. 운전해 가는 내내 좀 긴장이 되었다. 내 인생 기록에 경범죄로 빨간 줄이 그어진다는 것은 좀 부끄러웠지만 전도하다 이렇게 되었다 생각하니 그나마 천만다행으로 여겨지기도 했다. '주님 제가 사는 일생에 범죄치 않기를 소원합니다. 앞으로는 이런 작은 일까지도 주님의 영광을 가리 우지 않게 하옵소서.' 마음속으로 기도하는 동안 어느새 법원 앞에 도착했다.

법원과 검찰청이 나란히 있는데 회색빛 거대하고 웅장한 건물이 나를 압도했다. 종종 걸음으로 법원에 들어서서 지정된 장소로 갔다. 그리고 그 곳이 모이는 장소가 맞는지 확인하기 위해 서성이고 있는 어느 아저씨께 다가가 기어 들어가는 목소리로 물었다. "저... 아저씨! 여기가 혹시 경범죄 지은 사람들 모이라는 장소 맞습니까?"

그런데 하필 그분이 경범 죄인들을 인술하는 담당 경찰이었던 모양이 다.

"맞아요. 이 양반들이 모이라면 모이면 되지...

그 경찰은 약간 나무라는 말투로 중얼거렸다. 그 소리에 잔뜩 주눅이 들어 벽에 한 줄로 길게 붙여 놓은 의자에 조용히 앉았다. 잠시 후 어떤 청 년이 들어오더니 하필이면 그 경찰에게 나와 똑같은 질문을 또 하는 것이 었다. 그러자 그 경찰은 이번에는 소리를 지르며 마치 큰 죄인을 다루듯 화 를 냈다.

"아, 이 사람들이 모이라면 모일 것이지 자꾸 귀찮게 웬 질문이 이렇게 많아!"

그렇지 않아도 죄인으로 불려와 긴장되고 부끄러운 판에 법원 직원들 도 있고 사람들도 많은 데서 큰 소리로 나무라는 것에 너무나 화가 났다.

가만히 듣고 있다가 태도가 좀 심하다는 생각이 들어 참지 못하고 한마 디 했다.

"아니 아저씨, 몰라서 물어본 건데 좀 친절하게 대답해 주시면 안 되나 요?"

그랬더니 아예 내 앞에 다가오더니 화난 얼굴로 나를 향해 따지고 들었 다.

"당신 누구요? 이름이 뭐요?"

"좀 친절하면 안 되느냐는 질문에 내 이름이 왜 필요합니까?"

"이 사람이 지금 시키는 대로 하지 않고, 이름이 뭐냐구요!"

순식간에 사람들의 시선이 우리를 향했다. 속이 상해 한 마디 더 하고 싶었지만 쳐다보는 사람들의 시선이 창피하고 부끄러워 꾹 참았다. 다행히 그 경찰도 더 이상 아무 소리 하지 않고 내 옆에 가만히 앉아 있었다. 나는 혹시나 시간이 나면 보려고 가져간 책을 가방에서 꺼내 폈다. 그러나 마음이 진정이 안 된 상태라서 심장이 두근거리고 손이 떨리니까 들고 있던 책까지 덜덜 떨렸다. 다시 책을 가방 속에 집어넣고 조용히 마음을 진정시키고 앉아 있는데 갑자기 가냘픈 여성의 목소리가 내 귀에 들려 왔다.

"어머 전도사님, 안녕하세요! 여기는 어쩐 일이세요?"

고개를 들어 보니 우리 교회 C 성도님이셨다. 좀 쑥스러워서 멋쩍은 표정을 지으며 말했다.

"네. 저, 얼마 전 우리 교회 부흥회 때 대ㅇ아파트에 홍보 전단지 돌리다가 경범죄에 걸렸어요."

"어머 무슨 그런 일로도 이렇게 되네요! 전도사님, 저는 여기서 근무해요, 잠시만 기다리시면 저 밑에 재판하는 건물로 이동하실 거예요. 오래 걸리지 않고 금방 끝날 거예요. 그럼 저 들어가 볼게요."

시어머님과 온 가족들이 함께 우리 교회에 출석하는 C 성도님은 이 법원에서 근무를 하고 남편은 다른 지방 법원에 근무를 하고 있었다. 법원 직원인 C 성도님이 나에게 공손하게 인사를 하고 가는 모습을 지켜보던 그 경찰은 좀 누그러진 태도를 보이며 조용한 목소리로 기다리던 경범죄인들을 향해 말했다.

"자, 저 따라 오세요."

재판실이 있는 건물로 자리를 이동하기 위해 그 방에 있던 사람들이 움직였다. 무슨 큰 죄라도 지은 죄인들처럼 경찰관의 뒤를 따라가는 우리 모습이 초라하게 보였다. 주님께 죄송한 마음도 들었다. 전도를 하다 이런 일이 생겼다고는 하지만 법을 잘 지켰어야 했는데 이렇게까지 되는 줄 몰랐다. 내 잘못이기에 벌 받는 것을 마땅한 일로 생각하기로 했다. 그리고 다음부터는 전단지 돌리는 다른 방법을 찾아내야겠다고 생각하며 씁쓸한 마음으로 다음 상황을 기다렸다.

그런데 인솔한 경찰이 재판실에서 우리를 앞에 앉게 하더니 판사님이 들어오기 전에 우리에게 일장 연설을 하는 것이었다. 예를 들면 판사님이 질문을 할 때 대답을 공손하게 하라는 둥, 만약 대답이 불성실하여 판사의 기분이 상하게 되면 그날 벌금을 줄줄이 많이 때릴 수도 있다고 하면서 내 마음을 무겁게 했다.

지은 죄대로 벌을 받으면 될 텐데, 큰 죄인 취급을 하면서 일장 연설을 하는 그 경찰이 좀 거슬리기도 하고 마음도 복잡해서 머리를 숙이고 땅만 쳐다 보고 앉아 있는데, 젊은 판사가 문을 열고 들어 왔다. 그러자 나이가 좀 지긋해 보이던 그 경찰은 재빨리 벽 옆에 붙여 놓은 의자에 가서 부동자세로 앉았다. 판사는 맨 먼저 어느 청년의 이름을 불러서 앞에 세우고 인적 사항을 확인했다. 그리고는 판결을 내렸다.

"당신이 바쁜 일이 있었겠지만 그래도 우리나라 상황과 실정이 이런데 예비군 훈련을 받지 않으면 되겠습니까? 다음에는 예비군 훈련을 꼭 받으십시오. ㅇㅇㅇ씨는 벌금 20만원. 땅! 땅! 땅!"

나는 속으로 젊고 잘 생긴 판사가 말도 참 잘한다고 생각을 하면서 얼른 내 지갑에 든 돈 생각부터 했다. 앞에서 경찰이 주의를 주면서 하던 말이 떠올랐기 때문이다. '주님, 저 지금 돈이 10만 4천원 밖에 없어요. 20만 원 나오면 안 돼요. 10만 원 이상 나오지 않게 해 주세요.' 기도하고 있는데 그 순간 내 이름을 불렀다.

"유현숙 씨!"

판사는 나의 인적 사항을 확인한 다음 한참 서류를 쳐다보더니 물었다.

"유현숙 씨는 왜 왔습니까? 전도하다 왔습니까?"

그러더니 다시 한 번 한참을 기록된 서류를 쳐다보았다.

"거, 전도지를 받으면 주고, 안 받으면 그만 두어야 되는 것 아닙니까?"

"네, 맞습니다."

"대ㅇ아파트에 전도지를 어떻게 했습니까? 붙였습니까? 아니면 꽂았습니까?"

"네 꽂았습니다."

"거, 아파트에 자꾸 이런 것 가져다 붙이고 꽂고 하면 누가 그걸 다 치우겠습니까?"

그 판사가 하는 말이 하나도 틀리지 않아서 "네"라고 대답할 수밖에 없었다. 판사는 다시 한참 동안 서류를 쳐다보더니 이렇게 판결했다.

"이 다음에는 대ㅇㅇ아파트는 가지 마세요. 유현숙씨는 면죄합니다. 땅! 땅! 땅!"

"감사합니다!"

나는 판사를 향해 정중하게 인사를 한 다음 벽 쪽 의자에 혼자서 부동자세로 앉아 있는 경찰을 지나 바깥 출입문 쪽으로 나오면서 그 경찰에게 말했다

"저, 그냥 가도 됩니까?"

"네, 가도 됩니다. 어서 가세요."

고개를 끄덕이며 정중하게 손으로 나가는 쪽을 가리켜 주기까지 하였다. 너무나도 기분이 좋아서 어떻게 밖으로 나왔는지도 몰랐다. 그냥 날아갈 것 같은 그런 느낌이었다. 흥분된 마음으로 '감사합니다! 감사합니다!' 하면서 교회를 향해 오는데 갑자기 가슴이 울컥하며 떠오르는 것이 있었다.

'아니, 주님. 제가 지금 왜 이렇게 좋아하고 있지요? 이까짓 경범죄 하나 면죄 받고 이렇게 흥분하며 기뻐하다니. 하나님께서는 그동안 내가 지은 주홍같이 붉어 지울 수도 없고 먹보다도 더 더러워 씻기지도 않는 그 수많은 죄악들을 다 면죄해 주셨는데, 내가 언제 이렇게 희열에 떨 만큼 기뻐하며 감사한 적이 있었습니까! 주님 죄송합니다. 나의 모든 죄를 면죄해 주신 주님, 그 동안 그 은혜를 가볍게 생각하고 잊고 살았던 것 너무나도 죄송합니다. 오늘 겪은 어려움을 통해서 이를 깨닫게 하시니 정말 감사합니다.'

생각이 여기까지 미치자 눈물이 주체할 수 없이 흘러 내렸다. 경범죄 면죄와는 비교도 할 수 없는 주님이 주신 면죄의 기쁨에 젖어 감사하며 교

회로 돌아왔다.

아직도 감격에 겨워하며 컴퓨터 앞에 앉아 있는데 담임목사님께서 오셨다.

"아참! 전도사님, 오늘 법원에 갔다 왔어요?"

"네,"

"어떻게 되었어요?"

나는 눈물자국 때문에 정면으로 목사님 얼굴을 쳐다보지도 못하고 켜 놓은 컴퓨터 앞에 앉아 화면만 바라보면서 말씀드렸다.

"목사님, 저 면죄 받았습니다."

"잘 되었네."

목사님은 무척 기뻐하시면서 "그럴 줄 알았으면 내가 갈 걸. 전도사님은 오늘 하늘나라에 또 별 하나 달아놓았네." 하시면서 웃으셨다.

그날 저녁 수요예배 시간에 목사님은 설교 중에 내 간증을 간략하게 해 주셨다.

주님은 살아 계시고 우리의 일거수 일투족을 보시는 분이시다. 그리고 하늘나라 계산법으로 모조리 계산하고 계신다. 주님은 우리 인생을 가장 복되고 아름답게 그리고 주님께 영광을 돌리기에 유익하게 이끌어 가시는 분이시다. 사는 날 동안 우리는 주님께서 내 인생에 허락하시는 일에 매 순간마다 감사하며 주시는 은혜에 감격하며 살면 되는 것 같다.

"이 천국 복음이 모든 민족에게 증언 되기 위하여 온 세상에 전파되리니 그제야 끝이 오리라"(마 24:14).

"아무든지 나를 따라 오려거든 자기를 부인하고 날마다 제 십자가를 지고 나를 따를 것이니라 누구든지 제 목숨을 구원하고자 하면 잃을 것이요 누구든지 나를 위하여 제 목숨을 잃으면 구원하리라"(눅 9:23-24).

02 – 놀러온 친구 전도

우리 교회에 등록하고 출석을 잘 하던 이영애 집사님이 갑자기 결석이 잦아서 심방을 갔다. 마침 이 집사님의 친구가 놀러 와 있었다. 마음속으로 '주님 감사합니다. 심방도 하고 전도도 하게 되었군요.' 생각하고 집사님의 안내로 방에 들어갔다.

"안녕하세요. 친구 분 되시나 봐요."

"네, 전도사님. 여기 앉으세요."

그런데 내가 겨우 인사를 마쳤을 때 집사님은 내 속셈도 모르고 친구에게 말했다.

"애! 은희야! 너 이제 집에 가. 우리 전도사님 오셨으니까 다음에 와."

나는 마음이 급해서 이 집사님을 얼른 말렸다.

"집사님, 잠시만요. 여기 계시도록 하세요! 마침 잘 되었잖아요. 같이 말씀 나누게요."

그런데 이 집사님은 막무가내로 친구를 내보냈다.

"빨리 집에 가고 나중에 와."

"그래 알았어, 그럼 갈게."

친구 역시 씨~익 웃으면서 가버렸다. 순식간에 일어난 일이라서 내가 더 이상 붙잡을 수가 없어 그냥 보고만 있었다. 나는 전도 대상자를 놓친 것이 너무나 아쉬워서 조용히 앉으며 타이르듯 말했다.

"집사님, 친구 분을 왜 보내셨어요. 전도할 수 있는 좋은 기회였는데."

그랬더니 집사님은 웃으며 말했다.

"아! 전도사님. 아까 그 친구요, 그 친구는 절대로 교회 나올 사람이 아니에요. 33년 동안 절에만 다닌 불자예요. 그래서 제가 그냥 보낸 거예요."

집사님의 편안함에 나는 좀 심각한 표정을 지으며 말했다.

"집사님, 그런 게 어디 있어요. 제가 지금까지 불교인을 얼마나 많이 전도했는데요. 제가 복음을 전할 때 거부하지 않고 끝까지 들어 줄 수만 있다면 전도할 수 있어요. 제가 전도를 하나요? 말씀이 역사하시고 성령님께서 도와주셔서 하지요."

"정말이요?"

"네! 그러니 언제 한번 만나게 해 주세요."

"알았어요. 전도사님 그럼 언제 시간 낼까요?"

갑자기 집사님이 더 급해지신 모양이다.

"이번 주 수요일 어때요?"

"전도사님, 그럼 제가 그때 꼭 불러다 놓을게요."

"감사합니다. 그럼 수요일 날 꼭 올게요."

집사님과 함께 예배를 드리고 주일예배에 빠지지 않도록 말씀으로 권면하는 중에 이 집사님의 남편이 들어 오셨다. 그분은 아직 교회에 출석을 하지 않았기 때문에 나는 인사를 하면서 교회에 함께 출석할 것을 권했다. 남편의 인상도 성품도 무척이나 선하고 평안해 보였다.

"동이가 아빠를 꼭 빼닮았네요. 이번 주일에 이 집사님과 함께 교회 나오시면 좋겠어요. 목사님도 훌륭하시고 너무 좋은 교회예요."

"네 전도사님, 알겠습니다."

동이 아빠는 너무 쉽게 대답을 했다.

"어떻게 이렇게 일찍 퇴근 하셨어요?"

"네 3교대 근무를 하는데요, 이번 주는 밤 근무라서요."

"아! 그러시군요."

나는 집사님에게 남편과 함께 주일날 교회 나오실 것을 간곡히 부탁드린 후 수요일에 다시 방문하기로 약속하고 돌아왔다.

전도 대상자를 만날 생각을 하니 약속한 날이 무척 기다려졌다. 드디어 수요일이 되었다. 새벽기도회 때 주님께서 오늘 그 자매에게 역사해 주시기를 간절히 기도했다. 교역자 회의를 마치자마자 집사님께 전화를 했더니 그 친구도 예정대로 오늘 오후에 집사님 댁으로 놀러 오기로 약속 되어 있다고 했다. 오후에 시간을 벌기 위해 천천히 걸어서 이 집사님 아파트에 도착하였더니 이미 두 분이 함께 계셨다.

나는 집사님이 아들과 함께 거실에 있어 주면 우리는 작은 방에 들어가서 말씀을 전하고 싶다고 했다. 이 집사님은 흔쾌히 "네, 그렇게 하세요." 하였다.

이 집사님께 기도 부탁을 한 후 우리는 작은 방으로 들어가서 혹시 동이가 들어와 방해되는 일이 없도록 조용히 방문을 잠갔다. 그리고 복음제시 순서에 따라 먼저 그분의 이름, 주소, 연락처, 나이, 가족관계를 기록했다. 그분은 아침마다 지역 주민을 위해 초등학교 운동장에서 건강 체조와 에어로빅을 가르치며 사회봉사를 실천하고 있었다. 나는 사영리, 성경책, 글 없는 책, 행복의길 책자를 번갈아 펼치며 복음을 설명하기 시작했다.

"자매님, 제가 불교인들을 전도한 경험이 많아요. 제가 그들을 쉽게 전도할 수 있었던 것은 오직 우주 만물을 창조하시고 지금도 우리를 다스리시는 전능하신 하나님만이 우리의 참 신이심을 바로 알게 해드렸기 때문이예요. 그것을 알게 되면 절대로 부처님을 신으로 믿지 못해요. 전에는 우리 어머님도 불교인이었어요. 그런데 과거의 잘못된 생각을 버리고 지금은 온 식구가 예수 믿고 교회를 다니게 되었어요. 이것이 얼마나 감사한 일인지 몰라요. 과거에는 가족들이 하나님을 알지 못했기 때문에 조상 적부터 믿어 왔던 불교나 미신을 믿기도 했지요. 그런데 누군가로부터 예수님의 구원 소식을 들은 다음부터는 하나님이 아닌 다른 사람들을 신으로 믿을 수가 없게 되지요. 가족들이 모두 신앙생활을 하니 명절에 모이면 예배를 드리고 신앙을 주제로 함께 은혜를 나누기 때문에 항상 행복해요."

"기독교는 이 땅에서 편안하기 위해 존재하는 것이 아니고, 영혼이 구원을 받아 영원히 죽지 않고 살게 되는 영생을 위해 존재하는 것입니다. 자매님! 햇빛과 비와 공기를 누가 내려줄까요? 하나님일까요? 공자님, 부처님일까요? 여기 있는 이 종이 한 장도 만든 주인이 있는데 이 우주 만물을 만든 주인은 누구일까요? 혹시 생각해 보셨나요?"

그는 이 말에 아무 대답도 하지 않았다. 그날 은희 씨는 많은 반론의 질문을 던졌고 나는 그 질문에 차근차근 대답을 해 드렸다.

특별히 구약성경에는 하나님 외에 다른 신을 섬기지 말라는 말씀과 우상을 섬기는 자가 받을 형벌에 대한 기록이 많이 있다. 성경의 그 부분을 펴서 손가락으로 짚어 가며 설명을 해 주면 듣는 자들의 마음에 성령님께서 역사하신다. 그렇기 때문에 성경을 펴서 설명했을 때 듣는 자가 빨리 깨닫게 되는 모습을 많이 보았다. 내가 하는 말이 그가 오랫동안 믿었던 자신의 종교를 비판하는 소리로 받아들여 반감을 사지 않도록 이렇게 말을 했다.

"자매님. 제가 부처님이 나쁘다는 얘기 하는 것이 아닙니다. 부처님은 훌륭한 사람입니다. 우리는 그 부처님이 가르치신 자비의 정신을 본받아야 된다고 생각해요. 성경에 보면 예수님은 부처님보다 오히려 더 강하게 우리에게 자비를 베풀며 살아야 된다고 말씀하십니다. 강도 만난 사람을 도와 준 사마리아 사람처럼 자비를 베풀라고 말씀하셨지요. 그런데 부처님의 좋은 말씀은 듣되 부처님이 믿음의 대상인 신은 아니기 때문에 사람을 신으로 믿으면 안 된다는 것이지요. 부처님은 사람이고, 하나님은 사람이 아닌 천지를 창조하신 신이시기 때문입니다. 우리가 구원 받으려면 죄를 용서 받아야 해요. 성경은 부처님이 말한 것처럼 자기의 노력으로 선을 행하고 고행을 해서 죄를 용서 받는 것이 아님을 가르치고 있습니다. 우리가 죄를 용서 받으려면 앞에서 자세히 설명해 드린 것처럼 예수 그리스도를 믿는 것 외에는 다른 방법이 없습니다. 우리 인간 중에는 선한 자가 한 명도 없으며, 만물보다 거짓되고 부패한 것이 인간이라고 성경은 말씀합니다."

"기록된바 의인은 없나니 하나도 없으며 깨닫는 자도 없고 하나님을 찾는 자도 없고 다 치우쳐 함께 무익하게 되고 선을 행하는 자는 없나니 하나도 없도다"(롬 3:10-12).

"인간의 힘으로는 자신이 지은 죄를 씻을 수가 없어요. 그래서 우리를 사랑하시는 하나님께서는 우리의 죄 문제를 해결하기 위하여 예수님을 우리에게 보내주셨어요. 그 예수님이 나의 죄를 씻어 주시기 위해 십자가에 죽으시고 나를 살리기 위해 3일 만에 부활하신 것을 마음속에 확실히 믿을 때 예주님의 피가 우리 죄를 씻어 주셔서 거룩하게 되어 구원 받을 수 있게 되는 것이지요."

특별히 불교인들이 신경 쓰는 조상을 위한 제사에 대해서도 잘 설명해 드렸다. 살아 있을 때 효도해야 할 것과 하나님께서 꼭 지키라고 명령하신 십계명 중에는 부모를 공경하라는 계명이 있다는 사실과, 가장 큰 효도는 부모님을 전도해서 구원받게 하는 일이라는 것, 또 누가복음 16장에 나오는 부자와 나사로의 비유, 그리고 제사 대신 그보다 더 인격적인 추도예배가 있다는 것들을 말씀 드렸더니 은희씨는 더 이상 반대 질문을 하지 않고 끝까지 다 들어 주었다. 무려 한 시간 삼십 분 이상의 긴 시간이 걸렸다. 하지만 한 생명이 구원받은 것을 생각하면 결코 긴 시간이 아니라고 생각한다. 은희씨는 사영리 설명을 다 듣고 영접기도를 따라 하였다.

그 후 얼마 안 되어 33년 동안 불교에 심취했던 삶을 청산하고, 친구 이 집사님을 따라 교회로 나오셨다. 또 이 집사님 남편도 그 후로 교회를 열심히 다녀 지금은 이미 충성스런 집사님이 되셨다.

"주님, 우리 모두 전도할 기회가 주어졌을 때 절대로 놓치지 않게 하옵소서."

"어리석은 자는 그의 마음에 이르기를 하나님이 없다 하는도다 그들은 부패하고 그 행실이 가증하니 선을 행하는 자가 없도다 여호와께서 하늘에서 인생을 굽어살피사 지각이 있어 하나님을 찾는 자가 있는가 보려 하신즉 다 치우쳐 함께 더러운 자가 되고 선을 행하는 자가 없으니 하나도 없도다"(시 14:1-3).

▲예닮교회 사역당시 사무실에서

03 – 벼랑 끝 응답

나는 오늘 조재선 담임목사님과 최길천 장로님과 함께 담당 교구 새가족 심방을 하기로 했다. 오늘 새가족 심방 대상자는 모두 세 가정인데, 아파트 상가에 두 가정이 있고, 한 가정은 교회 근처에 있는 이은애 성도님 댁이다.

첫 번째 심방 대상자는 성도들의 끈질긴 전도 끝에 교회에 나오게 된 가정이다. 아파트 상가에서 식당을 하고 있었다. 상가 식당에서 예배를 시작한 지 얼마 되지 않았는데 휴대폰이 울렸다. 급한 일이 아니면 휴대폰으로 이 시간에 전화하지 않았을 텐데 생각하며 얼른 밖으로 나가 받아 보았다. 그런데 뜻밖에 캐나다에 있는 딸이었다.

"사랑하는 딸! 엄마 지금 심방 중이야. 다음에 하면 안 될까?"

"안 돼, 엄마. 급해서 그래요 잠시면 돼요. 나 돈이 필요해요. 영어 교사 자격증 시험을 보려고 하는데 등록비가 필요해요. 그리고 비자 연장도 해야 되고 이번 주까지 등록을 해야 되는데 부탁이에요. 이번에 정말 열심히 공부해서 최대한 빨리 자격증을 취득할 테니 한 번만 도와주세요."

"얘! 갑자기 그런 법이 어디 있어! 엄마 형편 뻔히 알면서. 그냥 한국에 돌아와. 이제 어쩔 수 없어."

그런데 딸이 통 사정을 했다.

"엄마, 이번 한 번만 도와주세요. 꼭 열심히 해서 자격증 취득해서 갈게요. 그리고 그 돈은 이다음에 꼭 갚을게요."

나는 좀 단호하게 대답했다.

"안 된다니까! 갑자기 엄마가 그런 돈이 어디 있어. 전화 끊는다."

그리고 다시 예배에 합류했다. 가만히 생각해 보니 딸이 모처럼 열심히 공부해 보겠다는 말을 하는데 안타까운 생각이 들었다. 그리고 통 사정을 하는 딸의 모습이 떠올랐다. 마음이 어찌나 심란하던지 예배를 드리는 둥 마는 둥 했다.

목사님은 새가족 심방뿐 아니라 어떤 예배든 온 힘을 다해 말씀을 전하신다. 하지만 나는 혼란스러운 마음으로 다음 집을 향해 가고 있었다. 두 번째 새 가족도 같은 상가에 있었기에 곧 이어서 예배를 드리는데 마음은 온통 딸과 돈 생각뿐이다. 그리고 다시 세 번째 집으로 향했다.

세 번째 심방자인 이은애 성도는, 몇 달 전 교역자들이 쉬는 월요일 날 혼자서 이집 저집 사람이 있는 집들을 찾아다니며 동네를 한 바퀴 돌때 전도했던 할머니의 따님이시다. '딩~동!' 벨을 울리는데 마침 안에 계시던 할머니가 "누구요?" 하고 물었다. 그날 문 열어 주시던 일을 생각하면 지금도 웃음이 나온다.

"저 앞에 있는 예닮 교회에서 온 유현숙 전도사예요."

그랬더니 혼자서 집에 계시느라 심심하셨던지 거부하지 않고 반갑게 문을 열어 주시려 하셨다. 그런데 할머니는 문을 어떻게 여는지를 모르셨다. 나는 밖에서 계속 코치를 하였다.

"할머니 오른쪽으로 돌려보세요."

"안 돼."

"그럼 왼쪽으로 반대로 돌려 보세요. 거기 옆에 뭐가 잠겨 있는지 보세요."

"안 돼, 아이고 이게 왜 안 열려?"

그렇게 한참 실랑이를 하다가 갑자기 문이 확 열렸다. 우리는 너무 좋아서 그날 처음 만났음에도 마치 잘 알고 지내던 사람들처럼 반가워했다.

"할머니! 혼자서 외로우실 텐데 누워 계시지만 말고 우리 교회에서 목요일마다 하는 경로학교에 와보세요. 맛있는 식사도 하시고 춤과 노래도 하고 좋은 말씀도 들을 수 있어요. 원하시면 모시러 올 게요."

할머니는 선뜻 그렇게 하겠다고 하셨다.

그리고 종일 혼자 계신 것이 지루하셨던지 지금까지 살아온 삶을 다 이야기하셨다. 집안 이야기, 부산에 사는 자녀 이야기, 과거에 교회를 다닌 이야기 등 많은 말씀을 해 주셨고 나는 할머니의 이야기를 들어주는 것으로 할머니를 위로해 드렸다.

그 후로 경로학교에 나오셨기에 주일날 교회도 나오시라고 하였더니, 교회에 가고 싶은데 혼자서는 걸어 다닐 수가 없다고 하셨다. 우리 교회는 다행히 교회차를 운행하고 있어서 할머니를 모시러 갈 수가 있었다. 주일 아침에 "할머니! 차가 기다리고 있어요."라고 연락하면 할머니는 곧바로 나오셨다. 얼마 후 할머니는 같이 사는 통닭집을 운영하는 딸까지 전도해서 함께 교회로 나오게 되었던 것이다.

그 할머니의 딸인 이은애 성도가 집 청소를 깨끗이 해 놓고 다과와 차도 준비하고 심방 대원을 맞이했다. 그런데 그때까지도 나는 온통 돈 생각만 하고 앉았다가 입술로만 '아멘' 하고 예배를 마쳤다.

심방을 마치고 돌아오는 길에 목사님과 장로님께서 점심시간이 되었으니 식당에 가서 점심을 같이 먹자고 하시는데 처음에는 그 말이 잘 들리지도 않았다. 그런데 갑자기 식사하자는 말끝에 '지금 내가 뭐하는 짓이지!' "하나님의 나라는 먹는 것과 마시는 것이 아니요 오직 성령 안에 있는 의와 평강과 희락이라"는 로마서 14장 17절 말씀이 떠오르면서 염려와 근심 걱정에 빠져있는 나 자신을 돌아보게 되었다.

"아무것도 염려하지 말고 다만 모든 일에 기도와 간구로, 너희 구할 것을 감사함으로 하나님께 아뢰라 그리하면 모든 지각에 뛰어난 하나님의 평강이 그리스도 예수 안에서 너희 마음과 생각을 지키시리라"(빌 4:6-7).
"하나님을 사랑하는 자 곧 그의 뜻대로 부르심을 입은 자들에게는 모든 것이 합력하여 선을 이루느니라"(롬 8:28).

늘 심방 다니면서 어려움을 당한 성도들에게 이 말씀으로 얼마나 많은 위로를 했던가! '그런데 정작 나에게 급한 일이 닥치니 이렇게 불안해하고 있구나, 이게 뭔가? 야! 유현숙 아무것도 아니구나, 네 믿음이 어디 있어!'

하면서 자책이 되었다.

주님, 죄송합니다. 잘못했습니다. 중요한 심방 예배에 제대로 집중하지 못하고 하지 말라는 걱정만 한 믿음 없는 행동을 용서해 주세요. 그래요 주님! 하나님 나라는 성령 안에서 의와 평강과 희락입니다. 이 시간 주님께 모든 것을 다 맡깁니다. 이제부터 염려하지 않겠습니다. 딸을 맡아 주십시오.

그렇게 마음으로 기도하니 조금 안정이 되었다. 모든 것을 내려놓고 주님께 맡기는 기도를 계속하며 걸어 오다보니 어느덧 교회 사무실 앞이다.

그 순간 떠오르는 것이 있었다. 지금까지 딸을 먼 외국에 보내놓고 6년이 다 되도록 한 번도 가보지 못했는데, 이번에는 어떻게든지 한번 가보려고 여행사를 통해 비행기 표를 예매하는 중이었다. 목사님께서도 한번 가보아야지 어린 것을 보내 놓고 너무 무관심하지 않느냐고 여러 번 말씀을 하셨다. 막상 가려니 딸이 있는 캐나다는 이미 방학이 되어 비행기 표를 구하기가 어려웠다. 그래서 좌석이 나오기만 기다리고 있는 중이었다. 우선 그 표부터 취소해야겠다는 생각이 언뜻 들어 사무실로 들어갔다. 내가 막 수화기를 들려는 순간 전화벨이 울렸다. 받아 보니 지금은 권사님이 되신 K 집사님의 상냥한 목소리가 전화기 저쪽에서 들려왔다.

"전도사님! 안녕하세요? 오늘 오후에 시간 있으세요? 교회 백화점에 여름성경학교 때 입을 교회학교 학생들 티셔츠를 사러 가려고 하는데 같이 갈 수 있어요?"

유치, 유년, 초등부 티셔츠를 모두 사야 되는데, 예쁜 디자인을 함께 고르자는 것이었다.

"네 그렇게 하겠습니다. 그런데 집사님 제가 다시 전화할게요. 좀 급한 일이 있어서요."

"무슨 일인데요?"

나는 대수롭지 않게 사실 이야기를 하였다.

"네, 집사님. 이번에 딸에게 한번 가보려고 비행기 티켓을 부탁해 놓았는데, 딸이 갑자기 등록금이 필요하대요. 그래서 우선 비행기 티켓 취소하고 연락드릴게요."

그랬더니 갑자기 집사님이 이렇게 이야기를 했다.

"전도사님, 전화 끊지 마세요! 그리고 취소하지 마세요!"

"아니에요, 집사님. 제가 그런 말씀 들으려고 한 말이 아니에요. 절대로 그런 뜻이 아니었어요. 감사합니다만 제 걱정은 마세요. 제가 알아서 할 거예요." 하고 끊으려는데 집사님이 다시 말을 이었다.

"전도사님, 내가 왜 오늘 전도사님께 전화를 했겠어요. 그리고 그 말씀을 왜 내가 들을 수 있었겠어요. 하나님께서 내게 들려주신 말씀이잖아요. 사실은 그동안 아무도 몰래 어려운 사람들에게 매년 장학금을 주고 있었어요. 그런데 이번에는 누굴 도와줄까 생각하고 있던 참이었는데, 다른 사람도 아닌 내가 사랑하는 전도사님, 더욱이 교역자의 자녀를 도울 수 있게 된 것이 얼마나 감사한 일이예요?" 하시는 것이 아닌가.

그러나 나는 딸이 유학을 갈 때부터 했던 기도가 있다. '보내신 분이 하나님이시라면 하나님께서 책임져 주실 줄 믿습니다. 이 일로 형제들이나 성도들이나 교회에나 다른 어떤 곳에도 절대로 신세를 지거나 누를 끼치는 일이 없게 해 주세요.'라고 기도 했었다. 다행히 이때까지 한 번도 그런 일 없이 잘 견뎌 왔었는데 이번에는 마음에 부담이 너무 컸다. 하지만 나는 곧바로 여행사에 취소 전화를 했다. 마음 가운데 평안이 찾아왔고, 딸에게는 엄마가 어떻게도 할 수 없으니 이제 그만 한국에 돌아와서 남은 공부는 주님께 맡기자고 했다. 딸은 이번 방학에 마음먹고 공부 좀 해보려고 했는데 하면서 마음 아파하며 아쉬워했다.

다음날 아침 조금 일찍 교회에 출근을 하여 사무실 의자에 앉아 기도를 드렸다. 다 비우고 나니 마음은 평안했지만. 왠지 서글픈 생각이 들었다.

'주님! 혼자서 자식 하나 키우기가 이렇게 힘들군요. 주님 이제는 돈 걱정 같은 것은 하지 않고 살았으면 좋겠습니다.'

그때 밖에서 누가 사무실 문을 노크했다. 기도를 하다말고 나가보니 어제 전화했던 K 집사님이셨다. 하얀 옷을 단정하게 입고 봉투 하나를 들고서 계셨다. 집사님은 나를 한번 안아주시고 봉투를 건네며

"어제 은행에 못 가서 오늘 아침 일찍 다녀왔어요. 이건 편지예요. 읽어 보세요. 그리고 이 일은 아무도 몰라요. 우리 남편도 모르고 하나님만 아세요. 전도사님 사랑합니다."

하고는 종종걸음으로 가셨다.

봉투 속에는 수표 한 장이 들어 있었는데 꼭 필요한 액수가 들어 있었다. 나는 집사님께 얼마가 필요하다고 말씀을 드린 적도 없는데 어떻게 그렇게 딱 맞춰 왔는지 놀라웠다. 결국 하루 만에 하나님께서 정확하게 해결해 주신 것이다.

결코 우리를 실망시키지 않으시는 하나님의 신실하심을 다시 한 번 느끼고 만져 보는 순간이었다. 마음을 가다듬고 집사님의 편지를 꺼내 읽으면서 눈물을 흘리고 말았다. 행여나 내가 받지 않을까봐 걱정하며 이렇게 쓰셨다.

"하나님께서 내게 복을 주시려고 귀한 기회를 주셨는데, 이 기회를 놓치지 않게 해 주세요. 만약 이 돈을 받지 않는다면 내가 복을 받을 수 있는 기회를 빼앗아가는 것이에요."

손수 써오신 그 마음이 더욱 귀해서 나는 눈물을 훔치며 하나님께 그리고 집사님께 감사하면서 하늘의 신령한 복과 땅의 기름진 복으로 주님께서 갚아 주시기를 간절히 기도했다. 사실 내가 지금까지 살면서 누군가로부터 처음으로 이런 돈을 받아 보는 순간이었다. 어려움을 만난 성도들을 도와주었을지언정 도움 받을 일이 없었는데, 어쩌다 여기까지 오게 되었을까 생각하니 한편으로 마음이 아팠다. '하나님, 갚을 수 있는 기회를 꼭 주시옵소서.' 라는 기도가 간절히 나왔다.

딸에게 돈을 보내면서 이 돈이 그런 돈이니 명심하고 열심히 공부하여 보답하라고 하였다. 딸이 알았다면서 다짐하는 메일을 보내왔다. 그 후 3개월이 조금 지난 다음 딸에게 전화를 하였더니 친구가 받았다. 나는 친구에게 물어 보았다. "친구야! 솔직하게 말해 주렴. 우리 딸 지금 공부 열심히 하고 있는 거니 노는 거니?" 그랬더니 "네! 어머니 기뻐하세요. 그렇지 않아도 셀라가 전화하려던 참이었는데, 며칠 전 영어 교사 자격증 시험에 합격했어요. 그리고 칭찬해 주세요. 셀라 집중력이 대단해요. 친구들이 아무리 영화 한 편 보러 가자고 해도 꼼짝하지 않고 공부하더니 3개월 만에 이렇게 쉽게 자격증을 땄어요."라고 대답해주었다. 나는 고마운 마음이 들었다.

그리고 딸은 얼마 후 한국에 들어 왔다. 자격증을 파일에 잘 끼워서 내게 건네주며 엄마가 돈 보낼 때 쓴 메일을 보고 결심하고 공부했다면서 이번에 이 자격증마저 못 따면 엄마 얼굴을 못 볼 것 같아서 열심히 했노라고 했다. 우리는 주님께 감사 기도를 드렸다.

지금 딸은 그 자격증이 있어서 학생들에게 영어를 가르치고 있다. 그리고 한국에 잠시 있는 동안 K 집사님께 보답하기 위해 집사님의 딸에게 영어를 잠시 가르쳐 주기도 했다.

그런데 그 일이 있은 후 1년이 훨씬 넘은 어느 날, 예전에 생활의 여유가 있을 때의 일이 문득 떠올랐다. 교회의 어느 분이 카드빚으로 고민하고 있었다. 그때 아무도 모르게 도와준 일이 있는데, 1년 전 딸이 도움 받은 액수가 그때 내가 도와주었던 액수하고 똑같았다는 것이 떠오른 것이다. 나는 갑자기 숨이 멎을 것 같았다. 우리 하나님은 한 치도 틀림이 없으신 분이시라는 것을 알게 되고 뿌린 대로 거둔다는 고린도후서 9장의 법칙이 떠올랐다.

"이것이 곧 적게 심는 자는 적게 거두고 많이 심는 자는 많이 거둔다 하는 말이로다 각각 그 마음에 정한 대로 할 것이요 인색함으로나 억지로 하지 말지니 하나님은 즐겨 내는 자를 사랑 하시느니라"(고후 9:6-7).

우리가 아무도 모르게 선한 일을 할 때 주님은 우리와 함께 하시고 하늘나라에 차곡차곡 쌓아 두셨다가 어느 날 내가 힘들고 곤고할 때 쌓아 두었던 보물 창고 문을 열고 너무나도 자연스럽게 흘려보내 주신다.

"하나님이 능히 모든 은혜를 너희에게 넘치게 하시나니 이는 너희로 모든 일에 항상 모든 것이 넉넉하여 모든 착한 일을 넘치게 하게 하려 하심이라 기록된바 그가 흩어 가난한 자들에게 주었으니 그의 의가 영원토록 있느니라 함과 같으니라"(고후 9:8-9).

▲어린이 사역 분반교육 (모자이크 시간)

04 – 우리 며느리를 좀 말려 주세요

경수 엄마는 시어머니 되시는 집사님의 인도로 우리 교회를 나오게 되신 분이다. 경수 엄마는 6살 난 딸과 그 아래로 4살 된 아들을 두고 있다. 그런데 아들은 태어나서부터 4살이 될 때까지 수시로 경기를 해서 일주일에 한 번씩 서울에 있는 병원에 다니며 치료를 받고 있었다.

어느 토요일 저녁 시간에 시어머니 되시는 집사님이 우리 집에 전화를 걸어 하소연을 하셨다.

"전도사님! 우리 며느리를 좀 말려 주세요."

"무슨 일이신데요?"

"우리 경수가 요즘 몸이 많이 안 좋아져서 너무 힘들어 하고 있는데 마침 며느리가 다니고 있는 회사 직원 가운데 한 분이 어느 여자 목사님을 소개하였나 봐요."

이렇게 시작한 내용의 이야기인즉, 그 여자 목사님께 기도를 받으면 아이가 낫는다고 하여 며느리가 혹해서 계속 기도를 받으러 다녔다는 것이다. 그런데 낫기는커녕 요즘 들어 증세가 더 심해졌다고 한다. 며느리가 하도 답답하여 목사님께 따져 묻기를 낫는다고 해 놓고선 왜 이렇게 더 심해지냐고 하니까 대뜸 화를 내면서 당신이 믿음이 없어서 그렇다고 했다는 것이다. 그 동안 기도를 받으러 갈 때마다 봉투를 준비해야 하고 한참이나 기다리게 하는 등 여러모로 힘들게 했었는데 이번에는 경수네 온 식구가 자기네 교회로 옮겨야 낫는다고 했다는 것이다.

며느리는 지푸라기라도 잡는 심정으로 이번 주부터 식구들 모두가 그 교회로 옮기자고 했다는 것이다. 아무래도 그 교회도 이상하고 며느리도 이상하니 내가 전화했다는 말 하지 말고 모르는 척 연락을 해 보라는 것이었다.

아기 병을 핑계로 교회를 옮기라고 했다는 말이나 그 외 여러 가지 정황으로 볼 때 나는 그 교회가 잘못된 곳이 아닐까 의심스러웠다. 나는 경수 엄마에게 곧바로 전화를 했다. 그런데 전화를 받자마자 내가 뭐라 이야기를 꺼내기도 전에 시어머니와 똑같은 이야기를 하면서 이번 주부터 교회를 옮길 것이라고 했다. 시어머니의 말씀이 사실임을 알게 되자 마음이 진정이 안 되고 무슨 말부터 해야 할지 떠오르지 않았다. 잠시 숨을 고르고 나는 조금 심각하게 말을 꺼냈다.

"성도님 볼 때마다 항상 아기 어떠냐고 여쭤보면 괜찮다고 하셔서 기도도 못해 드렸잖아요. 원래 가정에 문제가 있으면 본 교회 담임목사님께 상담을 하고 제일 먼저 기도를 부탁드리는 것이 순서예요. 그런데 담임목사님께 말씀도 드리지 않고 기도도 받아 보지 않고 어떻게 그렇게 쉽게 그런 결정을 하셨어요? 먼저 목사님께 기도 받아 보시고 안 나으면 가든지 하세요."

성도님은 원래 말이 없고 얌전한 성품인데 그날따라 더 말없이 듣기만 하고 있었다.

"제 생각으로는 그 여자 목사님이 좀 잘못된 것 같네요. 어떻게 교회를 옮기면 아이가 나을 수 있다고 해요! 우리와 같은 하나님을 섬기는 사람이라면 그렇게 말하지 않아요. 잘못된 교회일 수도 있으니 조심하세요."

"전도사님, 그럼 제가 어떻게 해야 할까요."

"성도님, 내 말대로 내일 담임목사님께 기도 받아 보시고 안 나으면 가든지 하시라니까요!"

거기까지 말을 듣던 성도님은 순순히 그렇게 하겠다고 대답했다.

다음 주일 약속대로 가족들이 모두 교회에 출석을 했다. 나는 목사님께 사실을 말씀드린 후 오후에 목사님과 함께 경수네 집으로 갔다. 아이는 거실에서 자고 있고 가족들은 침통한 표정으로 우리들을 맞이했다. 목사님은 예배를 드린 후 경기를 하는 아이가 혹시라도 놀라거나 잠에서 깰까봐 이마에 닿을까 말까 할 정도로 손을 대시고 눈물을 흘리며 주님께서 역사해 주시기를 간절히 기도하셨고 나역시 "하나님! 단번에 낫게 해 주셔야 합니다. 오늘 안 고쳐 주시면 이 분들이 잘못될 수도 있어요. 하나님 꼭 고쳐 주셔야 됩니다."라고 울며 기도하였다. 가족들도 역시 아픈 아기를 위해 하나님께서 고쳐 주시기를 울면서 간절히 기도 드렸다. 우리 하나님은 눈물에 약하시며 참으로 사랑 많으신 분이시다.

기도를 마치고 아파트 문을 나서면서 나는 조용히 말씀 드렸다.

"성도님, 이제 4살 먹은 아기가 무슨 믿음이 있겠어요. 엄마가 믿음을 보여 주셔야지요. 내일 아침부터 새벽기도회 참석하세요. 그래서 하나님께 경수 낫게 해 주셔서 감사하다는 믿음의 표현을 하세요."

성도님은 힘없는 목소리로 그러겠노라 대답했다

순종이 제사보다 낫다는 말씀처럼 성도님은 바쁜 생활 가운데서도 새벽기도를 꼬박꼬박 나오셨다. 권면을 잘 받아들인 성도님이 고마웠다. 그리고 얼마 지난 후 목사님께서 새벽기도회 때 단에서 헌금 봉투를 읽어 주셨다.

"할렐루야! 하나님께 영광 돌립니다. 경수 2일째 경기 한 번도 하지 않게 하심을 감사드립니다."

그 다음 날 또 3일째, 4일째....... 그렇게 며칠째 헌금 봉투를 읽어 주셨다.

어느 날 새벽기도회를 마치고 차를 타고 집으로 가는데 뒤에서 누가 뛰어오며 "전도사님! 전도사님! 하고 부르는 소리가 들렸다. 차를 얼른 멈추고 뒤를 돌아보니 경수 엄마였다.

"안녕 하세요, 전도사님, 감사합니다."

"하나님께 감사드리세요."

"네. 하나님께 감사드려요."

"경수 어때요?"

"괜찮아졌어요."

"할렐루야! 하나님 감사합니다."

그 후 매주 유난히 잘 생기고 약간 수줍음을 타는 건강한 경수를 볼 때마다 감회가 새롭다. 하나님의 말씀은 일점일획도 변함이 없으시다. 눈물의 기도를 외면하지 않으시는 하나님의 사랑을 그때일로 다시 한 번 확인하게 되었다. 지금은 건강하게 자란 경수가 의젓하게 학교에 다니고 있고 온 가족이 하나님께 헌신하는 아름다운 믿음의 가족이 되었다.

"여호와께서는 자기에게 간구하는 모든 자 곧 진실하게 간구하는 모든 자에게 가까이 하시는도다 그는 자기를 경외하는 자들의 소원을 이루시며 또 그들의 부르짖음을 들으사 구원하시리로다"(시 145:18-19).

05 – 만약 우리가 천사라면 어쩌겠어요?

예닮 교회에서 나는 경로학교와 새가족 모임 교육을 담당했었다. 교육이 없을 때는 심방과 전도하는 것이 내 일상생활이었다. 어느 날 심방을 가려고 나서는데 박기선 권사님이 따라 나오셨다. 교회를 위해 또 전도와 선교를 위해 늘 엎드려 기도하시는 기도 권사님이시다.

"전도사님! 전도하시는 것 저도 좀 배우고 싶어요. 따라가면 안 될까요?"

교역자 심방은 아무나 따라 올 수 없지만 전도하는 방법을 배우고 싶다 하시기에 기쁘게 함께 가시자고 했다.

오늘은 심방하는 일을 접고 전도를 해야 되겠다고 마음먹고 교회에서 가까운 C 아파트로 향했다. 나는 권사님과 함께 그 동안 기도하며 섬겨왔던 집들을 찾아 다녔다. 하지만 그날따라 몇 집을 방문해도 전도 대상자들을 만날 수가 없었다. 그때 문득 105동 902호에 살고 있는 30대 초반의 안씨 아주머니가 떠올랐다. 권사님과 함께 105동으로 발걸음을 옮겼다. 안씨 아주머니는 우리 교회 성도의 소개로 알게 된 분이다.

첫 번째 만남에서 그분에게 교회를 소개했더니 생각지 않게도 좋은 반응을 보였었다. 너무 기뻐서 내 전도 수첩에 전도 대상자로 이름을 올리고 곧장 이슬비 전도편지를 발송하기 시작했다. 그러나 첫 만남과는 달리 그 이후로는 아무런 반응을 보이지 않았고 만날 수조차 없었다. 하는 수 없이 이슬비 전도편지와 엽서, 주보, 전도지, 찐빵을 번갈아 가며 매주 아파트 현관 문고리에 걸어 놓고 돌아왔었다.

그런데 때마침 그 날은 몇 주 동안 얼굴도 보기 힘들었던 그분이 아파트 현관문을 열어 놓고 청소기를 돌리고 있었다. 나는 너무나 반가워서 밝게 웃으며 큰소리로 인사를 했다. "안녕하세요, 오늘은 집에 계셨군요." 그런 나의 반가운 인사가 무색하게 그분은 대뜸 화를 내며 소리를 질렀다.

"전도사님! 제발 귀찮게 굴지 마세요! 내가 가고 싶으면 알아서 갈 거예요. 전도사님이 자꾸 그러니까 더 가고 싶지 않고 오히려 부담스러워요."

그 모습을 본 박 권사님은 갑자기 당한 무안에 어쩔 줄 몰라 하시더니 그냥 가자고 뒤에서 내 옷을 잡아당겼다. 이렇게 당혹스러운 순간이면 나의 마음 깊은 곳에서도 때로는 그냥 갈까 하는 신호가 오기도 한다. 그러나 여기서 물러서면 안 된다는 것을 알기에 절대 그렇게 할 수 없다.

먼저는 권사님께 전도하는 법을 제대로 가르쳐 드리고 싶었고 전도자의 담대함도 보여 드리고 싶었다. 짧은 순간의 갈등이 끝나자, 나는 그분이 문을 닫지 못하도록 얼른 한 발을 현관문 안에 들여 놓고 말했다.

"자매님, 만약 우리가 천사라면 어쩌겠어요?"

나의 뜬금없는 소리에 그분은 들은 척도 하지 않고 하던 일을 계속했다.

"어떤 사람이 꿈에 천사가 자기 집에 찾아 왔기에 차와 과일을 정성껏 대접하여 보냈답니다. 잠이 깬 후 천사 꿈을 꾼 것이 기분이 좋아 콧노래를 부르며 청소를 했대요. 그때 누군가 대문을 두드리기에 나가 보니 세 분의 아주머니가 서 있더래요. 사실 세 분의 아주머니는 전도자였답니다.

그 사실을 알 리 없는 그 아주머니는 어젯밤 꿈에 본 세 명의 천사가 생각이 나서 집안으로 모셔와 차와 과일을 정성껏 대접했대요. 대접을 받은 전도자들이 묻기를 '어떻게 우리를 이렇게 환대하십니까? 혹시 교회 다니시는 분이신가요?' 하고 물었더니 자신은 교회에 다니지 않는다면서 꿈 이야기를 하더래요. 그러면서 하는 말이 '만약 아주머니들이 천사면 어쩌겠어요!' 하더랍니다. 순간 세 분의 전도자는 그분이 하나님의 택한 백성임을 알고 열심히 복음을 전했고 그 아주머니는 예수님을 믿게 되었다는 글을 읽어보았어요.

혹시 자매님은 어젯밤에 좋은 꿈꾸지 않으셨어요?”

나의 배짱 두둑한 말 때문이었는지 그는 갑자기 시끄러운 청소기를 끄고 정적 속에서 나를 빤히 바라보았다. 자매의 태도가 조금 누그러지는 것을 보고 기회를 놓칠세라 재빨리 거실 안으로 들어갔다.

“앉아도 될까요?”

그는 앉으라는 대답 대신 허둥지둥 자리를 치워주었다. 그리고 따라 앉으면서 이런 말을 하는 것이었다.

“사실 저도 어젯밤에 좋은 꿈을 꾸었어요.”

“거 봐요. 무슨 꿈인데요?”

“네, 커다란 황금 덩이가 우리 집에 굴러 들어오는 꿈이었어요. 그래서 사실은 지금 급하게 청소를 해놓고 복권을 사러 가려는 참이었어요. 마음이 급한데 전도사님이 오셔서 저도 모르게 그렇게 화를 내게 되었네요.”

좀 전에 우리에게 화를 내던 모습은 온데간데없이 미안해하며 수줍게 말했다.

“자매님, 복권은 바로 우리가 가져 왔습니다. 예수 믿고 구원받는 것은 천억과 바꿀 수 없고, 황금보다 더 귀한 복이 되는 것입니다. 자매님도 하나님께서 택하신 백성인 것 같습니다.”

이렇게 말씀드린 후 곧바로 ‘사영리’와 ‘글 없는 책’으로 복음을 전했다. 다소곳이 무릎을 꿇고 사영리와 글 없는 책과 성경을 번갈아 바라보며 열심히 복음을 들은 후에 예수 그리스도를 영접하겠다고 했다. 영접기도를 따라 할 때는 눈가에 눈물이 고여 있었다. 나는 교회 소개를 하고 새 가족 반 모임과 기독교 기본 진리를 배울 수 있는 교육 프로그램을 소개했더니 시간을 물어 보면서 꼭 참석하겠다고 약속을 했다.

주님께서 하시는 놀라운 역사 앞에 나 자신도 놀랐고 함께 오신 박 권사님은 더욱 놀라워하시며 하나님께서 하신 귀한 일을 함께 찬양하며 영광을 돌렸다. 그 순간 꿈 이야기를 생각나게 하신 하나님, 담대함을 주시고 포기하지 않고 물러서지 않게 하신 하나님, 창세전에 택하신 백성들을 온갖 다양한 방법들을 동원하여 인도하시는 하나님! 그 놀라우신 섭리와 사랑 앞에 무릎 꿇지 않을 수 없으며 전도할 때 뒤로 한 발짝이라도 물러서서는 안 된다는 것을 다시 한 번 깨닫게 되는 시간이었다.

그 날 동행하셨던 박기선 권사님은 전도와 선교에 남다른 열정을 가지신 분이셨다. 권사님의 아들 우진호 집사님과 부인 김지현 집사님도 어머님의 신앙을 본받아 교회에서 믿음의 본이 되는 분들이셨다. 우 집사님은 안과의사로 2009년 그토록 잘 되던 안과 병원을 접고 마음에 소원하던 대로 어린 세 자녀와 함께 온 가족이 베트남 선교사로 파송을 받았다. 자신의 삶을 송두리째 주님께 바치는 귀한 선교사님의 모습을 지켜보던 많은 사람들이 도전을 받았을 것이다.

전도는 나 혼자 하는 것이 아니다. 언제든지 성령님께서 함께 하시며 순간순간 역사해 주시므로 전도할 때 전도자가 더 큰 은혜를 받고 복을 누리는 놀라운 일을 경험하게 된다. 하나님께서 가장 기뻐하시는 생명 살리는 일을 담대한 마음으로 때를 얻든지 못 얻든지 항상 힘쓰는 하나님의 충성된 자녀들이 많아졌으면 좋겠다. 전도의 사명을 잘 감당하면 하나님의 크고 기이한 사랑과 역사 앞에 놀라며 감사하지 않을 수 없을 것이다.

"하나님 앞과 살아 있는 자와 죽은 자를 심판하실 그리스도 예수 앞에서 그가 나타나실 것과 그의 나라를 두고 엄히 명하노니 너는 말씀을 전파하라 때를 얻든지 못 얻든지 항상 힘쓰라 범사에 오래 참음과 가르침으로 경책하며 경계하며 권하라"(딤후 4:1-2).

06 – 전북은행 서대리

전북은행에서 만난 서 대리는 언제 봐도 침착해 보인다. 꽤 큰 초등학생을 둘 씩이나 둔 엄마지만 여전히 처녀처럼 아름다운 자태가 있다.

"저희 교회 언제 나오실 거예요?"

여쭤보면 항상 "곧 나갈게요. 그렇지 않아도 가려고 하는 중이예요."

라고만 한다. 이렇게 쉽게 말씀하시는 것을 보면 혹시 말로만 교회를 가겠다고 하는 것이 아닐까 조바심이 나기도 한다.

대답은 쉽게 하면서 막상 교회 나오기까지는 매우 힘든 사람들이 많기 때문이다. 서 대리님은 몇 달째 교회를 나온다고 대답만 한 상태라서 계속 기도하고 있는 전도대상자이다. 알고 보니 시부모님도 신앙생활을 잘 하시는 분인데 며느리를 볼 때마다 교회 다닐 것을 권면하신다고 하였다.

사실 이런 사람은 전도 대상자라기보다 교회로 데려다 놓기만 하면 되는 인도 대상자이다.

때마침 여름방학이라 캐나다에서 딸이 잠시 한국을 방문했다. 딸은 한 달 동안 아르바이트로 학생들에게 영어를 가르치면 좋겠다고 해서 서 대리님의 두 자녀와 또 다른 두 명에게 영어를 가르쳐 주게 되었다. 그러다보니 매일 아이들이 우리 집을 드나들게 되었고 서 대리님과도 자연스럽게 가까워지게 되었다. 어느 날 서 대리님이 아이들이 공부하는 모습을 보고 싶다며 우리 집에 찾아 왔다. "할렐루야!" 주님 감사합니다! 드디어 전도할 수 있는 좋은 기회가 주어졌군요.

자매님! 우리 교회는 목사님도 훌륭하시고 좋은 성도들도 참 많아요. 나는 열심히 교회를 소개하였다. 그랬더니 빙그레 웃으면서 말했다.

"나갈게요. 그렇지 않아도 같은 아파트에 살면서 친하게 지내는 친구가 함께 교회 가자고 해서 가겠다고 했어요."

알고보니 서대리의 친구는 얼마전 우리 교회에 등록을 한 최현숙씨였다. 얼마전 K 집사님이 자녀가 다니는 학교 학부모회에서 만난 아주머니 한분을 전도하고 싶다고 하였다.

나는 지체하지 않고 K집사님과 저녁 시간에 그분을 전도하기 위해 찾아갔다. 복음제시를 하는 동안 어찌나 진지하게 경청을 하는지 신이나서 설명을 하였었다. 키가 크고 눈이 초롱초롱 맑게 보이셨던 최현숙씨는 곧바로 교회에 등록하고 열심히 신앙생활을 하고 계신 분이다.

그런데 그 최 성도님이 벌써 서 대리님을 전도하고 있다는 말을 들으니 너무도 기뻤다. 얼마 후 최현숙 성도님의 인도로 서 대리님은 남편과 함께 교회에 출석했다.

'하나님 감사합니다. 오늘도 잃은 양이 주님 전을 찾아와 함께 천국잔치(예배)에 참여 할 수 있게 되어 너무 감사합니다.'

서 대리님은 믿음의 좋은 친구가 있었기 때문에 교회에 쉽게 등록할 수 있었고 친구와 함께 열심히 신앙생활도 할 수 있게 되었다. 두 분은 모두 아름답게 믿음을 키워나가 남편들을 인도하고 지금은 부부 모두 집사님들이 되어 교회의 충성스러운 일꾼들이 되었다.

나는 교회에서 새 가족 모임을 오랫동안 담당하였다. 그때 두 분 성도님들이 새가족 모임 교육을 수료하고 난 다음 남편들에게도 권하여 새 가족 모임에 등록을 시켜 열심히 참석하게 하였다. 어느 날 최 집사님이 내게 이런 말씀을 하셨다.

"전도사님! 우리 남편이 새가족 모임 때 전도사님 말씀을 들으면 자꾸만 눈물이 나오려고 해서 참느라고 힘들대요. 그래서 그럴 땐 참지 말고 그냥 울어요! 그랬더니 여자들이 많이 있는데 어떻게 울어! 그러는 거예요."

은혜 받는 남편을 보고 너무 기뻐서 하는 말이었다.

이처럼 믿음이 자라가는 성도님들을 바라볼 때면 그 기쁨과 행복감은 이루 말할 수 없다.

최 집사님은 요즘 부동산을 개업하여 일하시면서 전도를 열심히 하고 계신다. 어느 날 집사님은 이런 말씀을 하셨다.

"전도사님 기도해 주세요! 제가 하는 부동산업도 좋지만요 그 일을 통해 전도를 많이 하고 싶어요."

부동산에 찾아오시는 모든 분들의 신앙을 먼저 점검 하면서 사업보다 전도에 더 신경을 쓰시는 우리 집사님을 주님께서 보시고 얼마나 기뻐하실까. 나는 주님께서 하늘의 신령한 복과 땅의 기름진 것으로 최 집사님께 차고 넘치도록 채워 주십사고 기도한다. 우리가 전도한 그 사람이 다시 다른 사람을 전도하는 것을 일명 '꼬리전도'라고 한다. 꼬리 전도처럼 신나고 행복한 일은 없다. 전도를 한다는 것은 이미 성숙한 알곡 신자가 되었다는 증거이기 때문이다.

서 대리님 역시 우리 교회의 좋은 집사님이 되어 교회학교 교사로 봉사하며 남편과 함께 충성하는 알곡 신자가 되었다.

"이같이 너희 빛이 사람 앞에 비치게 하여 그들로 너희 착한 행실을 보고 하늘에 계신 너희 아버지께 영광을 돌리게 하라"(마 5:16).

전북은행은 직원이 2년마다 바뀐다. 찾아가지 않아도 알아서 와주니 전도하기 얼마나 좋은 기회인가! 나는 이 좋은 기회를 놓치지 않고 은행 직원들을 전도했다. 그 열매로 서 대리님은 이미 교회의 집사가 되었을 뿐만 아니라 남편도 열심히 교회에 출석하고 있다.

이번에 새로 온 직원 중에 장 대리는 불신자라고 하였다. 교회를 소개하였더니 반응이 나쁘지 않아 전도 대상자로 삼고 기도하였다. 그런데 1년이 훨씬 넘었는데도 도무지 그의 마음이 움직이지 않았다. 우리 교회 근처에 있는 전북은행에 한 번 전도하러 가려면 직원들이 많다 보니 찐빵도 많이 사야 되고 떡도 많이 필요했다. 하지만 조금 힘들다고 절대 포기하면 안 된다.

시간이 많이 걸리는 장기 전도대상자들은 마치 고무줄놀이처럼 당겼다 놓았다 하는 전략으로 다가가야 한다. 오랫동안 섬기며 정성을 쏟고 방문을 했는데도 반응을 보이지 않을 때는 잠시 중단한 후 다시 방문을 하는 것이 오히려 더 효과적일 수도 있다.

장 대리는 교회로 금방 올 것처럼 대답을 했기 때문에 소홀히 할 수 없었다. 그러던 어느 날 나는 마음먹고 은행에 찾아가서 일부러 다른 직원들까지 들을 수 있도록 조금 큰소리로 말했다.

"차장님, 좀 도와주세요. 여기 근무하시는 분들은 모두 신앙생활을 하는데 왜 장 대리님만 이렇게 교회를 안 나올까요? 차장님께서 기도해 주셔야 될 것 같아요."

사실 그 차장님은 어느 교회의 장로님이셨기 때문에 그렇게 말할 수 있었던 것이다. 장로님께서 그 말을 듣고 겸손하게 웃으시며 "네, 잘 알겠습니다." 하신다. 그러자 장 대리가 자리에서 벌떡 일어나더니 미안해하며 말했다.

"다음 주에 갈게요. 그렇지 않아도 발령이 나서 다른 지역으로 가게 되었는데 이제 교회에 한번 나가야 되겠다고 생각했어요. 저희는 부부가 모두 직장인이기 때문에 돌이 아직 지나지 않은 아기를 남원에 계신 부모님께 맡겨 놓고 매 주일마다 그곳에 아기를 보러 가기 때문에 시간이 없어서 그랬어요."

"그렇군요. 하지만 조금만 마음 쓰신다면 1부 예배를 드리고 다녀오셔도 될 텐데... 그러면 이번 주는 교회에서 뵐 수 있겠네요? 기다리겠습니다."

그 주 토요일 날 나는 고마운 마음에 양말 세트며 다른 선물을 챙겨서 장 대리가 살고 있는 아파트를 방문했다. 하지만 초인종을 아무리 눌러도 인기척이 없었다. 하는 수없이 그림엽서를 꺼내어 내일 주일날 꼭 뵙기를 원한다는 메모를 해서 주보와 함께 선물봉투에 넣어 아파트 현관 문고리에 걸어 놓고 섭섭한 발걸음을 돌려야했다.

드디어 주일날이 되었다. 1부 예배 때 혹시나 올까 하고 기다렸지만 오지 않았다. 1부 예배가 끝나자마자 전화를 했다.

제발 집에 있어야 할 텐데...

조금 초조한 마음으로 전화 받기를 기다리는데 침착한 장 대리의 목소리가 나를 반겼다.

"남원 안 가고 집에 계셨군요! 그럼 오늘 교회에 정말 오실 수 있겠네요?"

"네! 갈게요."

"감사합니다. 제가 모시러 갈까요?"

"아니요, 가까운데요. 제가 가면 되요."

전도를 시작한 지 2년 만에 교회에 나오겠다는 그녀의 말을 듣고 너무나 기뻤다. '주님 참으로 감사합니다.' 너무 좋으면 표정도 밝아진다.

하지만 그렇게 즐거운 표정으로 한참을 기다려도 교회에 오지 않았다. 이제 예배 시작 시간은 10분밖에 남지 않았다. 아직도 보이지 않자 나는 그를 기다리다가, 혹시 교회에 안 나올 거면서 미안하니까 그렇게 말한 것은 아닐까 하는 조바심마저 들었다. 기다린 지 2년이 다 되어 가다 보니 그런 생각이 들 수밖에 없었다.

초조한 나머지 나는 다시 2층 본당에서 교회 사무실로 뛰어 내려가 전화를 했다. 만약 지금 집에서 전화를 받는다면 그것은 교회를 안 오거나 지각이거나 둘 중 하나이다. 몇 번 신호음이 울리자 다시 그녀가 전화를 받았다.

"네 갈게요."

속 타는 내 마음과는 달리 아주 편안하고 차분한 목소리다.

"장 대리님! 지금 예배 시간이 다 되어갑니다. 빨리 출발하셔야 될 것 같은데요! 그럼 기다릴게요. 감사합니다."

이렇게 말하고 전화를 끊었다. 그리고 10분이 또 지났다. 이제 예배 시간이 다 되어 바깥 출입문 안내위원이 들어오셨다. 나는 얼른 안내 위원 집사님께 부탁했다.

"집사님! 조금만 더 기다려 주세요. 오늘 제가 전도한 분이 오시기로 되어 있어요. 5분만 더 기다려 주시겠어요!"

그러나 5분을 더 기다려도 그녀가 오지 않자 안내 집사님은 "아마 안 오시려나 봐요. 저도 예배를 드려야 되겠네요." 하고 들어와 버리셨다. 나는 어쩔 수 없이 그분에 대한 섭섭한 마음을 안고

'주님! 이렇게까지 했는데 다음에는 오겠지요?' 생각하며 조용히 뒷문을 닫고 맨 뒷자리에 앉아서 예배에 집중하고 있는데 뒷문이 살며시 열리면서 장 대리가 낯선 두 사람과 함께 들어오는 것이었다. 나는 세분을 자리에 안내하며 조용히 속삭이듯 말했다.

"어머나! 감사합니다. 잘 오셨어요. 저는 못 오시는 줄로만 알았어요."

처음 오는 교회라 쑥스러워서 서신동에 사는 동생과 또 같은 아파트에 사는 친구와 함께 오느라고 늦었다며 속삭이듯 말하였다.

한 사람을 초조하게 기다렸는데 세 사람이나 온 것이다.

나는 석 장의 교인등록 카드를 기록하여 강대상에 올려드렸다. 이 기쁨은 전도를 해 보지 않은 사람은 알 수 없을 것이다.

주님 나라에 새 생명이 탄생되는 이 순간, 하나님께서 하시는 귀한 일들을 바라보면서 감사 기도를 드렸다. 2년간 그 영혼을 위해 참고 인내하며 기다렸더니 결국 더 큰 기쁨을 안겨 주신 것이다. 우리를 결코 실망시키지 않으시고 은혜를 주시는 주님 앞에 감사만 있을 뿐이다.

"눈물을 흘리며 씨를 뿌리는 자는 기쁨으로 거두리로다 울며 씨를 뿌리러 나가는 자는 반드시 기쁨으로 그 곡식 단을 가지고 돌아오리로다"(시 126:5-6).
"자기의 육체를 위하여 심는 자는 육체로부터 썩어질 것을 거두고 성령을 위하여 심는 자는 성령으로부터 영생을 거두리라 우리가 선을 행하되 낙심하지 말지니 포기하지 아니하면 때가 이르매 거두리라"(갈 6:8-9).

08 – 축 발전

 어느 날 섬기던 예닮교회 김혜숙 집사님이 S 한의원에 같이 가자고 하였다. 집사님은 팔이 아파 그 한의원에서 치료를 받는 중이었다. 훈련된 전도자는 전도할 기회를 절대 놓치지 않는다. 당연히 집사님은 치료 받으러 갈 때마다 그 한의원 간호사들과 원장님을 전도하기 위해 찐빵과 주보를 전해 주면서 마음 문이 열리기를 기다렸다. 오늘이 복음 전할 좋은 기회라면서 함께 가기를 청했다.

 김 집사님과 함께 찐빵을 들고 한의원에 들어갔다.

 전도를 하려면 상대방과 대화할 시간이 필요하기 때문에 특별히 아픈 곳은 없었지만 접수창구에서 접수를 했다. 치료 받으면서 원장님께 복음을 전할 계획이었다. 원장님은 나에게 어디가 아파서 왔냐고 물었다. 나는 손발이 항상 차고, 몸 전체도 차가운 편이라고 했다. 40대 중반 쯤으로 보이는 원장님은 한참 동안 진맥을 하더니 치료를 하기 시작했다.

 밖에서는 김 집사님이 원장님 사모님에게 복음을 전하고, 나는 치료를 받으면서 원장님에게 복음을 전하기로 했다. 그런데 원장님은 내가 전도를 시작하기도 전에 먼저 뜬금 없는 말을 하여 나를 당황하게 했다.

 "중국에서는 하나님을 상제라고 하는데 사실 따지고 보면 '옥황상제님'이 하나님이란 뜻이지요."

 나는 예전에 기업체에 근무할 때 중국인 노동자들과 매주 중국어 예배를 드렸던 경험이 있었기 때문에 중국어를 조금 알았다. 낱말만 놓고 볼 때는 원장님의 말이 맞았다.

 "네, 맞습니다. 실지로 중국말로 '쌍띠'(상제)가 하나님이 맞습니다. 하지만 그 '쌍띠'(상제)는 원장님이 알고 있는 그 옥황상제가 아니고 우주 만물을 창조하신 하나님을 말하고 있지요. 전 세계에 하나님을 믿는 종교는 수도 없이 많습니다. 심지어 이단의 대표격인 여호와의 증인이나 통일교, 안상홍 증인회도 하나님을 믿는다고 합니다. 만약 이 사람들이 믿는 하나님이 우리가 믿는 하나님과 같은 분이라면 그 사람들을 이단이라고 말하면 안 될거예요. 그런데 그들이 믿는 하나님과 우리가 믿는 하나님이 다르기 때문에 이단이 되는 것이지요. 이단은 자기도 천국에 들어가지 못하고, 천국에 들어가고자 하는 자들까지 못 들어가도록 길을 가로막고 있는 자들이라고 성경은 우리에게 가르쳐 줍니다."

원장님은 조용히 내 말을 다 들어 주었다. 그리고는 계속해서 자신의 관심 분야에 대해 말씀을 했다. 자세히 들어보니 원장님은 나도 잘 알지 못하는 어떤 특수 종교에 관심이 있는 것 같았다. 그분이 믿는 종교가 무엇인지도 정확하게 알지 못한 상태에서 섣불리 말을 할 수가 없었다. 마음이 답답했다.

그런데 언뜻 옥황상제라는 말에 혹시 '강증산' 씨를 하나님으로 믿는 "증산도"를 추종하는 사람이 아닌가 하는 생각이 들었다. [1909년 6월 24일에 죽은 강증산을 인류의 구세주로 보며, 그가 석가와 예수를 보냈다고 주장한다. 증산도에서는 사람이 죽으면 그 사람의 혼(魂)은 하늘에 올라가서 신(神)이 되어 제사를 받다가 4대가 지나면 귀(鬼)가 된다고 한다. 여기에서 도를 잘 닦은 자는 영원히 살 수 있으나, 도를 잘 닦지 못한 자는 연기와 같이 사라진다고 주장한다. 그들의 내세관(來世觀)은 기(氣) 사상에 뿌리를 두고 있으며, 이들은 죽은 조상의 영혼을 '조상님'이라 하여 그들에게 제사를 지내고 있다.]

하지만 그것도 내 짐작일 할 뿐 정확한 사실은 알 길이 없었다.

그래서 우리가 열심히 믿어야 할 유일신은 오직 천지를 창조하신 하나님 한분 밖에 없으며 우리가 구원 받으려면 죄를 사함 받아야 되는데 그 죄 사함 받는 비결은 오직 우리 죄를 위해 우리 대신 십자가에 죽으셨다가 다시 살아 나셔서 지금도 이 자리에 우리와 함께 계신 예수 그리스도를 믿는 믿음뿐임을 설명하였다.

한참 내 말을 듣고 있던 원장님은 내 말에 관심을 보이며 대화를 더 많이 하고 싶다고 하였다. 치료받는 30여분 동안 계속 원장님과 말씀을 나누었다. 치료가 거의 끝나가자 그는 "전도사님! 내가 전도사님 손발 찬 증세를 깨끗이 다 고쳐 드릴 테니 몇 번 더 오세요." 하였다.

돌아오는 길에 김집사님 말씀이 원장님 사모님과 이야기를 나누었는데 원장님이 이상한 종교 서적을 봐서 걱정 된다고 했다는 것이다. 우리는 계속 그분을 위해 기도하기로 하였다.

그 후 얼마 되지 않은 어느 주일날 아침, 교회 입구에서 어떤 남자분이 활짝 핀 하얀 수국 화분을 들고 두리번거리고 있는 모습이 보였다. 자세히 보니 한의원 원장님이었다. 나는 너무나 반갑고 기뻐서 함박웃음을 머금고 그분을 향해 달려갔다.

"어머나! 원장님 반갑습니다. 와 주셔서 너무 감사드려요."

원장님도 미소를 띠고 내게 인사를 했다.

"그런데 원장님! 이게 다 웬 꽃이예요. 수국이 너무 예쁘네요. 그냥 오시지 않고 이렇게 예쁜 꽃까지 사오셨어요!"

"아니에요. 처음 교회에 오는데 어떻게 빈손으로 와요!"

하면서 웃으셨다. 뜻밖의 말을 듣고 나도 웃으며 안내를 하였다.

최길천 장로님께서 화분을 받아들고 2층 본당 입구 모든 사람들이 잘 보이는 곳에 올려놓으셨다. 나는 예쁘게 매달린 리본의 글씨를 살펴보았다. 한쪽에는 "축 발 전" 한쪽에는 "예 닮 교 회"라고 씌어 있었다. 그것을 보고 나도 모르게 웃음을 참지 못해 '풋' 하고 웃었다. 리본에 병원 이름이나 원장님 이름을 써도 될 텐데 교회 이름과 '축 발 전'만 쓰신 것을 보면 참 겸손하신 분이라는 생각이 들었다.

원장님을 자리에 안내해 드리고 하나님께 감사드렸다. 예배에 처음 참석하신 원장님은 말씀을 들으면서 메모까지 꼬박꼬박 하시는 모습이 보였

다. 그리고 예배 후에는 설교에 은혜를 많이 받았노라고 답례의 말씀도 아
끼지 않았다. 얼마 후 감사하는 마음에 집사님과 함께 다시 병원에 찾아 갔
더니 주일날 들은 설교 내용을 잊지 않고 반복해서 은혜 받았었노라고 답
례의 말씀을 또 하셨다.

진리를 잘 알지 못해서 잘못된 종교나 이단에 빠지게 되는 것이 세상에
서 가장 불행한 일이라고 생각한다. 성경은 그런 자들을 향해서 안타까운
마음으로 "내 백성이 지식이 없어서 망한다."라고 한탄의 말씀을 하셨다.
영적인 지혜가 부족하여 이단에 빠져 삶을 송두리째 빼앗기는 경우를 너무
나 많이 보고 있다.

이미 죽은 안상홍이나 문선명, 요즘한창 교회를 어지럽히고 있는 신천
지의 이만희씨를 성령님으로 믿고 있으니 삼위일체를 믿는다면 곧 그들을
하나님으로 믿는다는 것이다. 꽤나 지식이 있다고 하는 사람들까지 그런
집단에 빠져 오히려 하나님을 대적하고 복음을 방해하는 어처구니없는 일
들을 보게 된다. 마지막 때에 하나님의 존재를 바로알고 바르게 가르치는
참된 종교를 선택하는 것이야말로 우리에게 있어서 가장 중요하고 복된 일
이 아닌가 싶다.

"누구든지 사람 앞에서 나를 시인하면 나도 하늘에 계신 내 아버지 앞에서 그
를 시인할 것이요 누구든지 사람 앞에서 나를 부인하면 나도 하늘에 계신 내 아
버지 앞에서 그를 부인하리라"(마 10:32–33).
"누구든지 나와 내 말을 부끄러워하면 인자도 자기와 아버지와 거룩한 천사들
의 영광으로 올 때에 그 사람을 부끄러워하리라"(눅 9:26).

　　예닮 교회에서 여전도회 회장까지 했던 A 집사님이 어느 날부터인가 교회 출석을 하지 않았다. 집사님의 남편이 이번에 시의원에 출마하기 때문에 아마도 바쁘신가보다 라고 생각했다. 그런데 알고 보니 신천지에 빠져 거의 매일 성경 공부를 하러 그곳으로 간다는 것이었다. 좋은 성도를 이단에 빼앗길 순 없다 싶어 나는 먼저 기도하고 신천지에 대한 자료들을 준비한 후 집사님 댁을 방문하였다.

　　마침 집사님이 집에 계셔서 반갑게 인사를 하는데 예전 같지 않고 서먹서먹했다. 평소에는 사람을 보면 깍듯이 대하실 뿐만 아니라 매우 친절하신 분이셨다.

　　나는 앉자마자 차 대접도 마다하고 질문부터 했다.

　　"집사님, 어떻게 되신 거예요. 신천지 성경 공부하러 다니신다는 말씀이 사실인가요?"

　　"네. 사실은 현ㅇ아파트에서 성경공부 모임이 있다고 하도 와보라고 해서 가게 되었어요. 그런데 그동안 내가 잘 알지 못했던 것을 많이 배우게 되었어요. 그리고 너무 좋은 것 같아요. 그분들 나쁘지도 않고 잘못된 사람들이 아니에요. 요한계시록을 아주 잘 가르치고 내가 힘들어 할 땐 우리 집에 와서 집안일까지 다해 주고 너무 친절하고 좋은 사람들이예요."

　　묻지도 않은 말까지 하면서 그들을 칭찬하며 오히려 나를 설득하려고 하는 것 같았다. 벌써 말씀하시는 투가 당당하고 떳떳한 표정이다. 얘기를 들어 보니 어느새 5개월 동안이나 신천지 성경공부 모임에 참석하고 있는 중이며 이미 한 단계 공부를 마치고 더 높은 단계의 공부를 하고 있는 중이라고 했다. 그리고 곧 다른 사람들을 포섭하기 위해 다른 교회로 파견을 나가기 직전이었다. 집사님이 사실대로 다 말씀하시니 오히려 말하기가 편했다.

"하지만 집사님, 그분들 잘못되었다는 것 잘 아시잖아요. 사람들이 이단이라고 말할 때는 근거가 있어서 그렇게 말하지 괜히 멀쩡한 교회를 잘못되었다고 하지 않잖아요. 이단 판정을 아무렇게나 잘못 내릴 수 없는 것이 만약이라도 잘못 판정하면 그 벌을 어떻게 감당하겠어요? 우리가 신학적으로나 이론적으로 잘 모르고 있는 부분이 있기 때문에 전문적으로 공부하고 연구하는 분들의 말을 듣는 것이 가장 현명한 방법이라고 생각해요."

그러고 나서 나는 이단인 '장막성전' 조직에서 빠져나온 이만희 씨가 '신천지'의 창시자가 되어 스스로 자신을 성령님이라고 말하고 있다는 것과, 신천지가 어떻게 조직이 되어져 있으며 성경을 어떻게 잘못 가르치고 있는지 자료를 보여주며 하나하나 설명하기 시작했다. 그러나 집사님은 좀처럼 돌아서지 않으려고 했다. 그리고 오히려 자꾸만 나를 설득하려고까지 했다.

그 후 두 번째 방문을 하여 다시 신천지의 잘못된 점들을 지적하며 설명을 했다. 집사님은 내 말을 들으면 내 말이 옳은 것 같고, 그 사람들 말을 들으면 그것이 옳은 것 같다고 하면서 도무지 누구 말을 믿어야 할지 모르겠다고 했다.

나는 너무나 안타까워 계속해서 성경공부를 중단하도록 강하게 요구했다. 그러자 그 집사님은 마음 약한 소리까지 했다. 그 사람들이 멀리서 차를 가지고 집 앞까지 와서 나를 태워 가고 성경 공부가 끝나면 다시 집까지 데려다 주고, 지난번에 김장할 때도 집에 와서 다 도와주고 배추도 다 씻어 주고 갔는데 어떻게 그렇게 매몰차게 떨쳐 버릴 수가 있겠느냐고 했다. 그 말씀을 들으니 하물며 이단들은 이렇게까지 헌신하면서 전도를 하는데 우리 1단은 뭐하고 있는지 씁쓸한 마음이 들었다.

나는 포기하지 않고 세 번째 다시 방문하여 긴 사투를 하게 되었다. 이번에는 인터넷에서 자료를 찾아 무려 3시간에 걸쳐 설명을 했다. 그랬더니 집사님이 다 듣고 나서 이렇게 말했다.

"전도사님 말씀이 사실이라면 치가 떨리네요. 어쩐지 내가 지금 나가는 신천지교회 마당에 어떤 사람들이 몰려와 매일 데모를 하더니 그러면 그 사람들이 바로 그 조직들이란 말이에요?"

"네 맞습니다. 이제 증명이 되었으니 믿으시겠어요?"

"나는 어떤 미친 사람들이 밥 먹고 할 일 없어 저러고 앉아있나 했더니……. 그러게요. 그렇다면 거기는 교회가 아니라 하나의 조직이구먼요. 그렇다면 안 가야지요."

하지만 계속 집 앞에 와서 자기를 기다리는 그들을 모른 척할 수도 없고 그 곳에 안 갈 다른 핑계를 댈 수도 없다고 하면서 만약 교회로 갔다고 하면 그들이 배신감을 느낄 것이라고 걱정했다. 그러면서 집사님은 스스로 좋은 방안을 내놓았다.

"마침 잘 되었네요. 서울에 있는 딸네 집에도 가봐야 하는데 가서 두 달 정도 있다 오면 그들이 집 앞에서 기다리지는 않겠지요."

듣던 중 너무나 반가운 소리였다. 그러시면 가실 때 단호하게 "나는 이제 신천지 성경공부 다시는 하지 않을 겁니다. 그리고 교회로 갈 거니까 우리 집에 다시 오지 마세요."라고 말씀을 하고 가시라고 하였다.

집사님은 그렇게 하겠다고 약속을 했다. 얼마 후 남편을 혼자 집에 두고 잠시 서울로 갔다. 집사님은 약속대로 두 달 동안 서울에 계시다가 돌아왔다.

나는 기회를 놓치지 않고 곧바로 심방을 가서 다시 신앙생활 함께 하실 것을 권했다. 그랬더니 집사님은 쑥스러워 하면서 말했다.

"어떻게 제가 교회를 다시 나가요. 다른 사람들이 이상하게 생각하지 않을까요?"

"그게 무슨 말씀이세요. 절대로 그런 생각하시면 안 돼요. 이전보다 더 열심히 하시면 되지요. 그리고 다들 무슨 일이 있었는지 잘 모르고 계세요."

이렇게 말하면서 새벽기도 출석부터 권했더니 집사님은 새벽기도를 시작으로 교회를 다시 출석하게 되었다. 그 후 열심히 가정교회 모임에도 참석을 하던 집사님이 가정교회 인도자인 권사님에게 귀띔을 해 주었다고 한다.

"권사님! Y 집사님이 아무래도 신천지 쪽 사람 같아요. 왜냐하면요 내가 거기 다녀봐서 잘 알잖아요. 말하는 것이 꼭 그쪽 사람들이 하는 말 같아요."

이 소식을 듣고 나는 깜짝 놀라 자세히 알아보았다. Y 집사님은 다른 교회에서 신앙생활을 했던 분이다. 그분이 우리 교회에 등록한 지 1년이 다 되었고 그동안 너무나 헌신적이고 열심이어서 참으로 좋은 일꾼을 보내 주셨다고만 생각했었는데, 신천지에서 파송 받은 사람 같다 하니 기가 막혔다.

확인해 보았더니 그동안 Y 집사님은 교회가 멀다고 잘 나오지 않은 성도나 몸이 아프거나 문제가 조금이라도 있어 보이는 성도들에게 친절하게 전화를 하고 관심을 가졌다는 것이다. 그리고 그들에게 성경공부를 해야 한다고 권하면서 대화를 하기위해 등산을 함께 가자고 접근했다는 것이다. 그래도 저렇게 열심히 기도하고 예배 참석도 잘하고 교회에 순종하는 집사님이 설마 그럴까 하고 도무지 믿기지 않았다.

그때 목사님께서 안식년이 되어 잠시 미국에 계셨기 때문에 장로님과 부교역자님께 부탁하여 수요예배 인도를 허락 받았다. 신천지 Y 집사님을 겨냥하기도 하고 또 성도들이 유혹에 빠지지 않게 하기 위해 신천지에 대한 강의를 하기로 생각한 것이다. 그리고 그날 특별히 셀 리더에게 부탁하여 Y 집사님을 꼭 참석시키도록 했다. 그런데 그날 일반 성도님들은 신천지 내용 가운데 말도 안 되는 터무니없는 내용을 들을 땐 웃기도 하고 즐겁게 말씀을 듣는데 Y 집사님은 너무나 불편해하는 모습이 역력했다. 강의 시간 내내 신경이 쓰일 만큼 특별한 태도와 표정이었다.

다음날 그분은 셀 리더에게 전화를 하여 전도사님 말이 다 맞지는 않고 잘 모르고 하는 말도 있었다고 전했다는 것이다.

나는 온몸에 소름이 돋는 듯했다.

'맞았구나! 사실이었구나! 그분이 신천지에서 교인들을 유인해 가기 위해 침투해 들어온 사람이었구나!' 생각하니 기가 막혔다. 그동안 감쪽같이 속은 것이 너무나 속상했다. 그 집사님은 그 후로 스스로 교회에 나오지 않았다. 나는 할 수만 있으면 돌아서서 다시 정상적인 성도로 신앙생활을 하자고 권면하고 기도했지만, 내가 얼마 지나지 않아 멕시코로 오는 바람에 더 이상 관여하지 못하게 되었다.

지금도 생각하면 그분을 교회에 잘 정착시키지 못한 것에 대해 많은 아쉬움이 남는다. 너무나 감쪽같아서 참으로 마지막 때 마귀들이 속임수로 우리를 넘어뜨리려고 우는 사자처럼 덤벼드는 모습을 보는 듯하다.

사탄이 얼마나 간교하게 역사하는지 가만히 들어와 성도들을 유인해 가는 모습이 꼭 성경이 말씀한 이리와 같다. 지금도 교회 안에 어떤 사람이 이리처럼 누군가 삼킬 자를 찾고 있는지 알 수 없는 일이다. 교회마다 성도마다 기도로 무장하고 미혹케 하는 영을 물리칠 수 있도록 교육과 감시가 필요한 마지막 때에 살고 있는 우리다.

신천지 사람들이 기독교인들을 유인할 때 사용하는 호세아서의 말씀이 바로 자기들을 향해 말하는 것임을 알았으면 좋겠다.

"내 백성이 지식이 없으므로 망하는 도다 네가 지식을 버렸으니 나도 너를 버려 내 제사장이 되지 못하게 할 것이요 네가 네 하나님의 율법을 잊었으니 나도 네 자녀들을 잊어버리리라"(호 4:6).

참으로 우리가 영적인 지식이 없으면 우리의 영혼이 망하게 되는 것을 깨닫고 말씀 묵상하는 일과 성경 보는 일을 게을리 하지 말아야 하겠다.

A 집사님을 잠시 신천지로 보내셔서 그곳에서 얻은 지식으로 교회의

감시자를 삼아 성도들을 보호하게 하신 분은 분명 하나님이시다. 주님께서 우리를 돌보아주심이 얼마나 섬세하고 자상하신지 참으로 놀랍기만 하다.

"지나쳐 그리스도의 교훈 안에 거하지 아니 하는 자는 다 하나님을 모시지 못 하되 교훈 안에 거하는 그 사람은 아버지와 아들을 모시느니라 누구든지 이 교 훈을 가지지 않고 너희에게 나아가거든 그를 집에 들이지도 말고 인사도 하지 말라 그에게 인사하는 자는 그 악한 일에 참여하는 자임이라"(요이 9-11).

10 – 안상홍 증인회가 교회에 침투

어느 날 40대 중반으로 보이는 아주머니 한 분이 우리 교회 주변을 맴돌고 있었다. 그분을 처음 발견한 집사님 한분이 전도를 하기 위해 다가가 신앙생활을 하는지 질문을 했다. 아주머니는 너무 쉽게 질문에 답변을 하며 자기 사정 이야기를 했다. 전에 다른 교회에 다녔었는데 이 근처에 이사를 와서 다니던 교회가 너무 멀어 가까운 교회를 찾고 있는 중이라는 것이다. 집사님은 뜻밖에 너무 쉽게 그분을 교회로 인도하게 되어 기뻐서 어쩔 줄 몰라 했다. 그렇게 해서 교회에 오게 된 분이 S 집사님이었다. 목사님께서 그 가정을 심방하셨을 때 교회에 속히 적응할 수 있도록 봉사할 수 있는 일을 찾아보자고 하셨다. 심방을 마치고 돌아오면서 좋은 성도님을 보내주셨다고 목사님과 함께 기뻐했다.

S 집사님이 교회에 등록한지 한 달쯤 되어가는 어느 날 차를 몰고 교회를 오셨다

"어머 집사님, 어쩐 일이세요?"

"네, 전도사님. 저 오늘 시간이 있어서 혹시 교회에 뭔가 할 일이 있는지 알아보려고 왔어요."

"어머나 집사님. 너무 감사하네요. 그런데 지금은 할 일이 없는데요. 그러면 목사님과 권사님들과 함께 말씀을 나누도록 하세요."

그리고 나는 잠시 할 일이 있어 교회 사무실에 들어갔다. 얼마 후 밖으로 나오니 집사님은 다시 집으로 가려고 차를 돌리는 중이었다.

"벌써 가시게요?"

"네, 수고하세요!"

너무 고마워서 마당에 서 계신 목사님과 권사님께 말씀드렸다.

"S 집사님 참 좋으신 분이네요. 교회 무슨 할 일 없냐고 물으시던데요?"

"지금 유아실 커튼 빨아 온다고 다 가져갔어요. 할 일이 없다고 하였더니 커튼이라도 빨아 오겠대요. 나중에 교회에서 다 빨 거라고 하였지만 극구 가져가시네요."

이렇게 칭찬하시면서 모두들 흐뭇해 하셨다.

우리 교회는 젊은 성도들이 많아 큰 유아실 방이 두 개가 있다. 그 커튼을 모두 떼어 가셨다는 것이다. 우리는 목사님과 함께 그 집사님을 칭찬하면서 하나님께서 귀한 집사님을 보내 주신 것을 다시 한 번 감사드렸다.

새 가족들이 처음 교회에 잘 정착하게 하려면 교회가 여러 가지로 신경을 쓰고 관심과 사랑으로 보살펴야 되는데 이처럼 스스로 잘 적응해가면 감사하지 않을 수 없다. 종일 그분 때문에 기분 좋은 하루였다.

S 집사님은 새 가족모임부터 공부를 하면서 교회에 잘 적응할 뿐만 아니라 모든 분들의 사랑을 받으며 교회의 어떤 일에도 적극적으로 참여하였다. 그런데 얼마 전 신천지 이단이 들어와 성도들에게 등산을 같이 가자고 하며, 성경공부를 해야 한다는 등 유혹하는 일이 있었기 때문에 혹시 저 집사님도 그런 분이 아닐까 하는 생각이 잠시 머리에 스치고 지나갔다. 지금까지 교회에 들어온 새 가족들과는 어딘지 모르게 다른 점이 느껴졌기 때문이다. 새 교회에 대한 어떤 거부감도 없고 또 전에 다니던 교회와 비교하는 일도 없고 너무 잘 적응하고 여러모로 충성하는 모습 속에서 왠지 모르게 석연치 않은 구석이 보였던 것이다. 대부분 새 가족들은 한동안 관망을 하면서 조심스럽게 관찰하는 단계를 거친다. 그런데 너무 쉽게 적극적인 행동을 취하는 것이 오히려 의심스러웠던 것이다.

그러다가도 '설마' 하고 고개를 흔들었다. 이렇게 모범적이고 순수해 보이는 분이 그럴 리 없겠지 생각했다. 충성스러운 주님의 일꾼을 이단으로 오해하는 내가 한심스럽기도 하고 주님 앞에서 부끄럽기도 했다. 그렇게 오해하게 만드는 교회 안팎의 여러 현상들이 또한 안타까웠다. 그런데 설마가 사람 잡는다는 말처럼 그분이 조금 이상하다는 말이 전해져 왔다.

　　목사님께서 어떤 분으로부터 S 집사님이 전에 다니던 교회에서 이단으로 들통이 나 쫓겨났다는 소문을 전해 들으신 것이다. 목사님의 지시에 따라 그 집사님의 행적을 추적해 보았다. 마침 그분이 전에 다녔다는 교회에 아는 집사님이 있어서 쉽게 확인해 볼 수 있었다. 그런데 확인 결과 그 말이 모두 사실이었다. 전에 다니던 교회에서는 이 분의 정체를 신천지 이단이라고 했다. 너무나 어이가 없어 할 말을 잃었다.

　　나는 그 집사님에게 면담 요청을 하여 사실 확인을 하는데 자꾸만 아니라고 했다. 그러다가 "다 알고 있습니다. 솔직히 말씀하세요."라고 하였더니 말을 이었다.

　　"예전에 조금 다녔는데 지금은 아니에요."

　　"그럼 예전에 다녔던 곳이 무료 성경 신학을 하는 신천지가 맞지요?"

　　"아닌데요. 무슨 어머니라고 하던데……." 하면서 말을 얼버무렸다. 어머니라는 말에 나는 금방 감을 잡고 "아 그러면 안상홍 증인회군요." 그랬더니 그는 아무 말을 하지 않았다. 소위 말하는 하나님의 신부 여교주 '장길자'를 어머니라고 부르는 이단 안상홍 하나님의 교회를 나는 너무 잘 알고 있었다.

　　그 때부터 그 집사님께 안상홍 증인회가 어떻게 잘못되어 있는지 설명하기 시작했다. 하나님을 사칭하는 인간 안상홍을 하나님으로 믿는 잘못된 이단에 빠져 이렇게 방황하고 다니면 어떻게 하느냐고 목이 아프도록 설명을 했다. 안상홍 증인회 사람들이 성경을 잘못 해석해서 바보 같은 죽음의 길을 가고 있다는 것을 1시간 정도 설명을 하였더니 눈물까지 글썽이면서 이렇게 고백했다.

　　"예전에 조금 다니다가 이제 안 다니는데, 이 교회 좋아서 다니려고 왔더니 못 나오게 하면 그럼 전에 그런 곳에 다녔던 사람들은 교회도 못 다니겠네요!"

"아니에요. 절대로 그렇지 않아요. 다시는 그러지 않으면 돼요. 혹시라도 성도들을 유혹할 생각 같은 거 하지 마시고 교회에서 하는 성경공부 프로그램도 열심히 참석하셔서 지금부터 바르게 신앙생활 하시면 돼요."

그리고 기도하고 헤어졌다. 혼자서 집으로 돌아오는 길은 참으로 씁쓸하였다. 이렇게 한 번 들통이 나면 다른 사람들의 이목이 신경 쓰여서 함께 신앙생활 하기가 어렵게 된다. 이런 분들이 만약 자신의 잘못된 신앙을 인정하고 교회로 돌아온다면 한 영혼을 불쌍히 여기는 마음으로 용납하고 세심하게 주의를 기울여 보살펴야 한다고 생각한다. 또 다시 이단으로 돌아가는 일이 없도록 말씀을 올바르게 가르치고 철저히 훈련시켜야한다.

나는 집사님이 잘못된 이단을 이제는 청산하고 충분히 새롭게 정상적인 신앙생활을 할 수 있는 분이라고 생각되었다. 그런데 그분은 교회를 나오지 않았다.

몇 번 전화를 했지만 연락이 되지 않았다. 너무나 안타까웠다. 마귀가 가장 싫어하는 것은 겸손과 복음 전파이며 어떤 방법으로든 복음 전파를 방해한다. 마귀의 정체는 천사처럼 가장하는 거짓말쟁이다.

참으로 우리는 예수가 여기 있다 저기 있다 하면서 순간순간 유혹하는 마지막 때에 살고 있다. 사악한 영들이 공중 권세를 잡고 우는 사자처럼 우리를 삼키려고 덤벼드는 이때에 영들을 분별할 줄 아는 깨어 있는 성도들이 다 되었으면 좋겠다.

| 사이비 종교 분별법 |

1. 조물주(전지 전능자 하나님)를 신앙의 대상으로 삼고 있는지, 아니면 피조물(해, 달, 별, 식물, 동물, 사람)을 신앙의 대상으로 삼고 있는지에 따라 구별할 수 있다.

2. 사람들이 믿고 있는 신앙의 대상이 악령(미신)인지 성령(성신)인지에 따라 구별할 수 있다.

3. 종교의 가르침 즉 신관(교리)이 과거 현재 미래 그 어느 시대에서도 변

함없이 참다운 진리로 인정되는지 아닌지로 구별할 수 있다.

4. 신관(교리)이 전래되면서 변질되었는지 변질되지 않았는지에 따라 구별할 수 있다.

5. 또 다른 예수를 제시하거나 또 다른 성경을 제시하거나 또 다른 교회를 제시하는 모두를 이단으로 보아야 한다.

　성경이 가르치기를...

양의 탈을 쓴 이리같이 우리에게 접근한다고 하였다(마 7:15).

정상적인 문을 두고 담을 넘는 강도와 도둑같이 역사한다고 하였다(요 10:1).

가만히 거짓 선생이 들어와 그리스도를 부인케 한다고 하였다(벧후 2:1).

성경에 없는 다른 말 즉 거짓말로 현혹한다고 하였다(갈 2:1, 벧전 5:8).

예수 그리스도를 부인케 한다고 하였다(유 1:4, 요 10:8, 벧후 2:1, 행 4:12).

불화를 만든다고 하였다(마 12:12, 19:6, 딤전 4:2-4, 갈 1:8, 5:12, 계 22:18).

그리스도인들을 마귀의 종으로 만들려는 목적으로 세상의 약하고 천한 초등학문을 가지고 공격한다고 하였다(갈 4:9, 롬 8:15).

　디도서 3장 10절에는 이단에 속한 사람은 한두 번 훈계한 후 멀리하라고 하였다. 성도들은 이런 문제를 만났을 때 지체하지 말고 전문 사역자에게 알려야 한다.

　그들을 설득하려다가 말씀의 근거가 부족하면 도리어 그들에게 넘어가기 쉽기 때문이다. 하나님께 맡기고 그들이 깨닫도록 기도하는 것이 지혜로운 방법일 것이다.

11 – 찐빵 어디서 사셨어요

내가 사는 아파트 1층에 30대 중반의 젊은 아주머니가 살고 있었다. 엘리베이터 바로 옆에 있는 집이기 때문에 엘리베이터를 타고 내릴 때 자주 얼굴을 보게 되어 전도 대상자로 삼고 기도하기 시작했다.

"우리 교회에서 이렇게 아름다운 글이 있는 예쁜 그림엽서를 일주일에 한 편씩 보내드리는데 한번 받아보시지 않으시겠어요? 차 한 잔 마시면서 편안하게 읽을 수 있는 좋은 글이 쓰여 있어요. 우리 교회에서 매주 원하는 많은 분들에게 이 편지를 보내 드리는데 받아보는 분들이 다들 좋아하세요. 자매님도 혹시 받아보시지 않으시겠어요?"

아주머니는 한참 동안 생각하더니 "네, 보내주세요."라고 대답했다. 그래서 매주 '이슬비 전도 편지'를 보내게 되었다. 한동안 엽서를 보낸 다음, 때가 되어 복음을 전할 기회를 가지려고 아무리 애써도 항상 이 핑계 저 핑계로 시간을 내주지 않았다.

그녀는 좀처럼 마음 문을 열지 않았지만 포기하지 않고 계속 찐빵봉지에 이슬비 전도편지와 주보와 전도지를 넣어 아파트 현관문 손잡이에 걸어 놓고 왔다. 그녀는 초등학생 아들과 유치원생 딸이 하나 있었다.

"자매님, 자녀 교육을 위해서라도 교회에 나오세요. 이렇게 험한 세상 기도 없이 어떻게 자녀를 키울 수 있겠어요? 하나님께서 보호해 주시고 지혜 주시기를 기도하며 키우시는 것이 자녀교육 성공의 비결이 될 거예요."

그 자매는 내 말을 열심히 듣기만 할 뿐 교회 오겠다는 말을 좀처럼 하지 않았다. 하지만 시간이 지나니 그 자매와 마주칠 때마다 서로 웃으며 인사하는 친절한 사이가 되었다.

전도를 위한 첫 번째 과정은 다정한 사이로 좋은 관계를 만드는 것이다. 내가 만나는 누구나 전도 대상자가 될 수 있기 때문에 언제 누구를 만나든지 친절하게 대하려고 애를 썼다. 그러나 몇 달간의 노력에도 반응이 없자 나는 당분간 찾아가지 않기로 하고 대신 이슬비 편지만 계속 발송해 드렸다. 힘이 빠지기도 했지만 좋은 관계를 계속 유지하며 기도하다 보면 언젠가 꼭 교회에 나오게 되어 있다는 것을 알기에 낙심하지 않았다.

그 후 한 달이 넘은 어느 날, 문서 선교회 이슬비 전도 편지 발송부서에서 K 집사님이 편지 글을 쓰면서 이런 말을 했다.

"전도사님! C 아파트 104호에 사는 사람이 제 친구인데요, 전도사님 가져다주시는 찐빵을 어디서 샀냐고 물어 보았어요. 너무 맛있대요."

"어머! 그래요? 알았어요. 맛있는 안디옥 찐빵이에요. 제가 다음 주에 가지고 갈게요. 그런데 그분이 집사님 친구셨군요. 그럼 보실 때마다 교회 가자고 말씀해 보세요."

"그럼요, 교회 가자고 얘기했지요. 그런데 통 마음 문을 안 여네요."

순간 나는 누군가 섬길 수 있다는 것이 감사하고 행복했다. 그리고 그분이 나를 기다리는 것 같아서 더욱 기뻤다. '혹시 마음 문이 열렸을까? 교회 나올 생각은 하지 않았을까?' 이런 생각들을 하니 빨리 가보고 싶었다.

나는 다음 주를 기다릴 것도 없이 설레는 마음으로 다음날 찐빵을 사들고 찾아갔다. 그런데 남편이 집에 있다는 이유로 밖에서 안절부절못하며 복음 전할 기회를 주지 않았다. 그는 고마워하면서도 어딘가 모르게 불안한 모습이 보였다. 남편이 어떤 시험을 보기 위해 공부하는 중이라고 하였다.

"남편이 꼭 좋은 결과를 볼 수 있도록 기도 할게요. 인간의 생사화복은 하나님께서 주관하고 계세요. 자매님이 교회에 나오시면 모든 일이 훨씬 더 쉽게 풀리게 될 거예요."

나는 이 말을 남기고 돌아서야만 했다. 전도 대상자로 삼고 기도한 지 어느덧 6개월이 훨씬 넘었다. 더 많이 기도하고 다시 기회를 가져야 되겠다고 생각했다.

그에게서 반응이 보이지 않는다고 곧바로 낙심하고 포기해 버린다면 그 생명은 구원받을 기회가 그만큼 멀어지게 될 것이다.

전도는 끝까지 포기하지 않는 것이 성공의 비결이다. 아무리 거절하더라도 그 영혼을 위해 기도하고 섬기다가 결정적인 순간이 올 때 그 기회를 놓치지 않고 복음을 정확하게 전해 주기만 하면 80%는 성공한 셈이 된다.

마음을 움직여 주시는 분은 하나님이시다. 하나님은 우리의 인내의 믿음을 보시고 역사하셔서 주님의 품으로 인도해 주신다.

그즈음 내게 새벽 기도회를 인도할 기회가 주어졌다. 예배 인도가 끝나고 맨 앞줄 의자에 엎드려 기도를 드렸다. '하나님! 우리 교회가 세상을 천국 길로 인도하는 구원의 방주가 되게 하시고 복음의 등대가 되게 하옵소서!' 이어서 전도 대상자들과 기도가 필요한 성도들의 문제들을 놓고 간구를 하는데 갑자기 내 눈앞에 펼쳐지는 광경이 있었다. 한 사람씩 이름을 불러 가며 기도할 때마다 이 세상에서 볼 수 없는 찬란한 꽃이 한 송이씩 한 송이씩 차례대로 피어나는 것이었다. 색깔도 모양도 제각기 다른 너무나 아름다운 꽃들이 꽃밭을 이루어나갔다.

나의 전도 대상자들이 예수님을 영접하게 되어 하나님 보시기에 이렇게 아름다운 꽃으로 피어나길 간절히 소망하며 기도한다. 이루시는 분은 하나님이시니 그저 최선을 다할 뿐이다. 이 세상 그 무엇과도 바꿀 수 없는 주님이 나는 너무 좋다.

"지금까지는 너희가 내 이름으로 아무 것도 구하지 아니하였으나 구하라 그리하면 받으리니 너희 기쁨이 충만하리라"(요 16:24).
"주의 손가락으로 만드신 주의 하늘과 주께서 베풀어 두신 달과 별들을 내가 보오니 사람이 무엇이기에 주께서 그를 생각하시며 인자가 무엇이기에 주께서 그를 돌보시나이까"(시 8:3-4).

12 – 전도자 김혜숙

　　김혜숙 집사님은 오랫동안 나와 같이 전도를 다니신 분으로 우리 교회에서 전도를 가장 많이 한 분이다. 처음에는 섬기던 교회가 너무 멀어 우리 교회 새벽기도회만 출석을 하였다. 그 당시 가끔 새벽기도회 때 내게 말씀을 전할 기회가 주어지면 전도에 관련된 말씀을 전했더니 집사님이 도전을 받으신 것 같다. 하루는 새벽기도를 마치고 오는 길에 교회 앞에서 집사님과 마주쳤다.

　　"전도사님, 할 말 있어요. 나도 전도하고 싶어요! 전에는 전도를 꽤 많이 했는데 요즘은 수년간 쉬고 있어요. 나도 전도사님 따라다니며 전도하고 싶은데 그래도 되나요?"

　　전도하고 싶은 마음을 누가 말릴 수 있을까.

　　"네, 그렇게 하세요! 전도 하시던 분이 쉬시면 안 되지요."

　　나는 가볍게 흘려 말했다.

　　그 일이 있은 지 얼마 후 또 다시 새벽기도회를 마치고 교회 앞에서 집사님과 마주쳤다. 이번에는 내게 꿈 이야기를 하셨다.

　　"전도사님, 내가 어젯밤 전도사님 꿈을 꾸었어요. 꿈에 전도사님이 옷을 벗어서 나에게 입혀 주고 신발도 벗어서 나에게 신겨 주면서 전도 왕 상을 받으라고 하셨어요. 이게 무슨 꿈이에요?"

　　나는 웃으면서 대답했다.

　　"아니 집사님, 그렇게 쉬운 것을 물으세요? 전도사가 입던 옷 입혀 주고 복음의 신발도 벗어서 신겨 주고 영적 전쟁에서 승리하여 상 받으라고 했으면 전도를 많이 해서 전도 왕 상 받는 좋은 꿈인 것 같은데, 부지런히 전도하세요. 성령의 전신갑주를 취하고 평안의 복음이 예비한 것으로 신을 신은 좋은 꿈인 것 같네요. 하나님께서 복음의 일꾼으로 귀하게 사용하실 것을 보여 주신 꿈이 아니겠어요?”

그랬더니 그 다음 주일부터 우리 교회에 출석하면서 나와 함께 본격적으로 전도를 하기 시작했다. 그 후부터 집사님과 나는 함께 전도를 다니며 합력하여 선을 이루는 좋은 파트너가 되었다.

내가 전도하는 것은 어떻게 보면 소극적일 수 있다. 전문적으로 전도만 하는 사역이 아니고 교회 안에서 전임 사역자로 맡은 일이 있기 때문이다. 나는 1주일에 한 번씩 전도특공대가 가동될 때와 심방 다니다가 생각지 않게 만나는 사람들이 있을 때 전도를 할 수 있었다. 특별히 전도 도움을 요청받는 일 외에는 전적으로 전도에 매달리는 것이 힘들었다. 그럼에도 불구하고 ‘어디 전도할 사람 없나’ 하고 세상을 바라보니 내 눈에는 항상 전도 대상자들이 잘 보였다. 그래서 1년이면 몇 십 명씩 등록을 시킬 수 있었다.

그런데 김혜숙 집사님은 전도를 전문적으로 할 수 있는 모든 여건을 다 갖추고 있었다. 남편도 믿음의 사람이어서 모든 부분에서 협조해 주었고, 두 아들 역시 장성하여 큰아들은 결혼하여 좋은 직장에서 근무를 하고 둘째아들은 의과대학을 졸업하고 병원에서 근무한다. 하나님께서 주신 복도 감사하고 믿음도 있다 보니 주님께서 가장 기뻐하시는 영혼 살리는 일에 아낌없이 헌신을 하셨다. 집사님이 전도에 헌신하는 모습은 너무나도 보기 좋고 감동적일 때가 많았다. 가정이 평안하고 안정돼 있으면 전도를 더 잘할 수 있기 때문에 이를 위한 기도가 매우 중요함을 집사님을 통해서 더욱 깨닫게 된다.

집사님은 나와 함께 전도를 하다 보니 방법도 나와 똑같았다. 이제는 안디옥 찐빵 집에 나보다도 더 자주 드나드셨다. 그야말로 자존심 체면 명예 다 버리고 적극적인 전도를 하셨다.

이분에게 한번 걸리면 교회 안 나오고는 못 배긴다는 소문이 날 정도로 전도대상자를 적극적으로 방문하셨다. 이것저것 듬뿍 선물 공세를 하니 마음 약한 사람들은 미안해서라도 교회에 나올 수밖에 없었다. 예수님을 사랑하는 마음이 있으면 자연스럽게 영혼을 사랑하게 되고 그 마음이 밖으로 나타나게 되어 있다.

집사님은 항상 새벽 일찍 교회에 나와 가장 늦게까지 기도하며 기도를 쉬지 않으셨다. 그렇게 전도 대상자들을 놓고 기도하니 하나님께서 그분을 사랑하시지 않을 수 없을 것이다. 또 전도 대상자들에게 물질을 아끼지 않고 갖가지 야채며 밑반찬들을 공급하는 일을 쉬지 않았다. 맛있다고 하면 그 말이 떨어지자마자 그 것을 공급해 주었다. 전도 대상자가 옷가게를 하면 본인이 필요하지 않아도 전도를 위해 비싼 옷들을 주저하지 않고 사서 다시 전도 대상자들에게 그 옷을 가져다주신다. 교회가 필요한 주방 그릇을 살 때도 전도를 위해 물건을 사고 만나는 모든 사람들을 전도 대상자로 삼는다.

봄에는 파, 시금치 열무 등 온갖 야채들을 풍성하게 담아 전도대상자들의 집 앞에 갖다 놓고서는 전화로 '맛있게 드세요!' 하며 인사를 하고, 여름에는 풋고추며 상치를, 가을에는 달고 맛있다고 소문난 노랑 고구마를 먼 곳까지 가서 몇 박스씩 사가지고와 전도 대상자들에게 나눠 주기도 했다. 손도 크고 풍성하여 인심 좋은 집사님을 모두들 좋아하고 어디를 가든 환영했다. 그렇게 되니 전도를 잘할 수밖에 없었다.

우리 마음을 비우면 아무리 가난해도 인심 좋은 사람이 될 수 있고, 모두들 가까이 지내고 싶은 사람이 될 수 있을 것이다. 그렇게 될 때 주님의 사랑과 이웃 사랑을 동시에 받을 수 있게 되고 더불어 전도도 잘할 수 있게 된다. 전도에 물질의 희생과 시간의 희생은 필수적이다.

우리가 불렀던 찬양 중에 이런 가사가 있다.

"사랑은 참으로 버리는 것, 버리는 것, 더 가지지 않는 것/

쓰고 나눠 주면 풍성해져 하늘에 가득 차네/
사랑은 참으로 버리는 것 더 가지지 않는 것"

이 찬양이 얼마나 진리인지 그리고 얼마나 아름다운 찬양인지 모른다.
다 버리고 주님을 따르면 주님은 더 풍성하고 좋은 것으로 채워 주신다는
진리를 우리는 입으로만 '아멘' 할 뿐 실지로는 믿지 못하는 현실이 너무나
안타깝다.

요즘은 우리가 얼마나 돈을 좋아하고 사랑하는지 이런 말도 있다고 한
다.
아브라함이 이삭을 바친 비유를 들어
"아들을 바칠 겁니까! 아니면 돈을 바칠 겁니까!"
"차라리 아들을 바칠지언정 돈은 못 바치겠습니다."
웃자고 하는 얘기겠지만 그만큼 우리는 물질 이야기만 나오면 신경이
예민해지고 마치 내 것인 양 쥐고 놓지 않으려고 한다. 하나님께 모든 것을
맡긴다고 해놓고선 축복의 비결인 물질의 주재권만은 포기하지 않으려고
한다.

그렇게 열심히 전도하던 김 집사님을 하나님께서도 하늘의 복되고 좋
은 것으로 갚아 주시는 것을 여러 번 보았다. 쓰고 나눠 줘도 풍성해진다는
가사는 그야말로 그분의 것이었다.
"전도사님, 전에 산 아파트를 팔았는데 이렇게 많이 남게 해 주셨어요."
"이번에 산 아파트가 이렇게 많이 올랐어요."
"전에 살던 주택을 팔려다 그냥 놓고 아파트로 이사를 갔는데 그 동네
에 세무서가 들어오는 바람에 이만큼 올랐어요."
"우리 시아버님이 용돈을 이만큼 주셨어요."
이런저런 이야기를 내게 해주셨다. 적게 심은 자는 적게 거두고 많이

심은 자는 많이 거둔다는 하나님의 수확의 법칙을 똑똑히 보여 주는 삶을 사셨다.

그렇게 열심히 전도를 한 김혜숙 집사님은 그해 실제로 우리 교회에서 전도를 가장 많이 하여 전도왕 상을 받았다. 결국 그의 꿈이 이루어진 것이다. 그 후에 권사님이 되시더니 지금은 전도사님이 되어 충성하고 있다. 전도자에게는 담대함과 열심도 필요하고 끈기와 희생과 헌신과 지혜도 필요하다. 이것을 우리 모두 이론적으로는 잘 알고 있지만 실천하는 사람은 드물다.

나는 그 김혜숙 전도사님이 존경스럽고 참으로 귀해 보인다. 그분에게서 진실로 영혼을 사랑하는 마음이 보이기 때문이다.

"그가 우리를 위하여 목숨을 버리셨으니 우리가 이로써 사랑을 알고 우리도 형제들을 위하여 목숨을 버리는 것이 마땅하니라 누가 이 세상 재물을 가지고 형제의 궁핍함을 보고도 도와 줄 마음을 닫으면 하나님의 사랑이 어찌 그 속에 거하겠느냐 자녀들아 우리가 말과 혀로만 사랑하지 말고 행함과 진실함으로 하자"(요일 3:16-18).

내가 사는 아파트의 젊은 부부를 전도하기 위해 오랫동안 섬겨왔다. 같은 동에 살다보니 더 자주 찾아보게 되었다.

일반적으로 전도를 좀 더 효과적으로 하기 위해서는 전도 대상자의 집과 교회와의 거리가 걸어서 20~25분 이내, 혹은 차로 25분이 넘지 않는 거리이면 좋다. 전도 대상자들을 자주 찾아볼 수 있고 교회에 나오기도 쉬운 거리이기 때문이다.

그 젊은 부부는 우리 집에서 가까워 자주 찾아보고 대화를 나누다 보니 쉽게 친해질 수 있었다. 알고 보니 그분에게 큰 고민이 있었다.

예쁜 딸이 태어나면서부터 심장에 구멍이 나 있었는데 병원에서는 자라면서 자연 치유가 되기도 하지만 만약 자연 치유가 안 되면 수술을 해야 된다는 것이었다.

그래서 정기적으로 병원에서 검진을 받고 있었다. 이렇게 가정의 문제를 알게 되면 전도에도 도움이 된다.

"은숙씨! 우리 교회에 나오시면 중보 기도팀이 있어요. 교회에 나오셔서 그분들과 합심하여 기도하면 빨리 치료가 될거예요. 예쁜 딸이 수술하지 않고 하나님의 기적으로 고침 받을 수 있도록 교회에 나오세요. 목사님과 성도들이 함께 기도하면 하나님께서 빨리 고쳐주실 거예요." 이렇게 말씀드렸다.

알고 보면 문제없는 가정이 없다. 그래서 전도할 때 좋은 친구가 되어 자연스럽게 문제를 털어 놓고 상담을 하게 하는 것이 전도의 끈이 되는 경우가 많다. 은숙씨가 교회에 나오지는 않았지만 갈 때마다 가정과 자녀들을 위해 기도해 드렸다.

그리고 그해 우리 교회 전도 축제 행사 때 은숙씨는 드디어 교회에 나왔다. 그녀는 주일날 남편이 놀러 가자고만 하지 않으면 교회를 잘 출석할 수 있다고 했고 아이들도 주일학교에 잘 적응했다. 이제는 남편이 교회를 나올 수 있도록 기도할 차례다. 가족이 함께 신앙 생활하는 것이 가장 큰 복인 것 같다.

그런데 교회를 등록하고 출석을 잘하던 성도님이 이사를 가게 되었다. 그 때까지만 해도 신앙이 깊지 않았기에 이사 간 집과 교회가 너무 멀다는 이유로 이사한 지 한 달이 넘도록 교회를 나오지 않았다. 심방을 가서 몇 번을 권유해도 반응이 없었다. '가까운 교회라도 나가면 될 텐데……,' 하는 마음으로 양보도 해 보았다. 그랬더니 그분은 가까운 교회에 가보았다고 했다. 그런데 적응이 잘 안 되어 쉬고 있다고 한다.

나는 같은 지역에 가정 교회도 편성이 되어 있고, 성도님이 살고 있는 아파트 가까이에 우리 교인들이 얼마나 많은데 자꾸 핑계 대느냐면서 그동안 잘 적응해온 교회에서 쉽게 떠나지 말 것을 권유했다.

믿음이 약한 자들은 이럴 때 누군가 붙잡아 주지 않으면 바쁜 일상을 핑계로 교회 출석을 포기해 버리는 경우가 많다. 그러기에 나로서는 그냥 보고만 있을 수가 없었다.

더욱이 내가 정성들여 전도한 사람이었기에 관심을 더 가지게 되었는지도 모른다. 몇 주가 지나도 반응이 없자 목사님께 성도님 이야기를 꺼냈다.

"최 성도님이 교회가 멀어서 나오기 힘들다고 해요. 우리 교회 성도들도 꽤 많이 살고 있는 지역이고 길이 막히지 않으면 그렇게 먼 거리도 아닌데 자꾸 핑계를 대는 것 같네요. 그렇다고 다른 교회 나가지도 않으면서요.

그랬더니 목사님께서 한참 생각하시다 말씀하셨다.

"교회가 너무 멀면 사실 초 신자는 나오기 힘들지요. 가까운 교회로 가도록 하는 것이 좋을 수도 있고. 이런 경우는 어쩔 수 없는 일이지요."

목사님의 말씀을 듣고 보니 그 말씀이 옳다고 느껴졌다. 구태여 내 교회만 고집하며 욕심 부리기보다는 멀리 이사를 가면 가까운 교회에서 편하게 신앙생활을 하게하는 것도 나쁘지 않다고 생각했다.

그런데 나는 그동안 그를 전도했던 일을 생각했다. 그 한 생명이 교회에 나오기까지 많은 시간 기도하며 정성을 들인 끝에 주님 품에 돌아 온 것이다. 그런 그 가족이 믿음이 예쁘게 성장하는 모습도 보고 싶고 교회에 잘 정착할 수 있도록 인도해 주고 싶었다. 겨우 시작한 신앙생활을 포기하면 어쩌나 하는 생각도 들었다.

거기다 가까운 교회에 나가 봤지만 적응이 안 되었다는 이야기도 들은 터라 이번에는 마지막이라는 생각을 하고 다시 심방을 갔다. 먼저 예배를 드린 다음 이렇게 말했다.

"제가 목사님께 성도님이 멀리 이사 가서 교회를 나오지 못하겠다고 해요, 라고 말씀 드렸더니 목사님께서 한숨을 훅--- 쉬시며 안타까워 하셨어요."

그랬더니 갑자기 눈을 똥그랗게 뜨고 나를 한참 동안 쳐다보며 무슨 생각을 하는 것 같았다. 사실 이렇게 말한 데는 이유가 있었다.

〈어떤 교회에 낚시 광 집사님이 있었다고 한다. 하도 주일을 빼먹으며 낚시를 다니니까 어느 날 심방 도중에 목사님이 화가 나서 다음에 또 주일날 낚시 가면 감기나 걸려 버려라 하면서 웃으셨다고 한다. 그런데 심방 중에 그 말씀을 들은 권사님이 낚시 광 집사님을 찾아가 고자질을 하였다. "집사님! 목사님께서 집사님이 다음에 또 주일날 낚시 가서 새벽까지 계시다가 감기 걸릴까봐 걱정된대요." 이 말을 들은 낚시 광 집사님이 갑자기 낚싯대를 들고 교회로 찾아갔다. 집사님은 목사님 앞에 무릎을 꿇고 울면서 "내가 다시는 주일날 낚시 가지 않겠습니다. 잘못했습니다. 용서해 주십시오." 하면서 가지고 간 낚싯대를 목사님이 보는 데서 다 부러뜨렸다고 한다.〉

갑자기 이 말씀이 떠올라 나도 용기를 내어 순간 그렇게 말을 했지만 과연 효과가 있을지, 어떻게든 교회를 포기하지 않게 하려다 보니 이런 거 짓말까지 하게 되었지만 말하는 내내 마음이 편치 않았다. 괜한 말을 한 것은 아닌지. 이렇게까지 해야 되는지...

그런데 그 다음 주일날 최 성도님이 아이들과 함께 활짝 웃는 얼굴로 교회에 출석을 했다. 얼마나 좋던지 전도해서 처음 등록할 때보다 더 기뻤다.

너무 감사해서 그 주간에 다시 심방을 갔다.

"성도님 감사해요. 지난주일 교회 오는데 멀어서 힘들지 않았어요?"

내 질문에 뜻밖의 대답을 했다.

"전도사님! 그렇게 멀지 않아요! 주일날이라 차가 막히지 않아서 20분도 채 안 걸렸어요."

"그렇군요. 그런데 어떻게 교회 나올 생각을 했어요?"

"전도사님, 사실은 지난주 전도사님이 얘기하실 때 저 때문에 목사님이 한숨을 훅 쉬셨다고 하셨잖아요. 그때 많은 생각을 했어요. 내가 뭐라고 목사님께 심려를 끼쳐 드리고 또 염려하시게 해요. 너무 미안해서 열심히 다녀야지 하고 그날 굳게 마음먹었어요."

그 말이 내게 어찌나 큰 위로가 되던지, 순간 무거웠던 내 마음이 너무 가벼워졌다. 전도해서 교회에 등록 시키는 것도 중요하지만 믿음이 잘 자랄 수 있도록 교회에 정착시키는 일은 더욱 중요한 일이다. 앞으로 열심히 나오겠다는 말에 나는 더욱 기뻤다. 답답한 마음에 나름대로 머리를 써서 이야기 해놓고 돌아오면서 '내가 별짓을 다하고 다니는구먼. 주님 내가 이래도 되는지 모르겠습니다. 그래요 이번에도 안 나오면 그만 포기할게요.' 했었는데...

그 후로 성도님은 교회를 빠지지 않고 열심히 출석했다. 그의 예쁜 딸은 건강이 점차 좋아져서 우선은 수술이 필요 없겠다는 진단을 받았다. 모든 것이 주님의 은혜였다. 그런데 얼마 지나지 않아 성도님은 자기보다 더 멀리 살고 있는 올케를 전도했다. 교회에서 꽤 멀리 떨어져 살고 있는 올케 언니의 집에 심방을 갔더니 남편은 직장 따라 중국에 가 있는데 시누이가 하도 교회를 가자고 하여 나가게 되었노라고 했다. 이처럼 나중된 자가 먼저 되는 경우가 있기에 그가 자라서 교회의 기둥같이 쓰임 받는 일꾼이 될 때까지 서로 섬기고 도와야 할 것이다.

"이기는 자는 이와 같이 흰 옷을 입을 것이요 내가 그 이름을 생명책에서 결코 지우지 아니하고 그 이름을 내 아버지 앞과 그의 천사들 앞에서 시인하리라" (계 3:5).

14 – 찐빵 전도

병원에 입원한 환자를 심방 하고 오는 길에 안디옥 찐빵 집에 들러 찐빵 다섯 봉지를 샀다. 내가 애용하는 이 찐빵 집은 안디옥교회에서 운영하는데 수익금은 선교비로 사용한다고 했다.

'안디옥 찐빵'은 크기도 하고 맛도 있어 이 지역에서 인기가 많다. 거기에 값도 싸다. 천 원짜리 두 장을 내면 커다란 빵 여섯 개를 깨끗한 비닐 봉지에 이중으로 싸서 넣어 준다. 모든 작업을 수작업으로 하는 이 찐빵을 사려면 미리 예약을 하고 빵이 나올 때까지 기다려야 한다.

나는 그 찐빵봉지 안에 전도지와 엽서, 주보 등을 넣어서 전도대상자들에게 정성껏 전해 준다. 만약 방문한 집에 사람이 없을 때는 집 문고리에 걸어 놓고 온다. 하루 종일 밖에서 일하고 집에 들어오다가 대문 앞에 있는 간식거리를 보면 마음이 따뜻해지리라 상상하며 시작한 일이다. 물론 매번 그 찐빵만 가져다주는 것은 아니다. 좀 싫증날 것 같으면 떡을 사서 넣기도 하고 제과점 빵을 넣기도 한다.

우선 찐빵 다섯 봉지를 차에 실었다. 아직도 따뜻하다. 오늘 첫 방문코스는 우리 동네 대형 마트 앞에 있는 미용실로 정했다.

미용실로 들어서니 원장님은 손님의 머리를 손질하느라 바쁘게 손을 움직이고 있었다. 마침 한 명의 손님이 차례를 기다리며 여유롭게 앉아 있었다. 원장님이 조금 한가해 질 때까지 그분에게 교회를 소개해야겠다고 생각했다.

"안녕하세요. 저는 예닮 교회 유현숙 전도사예요. 저희 교회는 목사님도 너무 훌륭하시고 참 좋은 성도님들도 많이 계세요. 오셔서 좋은 사람들과 함께 교제도 나누시고 신앙생활 함께 해보시지 않겠어요?"

그러나 그는 내 말에 관심도 기울이지 않고 못 들은 척 대꾸도 없었다. 나는 그분을 접고 가만히 원장님 얼굴을 살펴보니 처음부터 말 한마디라도 잘못했다가는 혼쭐이 날 것만 같은 쌩한 느낌이 들었다. 나는 한 손에는 전도 가방을 들고 한 손에는 찐빵 봉지를 들고 한참 서 있다가 원장님을 향해 어렵게 입을 뗴었다.

"하나님은 자매님을 사랑하시며 자매님을 위한 놀라운 계획을 가지고 계신답니다. 우리 모두는 죄인이에요. 그런데 하나님은 우리 죄를 씻어 주시기 위해서 예수님을 보내 주셨어요."

거기까지 말씀을 드리는데 갑자기 원장님이 인상을 쓰며 나에게 톡 쏘아 붙였다

"이보세요. 지금 그런 얘기 듣고 싶지 않아요!"

나는 너무 무안해서 얼굴이 화끈거렸다. 어찌할 바를 몰라 잠시 머뭇거리다가 기어 들어가는 목소리로 "죄송합니다. 바쁘신데 그럼 다음에 다시 들릴게요. 이것 맛있게 드세요." 하고 탁자 위에 찐빵을 올려놓고 얼른 밖으로 나왔다.

그날따라 내 모습이 어찌나 초라해 보이던지 마치 누군가에게 구걸하다가 쫓겨난 느낌이었다.

'아! 그래서 아침에 바빠도 멋도 좀 부리고 당당한 모습으로 나올 걸. 다 내 잘못이지.'

괜히 애꿎은 내 치장만 탓했다. 사실 그 미용실에 멋지게 차려 입고 갔어도 복음에 대해 마음의 문이 열리지 않은 그들은 나를 박대했을 것이 뻔했겠지만 나는 내 치장 탓으로 돌리며 내 마음을 위로했다. 사실 자주 당하는 일이라서 이제는 이런 박대에 이력이 나 있다.

아직 남은 빵을 들고 다음 집으로 향했다. 다음 전도 대상자는 새로 지은 연립 주택에 사는 40대 초반의 전영실 아주머니다.

얼마 전 우리 교회 앞 공원에서 어떤 여자 아이가 넘어져 울고 있는 것을 보고 교회 사무실로 데려다가 상처 난 팔을 치료해 주었다. 그때 그 아이를 치료하면서 물어 보았다.

"부모님은 교회 다니시니?"

"아니요!"

"어디 사니?"

"연립주택이요."

"전화번호는?"

이렇게 해서 아이를 통해 정보를 알게 되어 전도 대상자로 삼은 것이다.

그 자매에게 여러 번 찐빵과 전도지를 드렸더니 미안해하면서 다음에 시간 나면 교회 나가겠다고 말했었다. 자매의 마음이 하나님을 향해 열려지기를 기도하고 있는 중이었다.

내가 그 연립주택 앞에서 막 주차를 하고 있을 때 휴대폰이 울렸다. 나는 한 손으로 전도가방과 찐빵을 들고 한 손으로 차 문을 닫으면서 불편한 자세로 전화를 받았다.

"유현숙입니다."

수화기 저쪽에서 좀 전에 그렇게 나를 무안하게 했던 그 미용실 원장님의 음성이 들려 왔다.

"여기 미용실이에요. 봉지 속에 든 주보를 보고 연락을 드렸어요. 찐빵을 놓고 가셨네요! 맛있게 먹고 있어요. 아까는 죄송했어요. 다음에 오셔서 좋은 말씀 많이 해 주세요."

그 말을 듣는 순간 서운했던 마음이 모두 사라져 버렸다. 나는 금새 맑고 경쾌한 목소리로 대답했다.

"네 맛있게 드세요. 다음에 또 가지고 갈게요."

우리 주님은 결코 나를 초라하게도 기죽게도 하지 않으셨다. 전도할 때 빈손 들고 가지 않는 이유가 여기에 있다. '이 맛에 아침마다 전도가방 챙겨 들고 집을 나서지…' 혼자 중얼거리며 3층에 있는 영실씨의 집으로 올라 가는 발걸음이 너무 가벼워 언제 다 올라왔는지도 모르게 도착하였다.

"자매님! 예닮 교회에서 왔습니다."

마침 영실씨가 문을 열고 반겼다.

"모처럼 만났네요. 오늘은 집에 계셨네요?"

"네, 일이 좀 있었어요. 자꾸 이러시니 미안하네요. 사실 남편은 정읍에 서 식당을 하고 저는 얼마 전에 직장에 들어갔어요. 그래서 일요일이나 쉬 는 날에는 아이를 데리고 남편이 있는 정읍에 가느라 교회를 가고 싶어도 못 가요."

"네, 그러셨군요. 형편상 교회에는 못 나오셔도 믿음을 가지려고 노력 하시면 하나님께서 교회 오실 수 있는 기회를 마련해 주실 거예요. 이거 맛 있게 드세요."

그리고 찐빵을 내밀었다. 전도를 할 때 상대방의 필요를 무엇으로든 채 워 줄 수 있어야 한다. 웃는 얼굴, 긍정적인 말, 위로의 말 음식 등으로 사 랑이 전해질 때 반응도 빠르다.

우리의 수고를 보시고 성령님께서 도와주신다. 전도는 심고 뿌리고 가 꾸고 정성을 쏟은 다음에 추수를 하는 것과 같다. 어떤 경우는 기도만 많이 해도 교회가 부흥한다고 하지만 전도하지 않고 기도만 많이 한 교회가 부 흥한 경우는 그리 흔치 않다.

기도를 많이 하는 것, 성경 공부를 많이 하는 것, 예배를 열심히 드리는 것, 성경을 열심히 읽는 것, 모두 당연한 일이다. 그다음 단계는 반드시 전 도를 하러 나가야 한다고 생각한다. 내 발을 움직여서 전도 대상자를 만나 러 가야하고 내 손은 선행을 베풀어야 하고 내 입은 반드시 복음을 증거 해 야만 한다. 그러다 보면 어느새 자신의 신앙도 성숙해 지고 교회도 부흥되 어 있는 모습을 보게 된다. 우리 모든 그리스도인들이 전도를 실천하며 산 다면 우리 민족의 복음화가 얼마나 앞당겨지겠는가.

'주님! 전도의 사명을 감당할 수 있도록 나에게 영혼을 불쌍히 여기는

마음을 주시고, 두려움 없는 담대한 믿음을 주옵소서.'

"내가 복음을 전할지라도 자랑할 것이 없음은 내가 부득불 할 일임이라 만일 복음을 전하지 아니하면 내게 화가 있을 것이로다"(고전 9:16).

▲헤네라시온 교회에서 급식 사역
(사역전 성경공부 시간)

15 – 심방 주소 잘못 보고

매일 아침에 드리는 교역자 예배를 마친 다음 담당교구 성도님들 중에 결석을 했거나 가정에 문제가 있는 성도들을 대상으로 심방을 한다. 또 아직 잘 정착하지 못한 새 가족들도 나의 심방 대상이 된다.

그날도 예배를 마친 후 담당구역 총무님들이 체크해 온 출석부와 함께 전도 가방을 챙겼다.

'주님! 오늘은 누구를 만나게 해 주시렵니까. 주님께서 기뻐하시는 만남들이 있기를 원합니다. 부족한 종에게 능력과 지혜를 주셔서 복된 만남이 있게 하시고 한 생명이라도 세워 주고 살려 주고 소망을 주는 귀한 사역들이 되게 하여 주옵소서.'

묵상 기도를 드리고 등록한 지 얼마 되지 않은 결석자를 첫 번째 심방자로 선택하고 그 댁으로 향하였다. 성도님의 아파트 현관문 앞에서 벨을 계속 누르며 '성도님! 성도님!' 하고 아무리 불러도 안에서 인기척이 없다. 내가 생각해도 좀 지나치다 싶을 그때 복도 먼발치에서 아주머니 한 분이 집 앞에서 동동거리는 나를 보고 말했다.

"아주머니! 거기 사람 안 살아요! 그 집 이사 간지 오래 되었어요!"

"아~ 네 그래요? 참 이상하다. 이사 간다는 말씀을 하지 않았는데, 아무튼 감사합니다."

나는 '그럴 리가 없는데' 하고 얼른 교회요람과 출석부를 확인해 보니 동과 호수는 맞았는데 아뿔싸 내가 전혀 다른 아파트에 와 있는 것이다. J 아파트로 간다는 것이 그만 C 아파트로 잘못 온 것이었다.

"잠깐만요. 아주머님."

아파트를 잘못 찾은 것은 나중 일이고, 지금 내 앞에 나타난 아주머니에게 강하게 이끌렸다. 아주머니는 엘리베이터를 타려고 서 있었다. 나는 행여 이 기회를 놓칠세라 아주머니가 서 있는 곳으로 곧장 달려갔다.

"아주머니, 지금 바쁘세요?"

"저 지금 잠시 가볼 데가 있어요!"

"그러시군요. 하지만 5분이면 돼요. 잠시만 시간 좀 내주시면 안 될까요?"

"안 돼요. 빨리 가봐야 돼요."

"그래요. 그럼 3분이면 돼요."

나는 상대방의 의사도 무시한 채 무조건 복음을 설명하기 시작했다.

"이 책을 '글 없는 책'이라고 해요. 이 색깔들을 한번만 봐주세요. 성경에 모든 사람이 죄를 범하였으매 하나님의 영광에 이르지 못한다고 말씀하셨어요. 우리 모두는 죄인이에요. 이처럼 온통 새까만 죄인이지요(검은 색을 보여주며). 그래서 이 아름다운 천국을 갈수 없게 되었어요(황금색). 하나님은 너무나 거룩하신 분이시라서 우리에게 죄가 조금만 있어도 이 거룩한 하나님이 거하시는 나라에 가지 못해요. 그럼 어떤 사람이 갈 수 있을까요? 바로 이렇게 깨끗하게(흰색) 죄를 씻은 사람만이 이 아름다운 천국에 갈 수 있는 것이지요. 그런데 우리 힘으로는 도저히 이렇게 새까만 죄를 이처럼 하얗게 씻을 수가 없어요. 그런데 하나님은 우리를 사랑하셔서 그 아들 예수님을 이 땅에 보내 주셨어요(빨간색). 그 예수님께서 자매님의 모든 죄를 씻어 주시기 위해 십자가에 대신 죽으시고 피 흘려주셨어요. 그리고 자매님을 살리시기 위해 3일 만에 다시 부활하셨어요. 예수님이 자매님의 죄를 위해 피 흘려 죽으시고 3일 만에 부활하셨다는 것을 믿기만 하면 지금까지 지은 모든 죄(검정색)를 깨끗이 씻어 주셔서 이처럼 거룩한(흰색) 성도, 하나님의 백성이 되어 천국(황금색)에 들어갈 수 있는 자격이 주어지는 거예요. 우리가 예수님을 믿는 이유는 바로 죄 씻음 받기 위함이며 이렇게 죄를 씻음 받아야 천국에 갈 수 있기 때문에 예수님을 믿는 거예요. 예수님을 믿는 것은 무엇보다 급하고 중요한 일이에요."

나는 짧은 시간에 재빠르게 복음을 설명했다. 쉬지 않고 얼마나 설명을 빨리 했는지 채 2분도 걸리지 않았다. 그런데 바쁜 일이 있다던 그분이 가지 않고 서서 '글 없는 책'을 열심히 쳐다보며 다 듣고 계셨다.

"혹시 신앙생활 하시나요?"

"아니요!"

"자매님! 가족 중에 신앙생활 하시는 분이 계신가요?"

"네! 우리 아들이요."

"어느 교회 다니는데요?"

"예닮 교회요."

"어머 그럼 우리 교회네! 이름이 누구세요?"

"이경주요."

"어머나! 그럼 우리 교회 고등부 회장 이경주 학생이 아드님이란 말씀이세요?"

"네!"라고 대답하면서 수줍게 미소를 지으셨다.

"아이고. 하나님께서 오늘 내게 왜 이 아파트로 잘못 찾아오게 하셨는지 그 이유를 알겠습니다. 바로 경주 어머님을 위해 하나님께서 보내셨군요."

"호호호.......아니에요. 저 지금 바빠요."

"네, 알겠습니다. 오늘은 바쁘시니까 그냥 가시구요. 아들에게 물어서 댁으로 한번 찾아가 뵙겠습니다. 경주가 부모님을 위해 얼마나 많이 기도를 했으면 이런 만남을 주셨을까요. 우리가 이렇게 만난 것은 결코 우연이 아니랍니다. 하나님께서 엄마를 사랑하셔서 아들 기도를 통해 가족을 구원하시려고 계획하셨나 봐요. 너무 착한 아들 두신 것 축하드려요." 그랬더니

"저희 집으로 한번 오세요."

경주 어머니는 활짝 웃는 얼굴로 초대의 말씀까지 하고 자리를 떴다.

그날 이후로 경주 어머니를 위해 기도하기 시작했다. 또 토요일이면 찐빵과 함께 전도지를 현관 문고리에 걸어 놓고 오는 일이 시작되었다. 얼마 후 가정을 방문하여 복음 전할 기회를 갖게 되었다. 함께 영접 기도를 마친 다음 편안하게 가정상담을 하기도 했지만 여전히 교회는 나오지 않았다.

교회에서 경주에게 어머니를 만난 이야기를 했다. 어머니의 구원 문제를 놓고 함께 기도하자고 했다. '경주야! 네가 도와 줘야 돼.' 했더니 씨~익 웃으며 말한다.

"그런데 우리 엄마는 교회 안 나오실 거예요."

"아니 그게 무슨 말이니! 전도사님과 함께 기도하자! 꼭 나오실 거야!"

경주는 가느다란 목소리로 "네"하면서 힘없이 웃었다. 아마도 엄마가 교회 나올 확률이 없어 보이니 좀 안타까운 뜻의 웃음이 아닌가 싶었다.

기다림은 그 후로도 3주, 4주가 지나도록 계속되었고, 기다리다 못한 나는 토요일 저녁식사 준비를 하고 있을 무렵 경주네 집으로 찐빵을 들고 방문하였다. 마침 키가 큰 경주가 방에서 나와 인사를 하며 웃는다. 엄마도 민망해 하는 웃음으로 나를 맞았다. 가족들이 다 모여 있는 토요일 오후라서 방에 들어가지 않고 밖에 선채로 부탁을 드렸다. "경주 어머니! 이번 주에는 꼭 교회 나오세요. 아들을 위해서라도 한번 참석해 보세요."

여전히 웃기만 하고 확실한 대답을 하지 않으셨다. 그렇게 한주간이 또 지나갔다. 그런 다음 주 토요일, 고등부 주보를 복사하기 위해 교회 사무실에 들어온 경주와 마주쳤다.

"경주야! 너 내일 엄마 모시고 올 거지? 자 이건 차비야. 꼭 모시고 와야 해! 알았지!"

안 받겠다고 손사래를 치며 한사코 거절하는 경주의 손에 만원을 꼭 쥐어 주었다. 그리고 그날 밤 간절한 마음으로 기도했다.

"주님 내일은 꼭 참석할 수 있도록 도와주세요. 성령님께서 그 마음을 움직여 주세요."

다음날 주일 아침 경주 어머니는 막내딸을 데리고 활짝 웃는 얼굴로 교회에 나오셨다. 얼마나 반가웠던지 나는 연신"감사합니다, 감사합니다!"하면서 자리를 안내해 드렸다. 이렇게 한 생명이 주님께로 돌아올 때 그 기쁨은 이루 말할 수 없다.

하나님께서는 언제나 우리가 상상할 수 없는 방법으로 일을 이루신다. 실수로 잘못 찾아간 줄 알았는데 알고 보니 하나님께서는 그곳에서 나를 강력하게 부르고 계셨던 것이다. 경주 엄마를 만나게 하시려는 하나님의 계획이셨다. 엄마를 위해서 기도하던 경주는 얼마나 기뻤을까. 내가 속을 태울 때 그 아들은 엄마를 위해 울며 하나님께 매달리지 않았을까? 엄마가 교회에 출석한 후부터 경주의 어깨가 가벼워 보인다.

하나님은 전도자의 정성과 믿음의 기도를 보시고 그 영혼을 구원해 주시기도 하시지만 그 가족과 주변 사람들의 중보 기도를 통해서도 역사해 주신다. 그래서 우리는 때를 얻든지 못 얻든지 항상 전도에 힘쓸 뿐만 아니라 기도에도 힘써야 된다.

많은 믿음의 선진들은 이 복음을 전하다가 환난과 박해를 당하고 순교의 피를 흘리기도 하였다는데 우리는 지금 전도를 너무나 소홀히 하고 마치 특별한 사람들만이 하는 것처럼 합리화시키며 무관심하지는 않은지 모르겠다. 또한 주님을 너무 편안하게 믿으려 하고 있지는 않은지 한번쯤 자신을 돌아보았으면 좋겠다.

"밤에 환상이 바울에게 보이니 마게도냐 사람 하나가 서서 그에게 청하여 이르되 마게도냐로 건너와서 우리를 도우라 하거늘"(행 16:9).

　　교회를 섬기는 전임 전도사가 하는 여러 가지 일 중에서 중요한 일이라면 성도들이 주일에 교회를 빠지지 않고 잘 출석할 수 있도록 독려해 주는 일이라고 생각한다. 거기에 하나를 더 한다면 불신자들을 만나서 복음 전하는 일일 것이다. 그 비중을 따져 보았을 때 어느 쪽이 더 중요하다고 쉽게 말할 수도 없고 어느 한 쪽에 치중할 수도 없다.

　　심방이나 전도를 하기 위해 나갔을 때 특별히 기도를 많이 한 날은 발걸음도 가볍다. 하지만 다른 분주한 일을 핑계 삼아 기도를 많이 하지 못했을 때는 출발하기 전부터 사탄의 방해 공작이 시작되기도 한다. 영의 세계에 속한 일이기에 이런 현상은 당연하다. 그 날은 아마도 후자에 해당한 날이었던 것 같다. 오전 내내 아파트 몇 집을 돌았지만 어찌 된 영문인지 심방 대상자도 전도 대상자도 만날 수가 없었다. 이런 날은 자꾸 잡념이 떠오르고 힘이 빠진다. 하지만 이 일을 중단할 수 없는 나는 다시 C 아파트로 발걸음을 옮겼다.

　　'주님, 누구라도 만날 수 있는 은혜를 주옵소서.'

　　그런 다음 오늘은 내가 초인종을 눌렀을 때 문을 열어 주는 사람에게 전도하리라 마음먹고 아예 심방을 포기했다. 그래서 아파트 맨 꼭대기 층으로 올라가 집집이 초인종을 누르며 내려왔다. 하지만 어찌나 아파트가 조용한지 한 사람도 만나지 못한 채 어느덧 1층까지 내려오게 되었다.

　　'어쩌면 사람이 이렇게도 없을까...?'

　　그러고 있을 때 '108호'라는 낯익은 숫자가 눈에 들어왔다. 얼마 전부터 나의 전도 대상자 명단에 올라와 있는 30대 초반의 젊은 새맥 K씨의 집이다. 그동안 나는 K 씨를 만나 몇 번 간단히 교회를 소개하였지만 아직은 묵묵부답 '시간이 나면 교회 갈게요.'라고 대답만 한 상태였다. 전도자는 상대방에게서 진심으로든 아니면 전도자를 떨쳐내려고 말로만 남발하는 부도 수표로든 일단 교회에 가겠다는 말을 들으면 세상을 다 얻은 듯한 기분이 되므로, 그가 언젠가는 복음을 받아들이리라는 기대를 안고 헛걸음을 하더라도 자주 방문을 하게 된다.

이 가정 역시 한동안 만나지도 못한 채 헛걸음을 치고 있는 가정 중 하나였다. K씨가 둘째 아기를 임신 중이어서 더욱이 전도하기 좋은 찬스라 생각하고 기도하는 중이었다. 그 날은 아무도 아파트 문을 열어 주는 사람이 없었기에 이 집도 마찬가지겠거니 방심하고 무심결에 초인종을 두 번 힘차게 눌렀다. 그리고 잠시 멈춰 서 있었다. 역시 인기척이 없어 아무도 없나보다 생각하고 발걸음을 돌려 몇 발짝을 걷고 있는데 갑자기 현관문이 벌컥 열리는 소리가 낫다.

"아줌마! 지금 뭐 하는 거예요! 아기도 있고 남편도 쉬고 있는 중인데, 왜 시끄럽게 초인종을 두 번씩이나 누르는 거예요?"

젊은 새댁이 어찌나 무안을 주는지 내 얼굴이 빨갛게 달아올랐다.

"어머나 죄송해요. 아무도 없는 줄 알았어요."

나는 너무나 당황한 나머지 말을 얼버무리며 안절부절 못했다. 그리고 가지고 간 전도 선물, 주보, 전도지, 그 어느 것도 전하지 못한 채 '죄송합니다. 죄송합니다.' 라는 말만 연신 하고 돌아서버렸다.

오늘은 정말 기분이 말이 아니다. 아침부터 온종일 한 사람도 만나지 못하다가 모처럼 만난 전도 대상자에게 호되게 무안을 당하고 나니 온몸에 기운이 쭉 빠졌다. 한참 젊은 새댁에게 제대로 한 방 먹은 것에 약도 올랐다. 하지만 마음속에서 그러면 그럴수록 꼭 그 자매를 전도해야 되겠다는 마음이 더 강해졌다.

'주님! 저 오늘 마음이 좀 아파요! 전도 방법이 잘못되었는지 아니면 어디서 무엇이 잘못되었는지 그 영혼이 불쌍해서 전도하려고 했던 것인데 이

렇게 창피를 당하고 말았어요. 그 자매님 꼭 구원 시켜주세요. 제발 부탁이
에요. 혹시 자매님이 오늘 일 때문에 마음이 상했다면 하나님께서 풀어 주
셔서 그 마음에 평안을 주세요.'

또 선한 오기도 발동했다. 어떻게 해서든지 그 자매를 꼭 전도해서 전
도자의 마음을 알려주고 싶었다. 무안을 당하고 문전박대를 당해도 하나님
께서 주시는 사명이라 전도하지 않을 수 없다. 또 그 영혼을 향한 하나님의
사랑을 생각하면 더더욱 포기할 수 없다.

그저 속없는 사람처럼 전도하는 일에 목숨을 걸 수밖에 없다는 사실을
그 자매가 알기를 바랐다. 그 날 이후부터 그 자매를 위해 더욱 간절히 기
도했다.

성탄절이 되었다. 그 해 성탄절에 교회에서 팥떡을 맛있게 하여 성탄
축하 예배를 드리고 돌아가는 성도들에게 선물로 나눠드렸다. 예배를 모두
마치고 성도들이 대부분 돌아가고 나도 집에 가려고 하는데, 한정자 권사
님과 몇 분의 봉사자들이 떡을 더 드실 분들은 가져가라고 하시며 남은 떡
을 나눠 주고 있었다. 나는 문득 전도 대상자들에게 가져다 드리면 좋겠다
는 생각이 들었다.

"권사님, 저 이것 좀 가져가도 돼요? 전도 대상자에게 나눠 드리려고
요."

권사님은 흔쾌히 떡 다섯 덩이를 봉지에 넣어 주셨다. 떡을 받아 들고
보니 아직도 온기가 있었다. 나는 떡이 식기 전에 사람들에게 전해 주고 싶
었다. 그분들이 성탄절에 따뜻한 떡을 드시며 잠시라도 아기 예수님을 생
각해 보기를 기대하며 전도 대상자들이 있는 아파트로 발걸음을 재촉했다.
맛있게 드시라는 메모와 함께 전도 편지를 떡 봉지에 넣어 내 전도 대상자
명단에 올라 있는 집 현관문에 걸어 놓고 나왔다. 그리고 K 자매에게는 특
별히 이런 내용을 덧붙였다.

<자매님 안녕하세요! 예닮교회 유현숙 전도사예요.
지난 번 실례 되었던 것, 용서해 주시고 이해해 주세요.
예수님의 사랑 때문이었어요. 그때는 죄송했습니다.
저희 교회는 참 좋은 교회예요. 한번 구경 오세요. 그리고 떡 맛있게
드세요. 언제 시간 있으신지요. 다시 한 번 찾아뵙겠습니다.>

이런 일이 있은 후 2개월이 지났어도 여전히 아무런 반응도 없었다. 물론 계속해서 이슬비 전도 편지를 보내고 있었다. 그리고 하나님께 기도했다.

'하나님, 저 자매님 잊어버리시면 안돼요. 꼭 교회에 나오게 해주세요.'

어느 날 심방하고 돌아오는 길에 나도 모르게 발걸음이 그 자매의 집으로 향했다. 지난번에 당한 일도 있고 해서 이번에는 조심스럽게 초인종을 한 번만 눌렀다. 아무런 기척이 없기에 발걸음을 돌려 무겁게 복도를 서너 발짝 걸었을 때 뒤늦게 현관문이 열렸다.

"어머! 전도사님!"

'이게 웬일이야...' 그 자매가 이번에는 아줌마가 아닌 전도사님으로 호칭까지 바꿔 부르다니. 너무나도 반갑게 나를 부르고 있었다. 나는 너무 행복한 마음에 얼굴 가득 미소를 지은 채 얼른 뒤를 돌아보았다.

"자매님! 그동안 여러 번 왔었는데 뵐 수가 없었어요."

"그러셨어요. 좀 들어오세요. 저 교회 갈게요. 그리고 떡도 맛있게 잘 먹었어요."

그 순간 나를 깜짝 놀라게 한 것은 '교회 갈게요!' 라는 말이었다. 그 한 마디로 인해 몇 개월 전에 얼굴이 붉어지도록 무안을 당한 일이 아무렇지도 않게 생각되었고, 너무 기뻐 가슴이 터질 듯 했다.

"제가 전도사님께 문자 메시지를 보냈는데 못 보셨어요?"

그 자매는 맛있는 떡을 먹고 감사 메시지까지 보냈다고 말하면서, 둘째 아이를 순산했다는 소식도 들려주었다. 나는 진심으로 축하를 드리고 다음

주에 교회 차를 보내 드릴 테니 교회에서 꼭 뵙자고 얘기했다. 그 자매와 약속을 하고 돌아오는 내 발걸음이 얼마나 가벼웠던지 그 마음을 말로 표현할 수 없었다.

'할렐루야! 주님 감사합니다. 그 동안 주님께서 또 이렇게 한 영혼의 마음 문을 열어 놓으셨군요. 이런 일이 있는 줄도 모르고 그 영혼 잊어버리셨냐고 떼를 썼으니...'

집으로 돌아오자마자 궁금한 마음에 휴대폰을 뒤져 보았다. 한참 전에 그 자매가 보낸 메시지가 고스란히 남아 있었다.

"전도사님, 그때는 죄송했습니다. 떡 맛있게 잘 먹었습니다."

눈물이 핑 돌았다. 주님의 은혜가 너무 크고 감사해서 조용히 '주님 사랑해요!'라고 속삭였다. 그 자매에게 무안을 당하고 드렸던 기도를 주님은 다 듣고 계셨다가 이렇게 역사하신 것이다. 살아 계신 하나님은 우리를 결코 실망시키지 않으시고 어떠한 기도에도 응답하시는 사랑 많으신 분이시기에 나 또한 주님을 사랑하지 않을 수 없고, 이 사랑을 전하지 않을 수 없다. 그 후로도 그 자매는 3주 동안 날씨가 추워 교회를 나오지 못했다. 태어난 지 얼마 안 된 아기를 데려와야 했기 때문이다.

'이번 주는 오려나. 다음 주는 오려나.'

그동안 마음을 졸이며 그 자매를 기다렸다. 전도 대상자가 교회 올 것을 잔뜩 기대하고 기다렸다가 오지 않았을 때 실망의 크기는 꼭 오리라는 확신과 정비례 한다. 그러다 4주째 주일이 되었다. 날씨는 풀리지 않고 처음 교회 나오려는 자매를 신앙 없이 날씨 핑계한다고 탓할 수도 없었다. 그리고 혹시 그가 교회에 나오려던 마음이 시들해지면 어쩌나 염려도 되었다. 이번 주에는 교회에 오겠다는 말을 듣고 주일 아침 급한 일들을 뒤로하고 교회차를 타고 K 자매의 집 앞으로 갔다. 한참을 기다린 끝에 그 자매가 아기 둘을 데리고 나타났다. 찬바람이 아기에게 들어가지 않도록 아기를 잘 싸서 차에 태워 교회로 왔다.

"전도사님, 다음부터는 차 보내지 마세요. 부담스러우니 제가 알아서 갈게요."

그렇게 말했던 자매는 그 주일을 처음으로 교회에 출석하기 시작하여 매주 빠지지 않고 스스로 열심히 신앙생활을 하였다.

영혼을 사랑하는 마음으로 간절히 기도하고 지치고 힘들 때면 하나님의 도우심을 구하며 선한 오기로 정성을 보였을 때 두 손들고 주님께 돌아오는 모습을 보게 된다. 전도 대상자가 이렇게 하나님을 만나고 구원의 반열로 들어설 때 내 마음 가득 기쁨과 감사가 넘침은 말할 필요도 없다. K 자매는 초인종 두 번 눌렀다고 나에게 무안을 준 것이 못내 마음에 걸렸을 지도 모른다.

어쩌면 내가 당한 무안이 자매의 마음을 열게 했는지도 모르겠다. '하나님께서는 때로는 우리를 낮추시면서 열매를 얻게 하시는구나.' 깨달으며 내 혈기로 하지 않고 주님께 모든 것을 맡기는 전도자가 되리라 다짐해본다.

그 후 K 성도님의 신앙이 날로 자라가고 있을 때 교회에서 영성 훈련 프로그램이 실시되었다. 담당 교구 부교역자들은 성도들이 많이 참석할 수 있도록 가정마다 연락을 하였다. 그런데 K 성도는 아기 때문에 불참한다는 말을 듣고 교구가 다르지만 나는 얼른 성도님께 전화를 했다.

"성도님. 하루 코스예요. 정말 은혜를 많이 받을 수 있는 좋은 기회인데, 아기 때문에 이런 은혜의 자리를 놓친다는 것이 너무 안타까워요."

"전도사님, 작은 애가 많이 아파요."

"그래요. 하지만 한 번 생각해 보세요. 아기가 아픈데도 불구하고 은혜를 받으러 올 때 하나님께서 아기를 치료해 해주실까요? 아니면 아기 때문에 은혜 받으러 못 올 때 아기를 치료해 해 주실까요? 용기를 내서 믿는 마음으로 오시면 주님께서 아기를 치료해 주실 거예요. 걱정 마시고 주님께 맡겨보세요. 그리고 프로그램이 진행되는 동안 아기 돌봐주는 사람도 다 있어요. 저도 같이 기도 할게요."

"네, 전도사님. 그럼 갈게요."

그날 성도님은 담임목사님께서 직접 인도하신 영성 훈련을 통해 큰 은혜를 받고 눈물을 흘리면서 고백했다.

"전도사님 감사해요. 전도사님 아니었으면 이 좋은 곳에 못 올 뻔 했어요."

당연히 하나님께서 인도하신 일이었지만 그의 고백이 고마웠다.

그리고 그날 아기도 아프지 않게 하나님께서 건강하게 지켜 주셨다. 처음 교회 출석할 무렵 날씨가 춥다고 용기를 못 내던 자매가 신앙이 자라 이제 아픈 아기를 안고도 세미나에 참석할 만큼 신앙이 자란 것이다. 주님께서 하신 일이다.

이처럼 새 가족의 믿음이 예쁘게 무럭무럭 자라는 모습을 보면 가슴 뿌듯한 마음 이루 말할 수 없다.

하나님의 나라에서 2촌 관계로 맺어진 사랑하는 형제자매님이 이렇게 한 사람씩 늘어갈 때 이 사회도 머지않아 서로 사랑하며 믿고 신뢰하며 살 수 있는 밝고 행복한 세상이 되어갈 것이다.

조용한 성품의 K 성도님은 지금 교회에서 셀 교회 리더를 맡아 충성하고 있는 귀한 집사님이 되셨다.

나는 찬송가 260장(신 496장)을 좋아한다.
"씨를 뿌릴 때에 나지 아니 할까 염려하며 심히 애탈지라도/
나중 예수께서 칭찬하시리니 기쁨으로 단을 거두리로다."

이 찬양이 우리 모두의 고백이 되었으면 좋겠다.

"말씀하시되 나를 따라 오라 내가 너희를 사람을 낚는 어부가 되게 하리라 하시니"(마 4:19).

PART 04
멕시코 전도와 멕시코 선교

"내 말과 내 전도함이 설득력 있는 지혜의 말로 하지 아니하고 다만 성령의 나타나심과 능력으로 하여 너희 믿음이 사람의 지혜에 있지 아니하고 다만 하나님의 능력에 있게 하려 하였노라"(고전 2:4-5).

01 – 우리집은 어디에...

　　멕시코시티에서 자동차로 15시간 정도 떨어져 있는 멕시코 남부 지역인 치아파스 주에는 한국인 선교사가 세운 익투스 선교센터가 있다. 센터 부설 중·고등학교는 현재는 그 지역 최고 명문 학교로 성장해 가고 있다.

　　국제 기아 대책을 통해 익투스 선교 센터를 소개받고 멕시코 선교의 첫 발을 그곳에서 내딛게 되었다.

　　그동안 한국에서의 나의 삶은 전도하는 일에 집중되어 있었기에 그곳에서 다른 일을 아무리해도 마음 한 구석은 언제나 허전하기만 했다. 말이 통하는 한국인은 헌신된 믿음의 봉사자들뿐이니 그들에게 전도할 수도 없는 노릇이고 그야말로 그곳에서 훈련받던 일 년 가까운 시간 동안 전도하고 싶어서 온 몸이 근질근질하였다.

　　그 당시 멕시코 인에게 복음을 전하고 싶었지만 내 짧은 스페인어 실력으로는 시기 상조였다. 그러던 중 복음을 제대로 전하기 위해서는 언어가 필수라는 것을 깨닫고 멕시코시티로 옮겨와서 정식으로 언어 과정을 이수해야겠다고 결심을 하고 아름다운 지역 치아파스에서의 생활을 정리하게 되었다.

　　시티로 올라와서 첫 주일, 거의 1년 만에 한인교회에서 한국말로 예배를 드릴 때 그 감회는 남달랐다. 한국인들을 이렇게 많이 볼 수 있다는 것도 너무 기뻤다.

　　거기다 딸과 함께 지내게도 되었다. 내 딸은 어릴 때 유학을 가서 방학 동안만 함께 지냈을 뿐 함께 지낸 시간이 별로 없었다. 그런데 중국에서 1

년 동안 영어 강사를 하다가 나를 돕기 위해 모든 것을 포기하고 이곳에 와서 한 집에서 오랜만에 함께 살게 되어 그 기쁨이 말할 수 없이 컸다.

멕시코시티 중심부에 소나 로사라는 지역은 한인들이 많이 모이는 지역이다. 소나로사에는 한국 슈퍼도 있고 미용실도 있고 한국 식당도 있어서 고국에 대한 향수를 달랠 수 있었다. 그곳에서 한인들을 보게 되자 스페인어를 배워 선교를 시작하기까지 우선 한인들을 전도하면 되겠다는 생각을 했다. 한국말로 전도할 생각을 하니 마음이 급해지고 누구라도 빨리 만나 복음을 전하고 싶었다. 그래서 언어학원이 쉬는 토요일과 주일 오후에는 전도 대상자들을 찾아다녔다. 또 내가 출석하던 한인교회 성도들에게

"혹시 전도하고 싶은 사람이 있으면 말씀해 주세요. 도와 드릴게요."하며 부탁하기도 했다. 마침 연합교회 C 장로님이 전도할 수 있도록 차량 봉사로, 부인 P 권사님은 전도를 위해 음식을 만들어 공급해 주시면서 전도 대상자들까지 소개해 주셨다. 처음에는 그분들이 전도해 달라는 말 한마디만으로도 너무나 기뻤다.

어느 날 C 장로님이 미용실에 갔다가 예수를 믿지 않는 피부 관리사를 만나셨다. 장로님은 그분에게 복음을 전하고 싶어 나에게 도움을 요청해 오셨다. 장로님의 영혼을 사랑하는 마음이 너무나 보기 좋았다. P 권사님 차를 타고 안내하는 대로 따라 간 곳이 상가 2층에 있는 어느 한인 미용실이었다. 그곳에서 피부 관리사 K 사장님을 처음 만났다. 장로님과 권사님은 사업 때문에 항상 바쁘신 분들이셨다. 그 날도 권사님은 바쁜 일로 잠시 후에 다시 오겠다면서 사장님을 소개해 주고 곧 사업장으로 가셨다. 미용실 사장님은 권사님께서 이미 다 말씀해 놓았기 때문에 내가 와서 무엇을 할 것인지를 알고 있었다.

나는 먼저 사영리와 글 없는 책을 가지고 열심히 복음을 설명했다. 오랜만에 복음을 전할 수 있어서 얼마나 신이 났는지 모른다. 더욱이 그분이 예수님을 영접하고 결신까지 하셨으니 오죽했으랴! K 사장님은 남편이 성당에 다니지만, 본인은 자녀를 위해서라도 교회에 나오겠다고 했다. 그리

고 당장 다음 주에 교회 나오겠다는 약속까지 했다. 어쩌면 이렇게 쉽게 복음을 받아들일 수 있을까 감사가 저절로 나왔다. 그날 한국에서 보다 이민자들 전도가 훨씬 더 쉽다는 것이 느껴졌다. 타국에서의 삶이 외롭고 힘들기 때문에 아마도 그런가보다 생각했다.

마침 사업장에는 다른 손님이 없어서 나는 마사지를 받겠노라고 자리에 누웠다. 한참 얼굴 마사지를 받는 중에 P 권사님이 오셨다. 권사님은 사장님이 교회 오겠다는 말에 기뻐하시더니 "선교사님! 그럼 마사지 받고 가세요. 저는 바빠서 가봐야 할 것 같아요. 그럼 수고하세요." 하면서 먼저 나가셨다. 아마도 무척 바쁘셨던 것 같다.

나는 권사님이 다시 우리 집까지 태워다 주실 줄로만 알고 왔는데 가버리시자 마사지를 받으면서 은근히 걱정이 되었다. '어! 아직 우리 집이 어딘지도 잘 모르는데 어떻게 하지. 그래, 택시타고 가면 되겠지. 집주소도 정확하게 잘 모르고 말도 잘 못하는데 괜찮을까?' 약간 겁이 났다. 권사님이 태워다 주실 줄로만 알고 아무런 준비 없이 집을 나왔기 때문이다. 하지만 갈 수 있으리라고 편안하게 생각했다. 그때 내게는 600빼소가 있었다. '혹시 마사지 가격이 이보다 더 비싸면 어쩌지! 아니야 마사지 한 번 받는데 300빼소(3만원)정도면 되지 않을까?' 생각했다. 내가 태어나서 피부 관리실에서 마사지 받는 것이 처음이라 그 가격을 전혀 알 수 없었던 것이다.

이런저런 생각을 하다가 깜빡 잠이 들었다. 깨어 보니 마사지가 끝이 났다. '아마 이 맛에 사람들이 마사지들을 받나 보다.' 라는 생각을 하며

"수고하셨습니다. 감사합니다. 얼마지요?"라고 물었다.

"아니에요. 권사님이 나중에 오셔서 주실 거예요."

권사님은 다시 오신다는 말도 하지 않으셨고 돈을 주겠다는 말도 나는 듣지 못했기 때문에 내가 내야 한다고 생각했다. 한사코 만류하는 사장님께 힘주어 말했다.

"사장님! 제가 마사지를 받았는데 제가 내야지요."

"그럼 그렇게 하세요. 600빼소(6만원)예요."

"아, 네…"

나는 순간 당황하며 얼굴이 빨개졌다.

'내가 가진 돈 전부가 600뻬소인데 집에는 어떻게 가지?'

극구 내가 준다고 말했기 때문에 미안해서 돈이 모자란다고 말할 수도 없고 더욱이 깎아달라고 할 수도 없었다. 지갑을 꺼내어 떨리는 마음으로 600뻬소를 준 후 "다음 주에 교회에서 꼭 뵙기를 원합니다." 말하고는 웃으면서 밖으로 나왔다.

밖에 나오자마자 잔뜩 긴장한 얼굴을 하고 동서남북을 둘러보아도 어디가 어딘지 도무지 알 수가 없었다. 그 당시 나는 언어도 서툴고 핸드폰도 없고 돈도 없고 집주소도 외우지 못했다. '하나님 도와주세요.'라고 계속 기도하면서 내 느낌으로 집 쪽이라고 생각되는 방향으로 무작정 걷기 시작했다.

방향 감각도 별로 없고 길눈도 밝지 않아 계속해서 같은 장소를 얼마나 빙빙 돌고 또 돌았던지 더 이상 걸을 힘이 없었다. 지금 생각해보면 그때 헤맨 그 길이 집에서 어이없을 만큼 가깝고 쉬운 길인데, 집 근처까지 왔다가 다시 되돌아서 갔었던 것이다. 너무 지쳐 주저앉고 싶을 만큼 되었을 때 번뜩 떠오르는 것이 있었다. 그래! '꾸아우떼목' 지하철역, 우리 집 근처 지하철 역 이름이 생각났다.

처음부터 왜 그 생각이 나지 않았을까. 너무 당황하니 아무 생각도 안 나고 그저 빨리 집을 찾아가야 한다는 생각만 앞섰던 것이다. 그때 천사가 내려와 속삭이며 나를 도와준 것만 같았다. '주님 감사합니다. 이제 찾겠습니다.' 하고 용기를 내어 지나가는 사람에게 물어 보았다.

"Donde esta Cuauhtemoc metro?"(지하철역 꾸아우떼목이 어디에 있습니까?)

그런데 내 스페인어 어순이 조금 틀렸다. 그 때까지 제대로 된 공부를 못했기 때문에 한국식 어순으로 물어 본 것이다. 그런데도 멕시코 사람들은 알아듣고는 "Ha! Metro de Cuauhtemoc"(아! 꾸아우떼목 지하철역) 하면서 쭉 가다가 왼쪽으로 돌아서 다시 오른쪽으로 가라고 가르쳐 주었다. 나는 말이 익숙지 않아 계속 잘못된 어순으로 질문을 하고, 그들은 다시 교정해서 답변해 주기를 몇 차례 반복을 한 다음 드디어 낯익은 지하철역이 눈앞에 보였다.

'주님 감사합니다.' 그러나 꾸아우떼목 지하철역까지 와서도 한참을 헤맨 후에야 가까스로 내가 사는 아파트를 찾게 되었다. 지하철역 바로 가까이에 우리 아파트가 있는 것을… 그때는 왜 그렇게 모든 것이 낯설고 어색했던지. 지금 생각하면 그저 웃음만 난다. 멕시코에는 대부분 아파트 이름이 따로 없다. 길 이름과 번지만 알면 찾을 수 있으니 어떻게 생각하면 우리나라보다 찾기가 더 쉬울 수 있다. 그런데 생활한지 한 달이 지났는데도 우리 집 주소 〈까예 까르모나 이 바예 쎄쎈타, 델레가시온 꾸아우떼목, 꼴로니아 독또레스〉(독또레스구 꾸아우떼목동 까르모나 와 바예길 60번지)를 다 외지 못하고 있었다. 지금은 웃음이 나오지만 그때는 참으로 두려웠었다.

당시에 멕시코에서 잠시 영어 학원을 하던 딸이 아이들을 가르치고 밤늦게 집에 돌아왔다. 나는 웃으면서 여유 있게 이 얘기를 하며 "딸아, 엄마가 오늘 힘~든 전도를 했다. 지금도 다리가 너~무 아프다."라고 했더니 엄마가 안쓰러웠던지 막 화를 내면서 말했다.

"꼭 그렇게까지 해야 되겠어요! 연락처도 가지고 다니고 준비성이 좀 있어야지요!"

딸은 그 즉시 주소와 연락처를 쪽지에 기록해 주었다.

"앞으로 택시를 타면 여기로 가자고 하세요!"

나는 괜한 말을 했나 싶기도 했지만 한편으로 나를 생각해 주는 딸의 마음이 고맙기도 했다.

한국에서 사역할 때 주일날이면 예배당 뒤에서 성도들을 안내하거나 예배를 돕는 역할만을 오랫동안 했었다. 그러다보니 가끔은 앞에 앉아서 예배에만 집중하며 은혜 받는 성도들이 부러울 때도 있었다. 그래서 멕시코로 온 이후에는 이왕이면 예배당 앞쪽에 앉으려고 노력했다.

K 사장님을 전도한 다음 주일, 나는 딸과 함께 앞쪽 의자에 앉아 혹시나 오늘 오기로 약속한 그가 오지 않으면 어쩌나 하고 초조한 마음으로 기다렸다.

'그동안 마음이 식어 버렸으면 어쩌지? 어제까지도 오늘 꼭 나온다고 약속했었는데 어찌 되었을까!'

이런 생각을 하고 있는 동안 예배 시간이 다 되었다. 그때 C 장로님이 활짝 웃으시며 K 사장님과 어린 딸을 안내하며 오셨다. 그는 미소를 머금고 내게 인사를 했다. 나는 너무나 반가워 등을 쓰다듬으며 '감사합니다.'라고 속삭였다. 우리는 나란히 앉아서 예배를 드렸다. 얼마나 사랑스럽고 감사하던지, 그 순간만은 내게 있는 무엇을 요구해도 다 줄 수 있을 것만 같았다. 나는 며칠 전 집을 찾아 헤매던 일이 생각났다. 한 생명이 주님께로 돌아올 수만 있다면 멕시코시티를 몇 바퀴라도 돌 수 있을 것 같았다. 그리고 한편으로는 이런 생각도 들었다.

'만약 이 사장님이 복음을 듣지 못해서 하나님을 만나지 못했다면 하나님을 찾을 때까지 자신의 인생 여정 속에서 내가 길을 찾아 헤맨 것보다 몇천 배 아니 몇만 배 더 헤매야하지 않았을까?'

이렇게 생각하니 그 날의 고생이 감사의 조건이 되었다. 나는 어떤 일을 해 놓은 다음 내가 했다고 '내가 내가' 할 때가 많았다. 하지만 모든 일이 지난 다음 뒤돌아보면 그것은 언제나 하나님이 하신 일이라는 것을 분명히 깨닫게 된다. 그러기에 도구로 쓰임 받은 것을 감사하고 사용해 주신 주님께 감사할 뿐이다. 언제든지 우리의 수고가 헛되지 않게 하시고 그 수고의 열매를 맛보게 하시는 신실하신 하나님이 내 아버지시다.

그런데 한동안 교회를 잘 다니던 K 사장님이 어느 날부터 보이지 않았다. 나는 P 권사님과 함께 사업장으로 다시 찾아 갔다.

"사장님 별일 없으셨어요? 교회에 한동안 보이지 않아 무슨 일이 있으신가 궁금해서 왔어요."

이렇게 말하면서 P 권사님이 사가지고 간 떡을 내밀었다. 사장님은 화가 난 얼굴로 떡을 집어 들더니 책상 위에 던지며 말했다.

"이런 것 안 가져 오셔도 돼요! 나도 이런 것 사먹을 정도는 살고 있어요."

순식간에 일어난 일이라 너무 당황했다. 떡을 가지고 간 손이 너무 부끄러웠다. 그분이 무슨 말을 하는지도 알 수 없었다. 잠깐 시간이 흐른 후 그 사이 뭔가 일이 잘못 되었음을 짐작할 수 있었다. 권사님과 나는 무슨 말부터 해야 할지 정말 난감했다.

"사장님, 무슨 말씀을 그렇게 하세요. 이것 사먹을 돈 없을까봐 가져온 것이 아니라는 거 잘 아시잖아요. 무슨 일 있으셨어요?"

"네, 교인들은 다 그런 거예요? 교회에 오래 다녔다는 사람이 이래도 되는 거예요?"

아마도 사업에 손해되는 일이 있었던 모양이다. 갑자기 허탈한 생각이 들었다. 얼마 전 우리 아파트에 사는 불교 신자 한 가족을 전도했던 일이 떠올랐다. 그 가족이 전도를 받고 교회를 잘 나오다가 오랫동안 나오지 않고 있어서 이유를 알아보니 같은 교회 집사님이 사업에 손해를 끼쳤기 때문이라고 했다. 이런 모습들을 보니 참으로 안타까웠다.

한 영혼을 주님께로 돌아오게 한다는 것은 천하보다 귀한 생명을 살리는 일이다. 그 어린 생명이 자랄 때까지 먼저 믿은 성도는 어떤 모양으로든지 희생하고 보살피는 것이 하늘에 상급을 쌓아두는 일이라고 생각한다. 내게 손해가 되고 힘들더라도 그 생명이 온전히 구원 얻기까지 양보하고 희생할 때, 하나님은 그 보상으로 30배, 60배, 100배의 열매를 맛보게 하실 것이다. 조금 손해가 되어도 전도비로 사용했다고 생각하면, 그것이 오히려 보람으로 바뀌고 모든 것을 쉽게 포기할 수 있는 용기가 생기리라 믿는다.

물질의 이해관계 때문에 천하보다 귀한 생명을 잃게 한다면 그 물질이 나에게 무슨 도움과 유익이 있겠는가! 아직도 나는 그분들을 기다리고 있다 .하나님께서도 그러실 것이다.

"무리와 제자들을 불러 이르시되 누구든지 나를 따라 오려거든 자기를 부인하고 자기 십자가를 지고 나를 따를 것이니라 누구든지 자기 목숨을 구원하고자 하면 잃을 것이요 누구든지 나와 복음을 위하여 자기 목숨을 잃으면 구원하리라"(막 8:34-35).

"주라 그리하면 너희에게 줄 것이니 곧 후히 되어 누르고 흔들어 넘치도록 하여 너희에게 안겨 주리라 너희가 헤아리는 그 헤아림으로 너희도 헤아림을 도로 받을 것이니라"(눅 6:38).

02 – 보배가 된 강은실 자매님

치아파스 주에서 언어 연수차 멕시코시티로 이동을 하여 정착한 지 몇 개월이 지나지 않았을 때였다. 내가 마을 리서치를 할 때마다 차량 봉사와 통역으로 도움을 많이 주시던 이순희 권사님이 어느 날 심각하게 내게 말씀하셨다.

"꼭 전도하고 싶은 사람이 있는데… 몇 년 전 전도 폭발 훈련 때 우연히 찾아가 만났었는데 하도 강퍅해서 그때 열매를 맺지 못했어요. 그런데 그 후로 몇 년 째 잊을 만하면 생각나고 잊으려고 해도 자꾸 머릿속을 맴돌아서 신경 쓰이고…, 아무래도 이제는 기도하고 만나 봐야 할 것 같아요."

"도대체 어떤 사람이기에 우리 권사님 속을 이렇게 태우는 거예요?"

대수롭지 않게 물어 본 질문에 돌아온 권사님의 대답은 정말 기가 막히는 것이었다.

그 자매님은 유난히 기독교신앙에 대해서 부정적이었는데, 전도를 하려고 만나서 대화를 나누려고 하면 오히려 전도자의 말문을 막고 나서서 조목조목 따지는 통에 도저히 말을 꺼내보지도 못하고 돌아서기가 일쑤였다는 것이다. 그보다 더 안타까운 것은 그 자매님의 아버지는 목사의 길을 걷다가 돌아가셨고, 어머니도 그 뒤를 이어 전도사로 일을 하다가 돌아가셨다고 한다.

"그분이 교회에 나오지 않은 지가 얼마나 되었나요?"

"한 6~7년 정도 되었을 거예요."

나는 순간 이 권사님의 해맑은 얼굴을 돌아보았다. 그 긴 시간 동안 누군가를 위해 기도하는 것도 쉬운 일은 아니었을 텐데, 더구나 단 한 번 전도하러 갔다가 만난 사람을 아직도 마음에 두고 애를 태우고 있는 권사님의 애틋한 마음이 고스란히 전해지자 마음이 아팠다. 특별히 교역자의 자녀라고 하니 더욱 안타까운 마음이 들었다.

"한번 만나게 해 주세요. 어느 정도인지 알아야 기도를 하고, 또 그런 사람도 하나님께서 역사하시면 돌아올 수 있다는 것을 경험해야 전도에 도전을 받고 열심히 전도하지요! 복음을 듣게 하면 그 다음은 하나님께서 역사해 주셔요."

"네, 알겠습니다. 한번 자리를 마련할게요."

그 후로도 얼마 동안 그 만남은 이루어지지 않았다. 그런데 권사님은 한 번 마음먹은 일이라 그런지 자꾸만 그 집사님 생각이 난다며 조바심을 내기에 마음먹고 날을 잡았다.

우리는 은실 씨로부터 만나겠다는 약속을 받은 것만으로도 설렜다. 드디어 권사님은 그분을 만나 근사한 레스토랑에서 멋진 저녁 식사를 대접하게 되었다. 그렇게 어렵사리 만난 자매님은 의외로 첫 인상이 아주 여성스럽고 고운 얼굴에 예의도 바르게 보였다. 하지만 한참 동안 자기 남편과 자기가 과거에 어떤 삶을 살았는지 소개하는 모습 속에는 불신자 대부분이 하는 것처럼 세상적인 우월감에 가득 차 있었다. 남편이 힘깨나 쓰는 부처에서 공무원으로 근무를 하였고, 그때 자신의 삶과 행동이 어떠했었는지 당당한 목소리로 한참 동안 설명하였다.

우리는 열심히 들어 주면서 모든 것을 다 인정해 주며 칭찬도 아끼지 않았다. 그리고 집에 모셔다 드리면서 드디어 승용차 안에서 전도를 하기 시작했다.

"자매님, 사영리에 대하여 들어 보셨습니까? 이 책은 전 세계 대학교 캠퍼스에서 사용하는 전도 책자예요. 이 책을 통해 전 세계에서 1년이면 약 300만 명이 복음을 듣고 예수님을 믿게 된답니다. 이 책에는 성경 열 구절이 기록되어 있는데요⋯."

여기까지 이야기를 하자 그 다음부터 은실 씨의 반론이 시작되었다. 아무리 말씀을 끝까지 다 들어보고 다음에 질문하면 답하겠다고 하여도 막무가내였다.

자신이 기독교의 맹점이라 생각되는 부분을 조목조목 들춰내기 시작했다. 심지어는 성경을 이스라엘의 역사라고 주장하며, 우리나라의 역사도 제대로 모르면서 왜 남의 나라 역사를 가지고 왈가왈부 하느냐고 반문했다. 다른 것은 다 여느 종교가 그렇듯이 나름 약간의 기적이 필요할 테니 크게 선심 써서 인정하겠지만 제발 예수님이 죽었다가 삼일 만에 부활했다는 헛소리만은 하지 말아 달라는 것이다. 죽은 사람이 살아났다는 그 절대적인 비과학적인 사실을 믿어야 한다는 것이 너무 기가 막히다는 것이었다.

"자매님, 설마가 사람 잡는다고 하는데 정말 천국과 지옥이 있으면 어쩌시려고 그러세요."

그랬더니 차 안이 들썩일 만큼 소리를 지르며 "나는 천국도 지옥도 믿지 않기 때문에 그런 것은 아무 의미가 없어요!" 하면서 인간이 길게 살아봐야 백 년도 못 사는데 그 동안 죄를 지으면 얼마나 짓는다고 평생을 지옥불에 태우느냐, 무슨 그런 것이 하나님이냐고 하며 하나님을 향해 욕까지 서슴지 않았다.

나는 무서운 생각이 들었다. 그렇게 논쟁을 하면서 설명하기를 세 시간이 다 되었다. 늦은 밤 시간이 되었고 복음 받아들이기를 강력하게 거부하기에 마지막으로 기도하고 헤어져야겠다고 생각하고 간절하게 위로하고 축복하는 기도를 하였다. 그런데 기도 끝에 가서는 '아멘'을 하는 것이었다.

그가 아멘 하는 소리에 놀랍기도 하고 다소나마 위로가 되었다.

함께 동행했던 집사님 한 분이 이 모든 광경을 지켜보고서 집으로 돌아오는 길에 "저 분은 예수 믿기 힘들겠네. 차라리 다른 사람 전도하는 것이 낫지, 너무 강하네." 하셨다.

이 권사님은 너무 안타까워하면서 "저런 사람이 교회에 탁 나오면, 아! 저런 사람도 전도할 수 있고 교회 나오는구나 하고 전도에 도전을 받을 수 있을 텐데… 저런 사람도 나올 수 있을까?" 하셨다.

"그럼요. 나옵니다. 두고 보세요. 저런 분이 더 잘 나와요. 복음이 들어 갔으니 성령님이 역사하실 테니 함께 기도해요. 저런 분도 전도할 수 있다 는 것을 알게 될 거예요."

그리고 그날부터 기도하기 시작했다. 앉으나 서나 누우나 길을 걸으나 새벽마다 그분을 위해 기도했다. 내가 생각해도 이상할 만큼 은실 씨가 내 머리 속에서 지워지지 않고 떠오르며 하루 종일 계속 기도가 나왔다. 3개 월이 다 지나가도록 그분은 나오지 않았고 나도 기도를 멈출 수가 없었다. 길도 알고 차도 있으면 자주 찾아 가 보고 복음을 한 번이라도 더 접할 수 있게 할 텐데 환경이 그러지 못하니 기도할 수밖에 다른 도리가 없었다.

"하나님 보여 주세요. 이런 분도 교회 나올 수 있다는 것을 보여 주세 요."

계속 기도하다가 교회에서 목사님 사모님께 기도 요청을 하였다. 중보 기도 만큼 역사가 빨리 일어나는 것도 없기 때문이다.

"너무나 강퍅했어요. 기도해 주세요."

나는 급한 마음에 선교 편지에도 기도 제목을 하나 덧붙였다.

'이분을 위해 중보 기도해 주세요. 꼭 이분이 예수를 믿어야 이곳에 있 는 많은 사람들이 전도에 도전을 받게 될 것 같습니다.'

그것도 모자라 파송 교회에서 금요 기도회를 인도하시는 여 전도사님 께 전화를 하여 강력한 기도 요청을 했다. 그리고 1주일이 지났다. 지나 놓 고 보니 아마도 그 어떤 사람을 전도할 때보다 더 강력한 기도를 쉬지 않고 했던 것 같다.

그렇게 힘든 싸움을 하던 중에 그 동안 아무 연락도 없던 강은실 씨가 스스로 교회에 나온 것이다. 예배 전 찬송을 드리고 있을 때 그녀는 수줍은 모습으로 이 권사님의 안내를 받으며 조심스럽게 내 옆자리에 와 앉았다.

하나님의 역사는 거기서 끝이 아니었다. 늘 우리가 알지 못하는 중에도 우리의 기도를 듣고 우리의 필요를 다 아시는 것처럼, 마치 강 자매님이 올 것을 기다리기라도 한 듯 그날 목사님께서 '동정녀 마리아에게서 탄생하신 예수 그리스도'라는 제목으로 말씀하셨다. 성령으로 잉태하여 이 땅에 신성과 인성을 가지고 오셔서 십자가에 못 박혀 죽으시고 삼일 만에 부활하신 예수 그리스도에 대한 내용을 어찌나 쉽게 풀어서 말씀을 하시는지 이렇게 멋진 일은 겪어보지 않고는 그 누구도 모를 일이다. 강 자매님은 내 옆자리에 앉아 예배를 드리는 시간 내내 눈물을 훔치고 있었다.

예배를 마친 후에 식당에서 대화를 나누는 중 그의 입에서 몇 개월 전과는 전혀 다른 말들이 흘러 나왔다.

"만약 예수님이 우리와 똑같은 방법으로 태어나고 죽었다면 어떻게 신이라고 믿을 수 있겠어요. 신이니까 당연히 다시 살아나야지요. 우리와 똑같이 죽어서 다시 살아나지 않았다면 우리와 똑같은 인간일 수밖에 없는 거죠. 그것을 이제야 깨달았어요."

그러면서 밥 먹는 시간에도 내내 눈물을 닦는다.

그 후 한 달이 안 되어 남편을 모시고 교회에 나왔다. 그리고 또 한 주 뒤에는 아들까지 나오게 되었다. 어느 날 그분의 간증이 내게 너무나 은혜가 되었다.

"선교사님! 사실은요. 그때 선교사님과 그렇게 헤어지고 난 다음 제가 거울에 비친 내 모습을 바라보니 너무나 사나워 보였어요. 내가 나를 보아도 좀 무서워 보여서 심지어는 거울을 보고 선하게 보이도록 눈썹을 아래로 처지게 그려 보기도 하고 웃어 보기도 하였지만 계속 사나워 보였어요. 그리고 선교사님이 기도해주실 때 마음에 많은 감동이 있었어요. 그 기도가 너무 용기가 되고 감사하였고 자꾸만 사라지지 않고 머릿속에서 떠올랐어요. 그런데 선교사님 저 좀 보세요, 지금 나 예쁘지요?"

이렇게 말하며 애교스럽게 웃는다.

"제가 보아도 이제는 사납게 보이지 않아요. 그런데 그때는 정말 사나워 보였어요. 그리고 지금은 주님의 은혜가 너무 감사해요. 요즘은 성경을 보면 주님이 직접 저에게 말씀 하시는 것 같고 기도를 해도 너무 평안해요.

집에서 매일 기도하고 성경을 보고 있어요."

"너무 잘하셨어요. 이렇게 예쁘고 선해 보이시는데요. 앞으로 하나님께서 귀하게 사용하실 거예요. 크게 영광 돌리세요."

하나님을 대적하면 우리 모습이 악해 보이지만 성령 충만하면 아름다워 보인다.

벌써 2년이 지난 지금은 집사님이 되셔서 온 가족 모두 충성스런 교회의 일꾼이 되었다. 집사님은 새가족 섬김이 봉사로, 남편은 교회차량 봉사로, 아들은 청년회 회장으로 충성하였다. 주일예배 때 온 가족이 은혜 받는 모습을 보면 감사가 저절로 나온다.

전도는 강력한 영적 전쟁이며 그 무기는 기도다. 간절한 기도에 응답하시며 합력하여 선을 이루시는 하나님의 인도하심이 참으로 놀랍고 감사할 뿐이다. 알고 보니 집사님은 글을 쓰시는 분이었다. 그리고 그 집사님이 계기가 되어 내가 간증 집을 쓰게 되었다. 하나님의 하시는 일을 누가 알리요…….

"내 말과 내 전도함이 설득력 있는 지혜의 말로 하지 아니하고 다만 성령의 나타나심과 능력으로 하여 너희 믿음이 사람의 지혜에 있지 아니하고 다만 하나님의 능력에 있게 하려 하였노라"(고전 2:4-5).
"하나님은 모든 사람이 구원을 받으며 진리를 아는 데에 이르기를 원하시느니라"(딤전 2:4).

▲강은실 자매와 함께 (가운데가 강은실 자매)

03 – 중국 간 브라운 형제

멕시코시티에 정착을 한 후 가장 시급했던 것은 언어를 익히는 일이었다. 곧바로 스페인어 학원에 등록을 하고 열심히 언어를 배웠다. 내 나이에 새로운 언어를 배운다는 것이 쉬운 일은 아니었지만 꼭 필요한 과정이었기에 나름대로 열심히 공부를 했다.

하지만 각 나라 젊은이들 틈에 끼어 도무지 따라갈 수가 없었다. 가끔은 창피하기도 하고 그냥 포기하고 싶은 생각도 많이 들었다. 하지만 선교는 언어가 필수이기 때문에 힘들거나 하기 싫어도 해야만 하는 과정이었기에 인내심을 가지고 노력했다.

그 와중에도 학원에서 말이 통하는 한국 사람을 만나면 전도하는 일을 당연하게 생각하였다. 특히 같은 반 동료 중에서 예수 믿지 않는 한국 사람을 만나면 그들이 나를 귀찮아하지 않을까 생각이 들 정도로 복음을 전하며 교회를 소개했다.

사실 전도하고 싶은 마음이 간절하던 차였기에 처음에는 공부보다도 전도할 사람 어디 없나 찾기에 여념이 없었다. 이곳 멕시코시티에서는 아는 한인도 없고 전도하려고 해도 사람을 만날 수 없었기에 나로서는 학원에서 전도할 수 있게 된 것이 얼마나 감사한지 모른다. 스페인어 2단계를 공부하게 되었을 때 브라운 형제가 우리 반에 등록을 했다. 중국에서 오랫동안 사업을 했기에 중국어는 물론 영어도 잘 하였지만 이제는 멕시코에 사업을 하러 왔기 때문에 또다시 스페인어를 기초부터 배우게 된 것이다. 아내와 두 자녀를 서울에 두고 홀로 먼 타국에서 언어, 문화, 환경, 생활에 아직도 적응이 안 된 상태에서 사업을 한다는 것 자체가 쉬운 일은 아니었을 것이다.

　나는 그가 학원에 등록하고 얼마 지나지 않았을 때 그에게 교회를 소개했다. 다행히 학원에는 교회를 다니는 분들이 있어서 전도하기에 더 좋았다. 좋은 사람들과 만날 수 있는 기회도 있고, 실제로 교회에는 사업을 성공적으로 잘하는 분들도 많이 있으니 교회에 와서 그들과 교제를 나누면 사업에도 도움이 되지 않겠느냐고 계속 말씀 드렸다. 그러나 그는 완강하게 거부했다. 자신은 불교인이며 하나님의 존재를 믿지 못하겠다고 단호하게 거절을 하였다. 수업 시간에 자신의 종교를 소개할 때도 불교인(부디스타)이라고 당당하게 소개했다.

　하지만 그와 잠시라도 대화할 시간이 생기면 천지를 주관하시는 분은 오직 만물을 지으시고 지금도 주관하고 계시는 전능하신 하나님뿐이심을 끊임없이 설명했다. 그럴 때마다 그도 진화론을 주장하면서 창조론을 완강하게 부인하곤 했다. 세상에 가장 믿지 못할 이론이 진화론이라고 하는데 왜 사람들은 진화론을 그렇게 주장하는지 모르겠다. 이 세상에 등장한 여러 사상 가운데 진화론만큼 많은 사람의 영혼을 파괴한 것은 없다고 한다. 왜 사람들은 무슨 박사니, 학자니, 이론이니, 법칙이니 하면 앞뒤 생각해 보지도 않고 무조건 다 받아들이면서, 천지 만물을 창조하시고 지금도 다스리며 지배하고 계시는 거룩하고 전능하신 하나님 말씀은 그렇게도 믿지 못하는지 답답하기만 하다. 우리 인간의 교만한 약점을 노린 사탄의 유혹에 너무나 쉽게 무너지는 인간의 모습들을 보는 것 같아 안타깝기만 하다.

　나는 그가 사업적으로 매우 힘들어하는 모습을 보았다. 그는 지금 나에게 당장 필요한 것은 돈이라고 했다. 돈이 급하다 보니 다른 아무 말도 귀에 들어오지 않는 것 같았다. 참으로 안타까웠다. 내 힘으로 그 문제를 해결해 줄 수 없다는 것도 마음이 아팠다. 나는 그에게 우리 인간이 살아가는 데 누구나 겪는 물질의 문제는 어떤 관점에서 풀어 나가느냐가 중요하다고 말했다. 또 예수 믿는 사람들은 고난을 극복하는 방법에 있어서 믿지 않는 사람들과 차이점이 있다고 말했다. 그러나 그는 현실적으로 힘든 상황에 처해있어서인지 이 말을 잘 이해하지 못하는 것 같았다.

"성경은 우리에게 '생각하건대 현재의 고난은 장차 우리에게 나타날 영광과 족히 비교 할 수 없도다'(롬 8:18)라고 가르치고 있어요. 나는 힘이 없지만 전능하신 하나님은 도우실 수 있어요. 하나님 앞에 나가 겸손히 무릎을 꿇고 그 하나님을 인정하고 그분의 뜻대로 살아갈 때 비로소 우리의 모든 얽힌 문제들을 해결해 주시지요. 고난 뒤에는 반드시 영광이 있고 오히려 그 고난이 유익이 된다고 했어요. 그러니 교회에 나오시면 하나님께서 만남의 복을 주실지 누가 알아요!"

교회에 좋은 분들이 많이 있으니 분명히 도움이 될 것이라고 하면서 외롭고 힘들어하는 그분을 위로했다. 혼자서 식사하려면 반찬이 문제가 될 것 같아 김치도 보내고 또 동치미도 보내면서 이것저것 작은 사랑을 전해 주기도 했다. 그랬더니 어느 날 내게 "사실은 제 아내가 서울에서 교회를 다니는데, 내가 교회에 나간다고 하면 참 좋아할 거예요."라고 말하는 것이 아닌가.

그 말을 들은 나는 하나님께서 그를 만나게 하시고 전도하게 한 이유를 알 것 같았다. 누군가 뿌려놓은 눈물의 기도를 하나님은 때가 이르매 이처럼 누군가를 통해서 열매로 거두게 하시는구나 생각하게 되었다. 그가 꼭 교회에 나오게 될 것이라는 확신이 들었다. 그를 위해 기도하면서 구원의 은총뿐만 아니라 사업도 풀리게 해 주시기를 간절히 기도했다. 힘들어하던 그가 어느 날 드디어 교회에 가겠다고 말했다. 그러더니 다시 이런 말을 했다.

"나는 죄를 많이 지은 사람이에요. 그래서 교회 갈 자격이 없는 사람이에요."

교회에 나와서 하나님의 자녀가 되려는 사람에게 사탄은 항상 이런 식으로 방해를 한다. 즉 보편적 인간이 추구하는 선한 양심을 내세워 하나님께로 가는 길을 막으려 하는 것이다. 이것은 그야말로 광명한 천사로 가장한 사탄의 흉계다. 마귀는 끝까지 자기 종을 빼앗기지 않으려고 최후까지 방해를 한다.

"그렇게 말씀하는 브라운 형제는 착한 사람이에요. 내가 죄인이라는 것을 알고 시인하는 자체가 착한 사람이라는 증거가 아니겠어요? 사실 죄를 짓지 않은 사람이 어디 있겠어요. 예수님은 바로 우리와 같은 죄인들을 위해서 오신 분이세요. 그러기 때문에 더 교회를 가야 되는 것이지요."

그는 서울에서 K 대학교를 졸업하고 언어에도 많은 은사를 가지고 있었다. 나는 하나님을 아는 것이 지식의 근본이기에 하나님을 알지 못한다면 아무것도 알지 못하는 사람이라고 말하며, 덧붙여 "매년 세계에서 가장 많이 팔리는 베스트셀러가 성경이라고 하잖아요. 상식적으로라도 한번 읽어 보세요."라고 성경을 읽을 것과 교회에 나올 것을 부탁하였더니 드디어 교회에 나가겠노라고 약속을 했다. 처음 교회 오기로 약속한 사람들이 대부분 그러하듯이, 그가 가르쳐 준 주소를 가지고 몇 번 집 앞까지 간 나를 헛걸음치게 했다. 몇 주 후 그는 약속을 지키지 못한 것이 미안했던지 다음 주는 꼭 나가겠다고 굳게 약속을 했다.

그가 약속한 장소는 학원 앞이었다. 나는 그날 그가 이번에도 오지 않으면 어쩌나 염려하며 학원 앞으로 갔다. 그러나 나의 염려와는 달리 그는 학원 앞에 먼저 와서 기다리고 서 있었다.

'할렐루야!' 나는 하나님께 영광을 돌렸다. 오랫동안 불교인으로 하나님 앞에 불순종의 삶을 살던 한 생명이 주님께 순종하며 나오는 이 모습이 얼마나 아름답고 감격스러운 일인가! 주님께서 역사해 주신 그 전능하심 앞에 머리 숙여 감사하며 영광 돌리지 않을 수 없다.

나는 그와 나란히 앉아 예배를 드리면서 불편해하지 않도록 도와주었다. 찬송과 성경을 찾아 주는 일, 교독문을 펴서 교독하는 방법을 알려주고, 사도신경을 펴서 읽을 수 있도록 해 주고, 헌금을 챙겨 주는 것까지, 예배 순서를 잘 따라할 수 있도록 도와드렸다.

헌금함이 없고 헌금 바구니를 돌리는 교회일 때는 미리 봉투를 준비해서 헌금 때문에 혹시라도 불편한 마음이 들지 않도록 해야 한다.

나는 과거에 교회에서 새 가족들이 헌금을 어떻게 하는지 종종 질문을 할 때면 이렇게 답변했다. "벌써 헌금을 하고 있어요? 아직 헌금 하지 않으셔도 돼요, 나중에 새가족 교육도 받으시고 하나님 은혜가 감사해서 기쁜 마음으로 하고 싶은 마음이 생길 때 그때 하시면 돼요." 힘들게 교회에 첫발을 내딛은 새 가족에게 가장 민감하게 생각하는 헌금부터 가르치려다 그 생명을 놓쳐서는 안 된다고 생각하기 때문이다.

그가 세상적으로 아무리 많이 배우고 아는 것이 많고, 또 인생의 경험이 아무리 풍부할지라도 처음 시작하는 신앙생활은 어린아이와 같다고 볼 수 있다. 그렇기 때문에 세심한 배려와 사랑이 필요하다. 그가 스스로 교회에 나올 수 있을 때까지는 무엇이든지 도와주고 친절하게 가르쳐 주고 이해해 주는 것이 먼저 믿은 믿음의 선배들의 몫이라고 생각한다.

좋은 예는 아니지만 우리가 어느 날 갑자기 종교를 바꾸어 절에 가서 절을 한다고 생각해 보자. 얼마나 어색하고 쑥스럽겠는가? 타종교를 믿던 자나 불신자가 교회에 처음 나오는 것이 마치 그와 같은 경우라고 보는 것도 그리 큰 무리는 아닐 것이다. 다시 말하면 불신자가 교회에 첫발을 내딛는 것이 정말 힘들다는 것을 알아 더욱 세심한 배려가 필요하다는 것이다.

주일날 새로운 신자와 함께 예배드리는 그 기쁨은 해산의 수고를 아끼지 않은 전도자만이 맛볼 수 있는 감격이다. 좋으신 하나님은 그렇게 그의 아내의 기도를 이 곳 멕시코에서 응답 받게 하셨던 것이다. 교회에 처음 나온 그는 말씀이 잘 들어 올 리가 없었을 텐데도, 몇 주가 지난 다음에는 새 가족 모임까지 등록하여 공부를 하였다.

그 후 여러 면에서 멕시코에 적응이 잘 되지 않아 결국 사업을 정리하고 다시 중국으로 가게 되었다. 나는 이왕이면 이곳 멕시코에서 조금 더 신앙생활을 하다가 신앙이 조금 더 성장한 다음 갔으면 좋겠다는 개인적인 생각이 들었다. 하지만 하나님께서 그 영혼을 사랑하시기에 어디에서든지 그를 인도하는 인도자가 있을 것이라고 믿고 기도할 뿐이다. 그가 어디를 가든지 꼭 교회에 나갈 것을 권면하면서 어학원 같은 반 동료들과 함께 송

별 식사를 하였다.

가끔 생각나면 메일을 보내 교회 출석을 권하며 그를 위해 기도했다. 그리고 가끔씩 발송하는 선교소식을 브라운 형제에게도 꼭 전하면서 소식을 주고받았다. 그런데 어느 날 그가 중국에서 이곳 멕시코로 전화를 하였다. '할렐루야!' 그는 최근 중국에서 다시 교회를 나가게 되었다는 반가운 소식을 전하고 안부를 묻는 것이었다.

중국에서 교회를 다시 나가기 시작했다는 그 반가운 소식에 나는 주님의 음성을 듣는 것처럼 기뻤다. 내가 그 소식을 들으면 기뻐 할 것 같아서 전해 주는 그의 마음을 읽으면서 고마운 생각이 한층 더 컸다. 이제 주님 나라 갈 때까지 그 믿음의 줄을 놓치지 않기를 위해 더 많이 기도해야겠다. 속히 믿음이 성장하여 그로부터 예수님을 믿고 의지하였더니 하나님께서 나에게 영적인 복과 육적인 복을 이렇게 많이 주셨노라고 다시 한 번 귀한 간증을 들을 수 있는 날이 속히 오기를 기도한다. 그를 교회로 인도하게 된 이 모든 일들은 결국 하나님께서 그를 사랑하셔서 하신 일임을 믿기에 오직 주님께만 영광을 돌릴 뿐이다.

"너희는 여호와를 만날 만한 때에 찾으라 가까이 계실 때에 그를 부르라"(사 55:6).
"내가 다른 동네들에서도 하나님의 나라 복음을 전하여야 하리니 나는 이 일을 위해 보내심을 받았노라"(눅 4:43).

04 – 윤 소령과 조 소령

▲멕시코 사관학교에서
집사님이 되신 윤소령과 가족모습

스페인어 공부 3단계를 시작할 무렵에 한·멕 교환 군인 윤 소령님이 우리 클래스에 들어와 함께 공부하게 되었다. 나는 이렇게 머나먼 멕시코까지 교환 군인이 온다는 사실에 새삼 놀랐다. 교환 군인에게는 일 년 반 동안 이곳 멕시코의 사관학교에서 공부할 수 있는 자격이 주어진다고 했다.

윤 소령님이 첫 시간 자기소개를 스페인어로 하는데 그 실력이 대단했다. 나보다는 한참 위의 클래스에서 공부해야 할 분 같은데 함께 공부하게 된 것이 감사했다. 또 첫날부터 시종일관 얼마나 겸손하고 순수해 보이는지 옆에서 보기만 해도 기분이 좋은 착한 사람 같았다. 수업시간에 내가 모르는 것이 있어 물어보면 언제든지 웃는 얼굴로 편안하게 가르쳐 주었다.

이곳 멕시코에서 나를 만난 한국 사람이 나에게서 피해 갈 수 없는 질문이 있다.

"혹시 예수 믿으세요?"

"아니요!"

"부인도 교회에 안 다니세요?"

"제 아내는 한 번도 교회를 가 본 적이 없는 사람이에요. 하지만 우리 어머님은 한국에서 교회를 열심히 다니시고 있고, 저는 모태 신앙인데도 교회를 안 다니고 있어요."

나는 잠시 내가 나가고 있는 교회를 소개했다. 그 후 윤 소령님을 볼 때마다 목사님도 훌륭하시고 좋은 성도들도 많은 교회이니 한번 구경삼아 방문해 보라고 권하였다. 신앙생활은 착한 것과는 상관이 없나보다.

멕시코에 온지 얼마 되지 않은 윤 소령님은 학원이 쉬는 토요일이나 주일날 멕시코 근교로 가족과 함께 여행을 다니느라 교회 출석을 하지 못했다. 지금은 당장 교회에 나오지 않아도 어머님의 기도가 있으니 곧 나올 것이라 생각하고 조금 느긋한 마음으로 그를 위해 기도하였다.

그러던 어느 날 윤 소령님은 우리 학원에는 한 달만 다니고, 우남대학(멕시코 최고의 국립대학) 부설 어학원에 가서 스페인어 공부를 할 계획이라고 했다. 막상 그 말을 들으니 내 마음이 조급해져 왔다. 그래서 몇 번을 간곡하게 교회 올 것을 부탁하였더니 그는 편안하게 웃으면서 또 미룬다.

"시간 나면 갈게요."

"이번 주일날 집으로 모시러 갈게요. 예배가 끝나면 다시 집에 모셔다 드릴 테니 집 주소만 알려 주세요."

내가 떼를 썼더니 주소와 전화번호를 기록해 주었다.

나는 토요일 날 확인 전화를 하고 그의 마음이 변할까봐 주일날 아침 일찍 다시 연락을 하였다. 윤 소령님은 차분한 목소리로 기다리겠다고 하였다. 나는 차가 없어 천세택 장로님께 도움 요청을 하였더니 선뜻 차를 제공해 주셨다. 나는 교회 관리인 '힐베르또'와 함께 주소를 가지고 윤 소령님 집을 찾아갔다.

윤 소령님은 교회에서 거리가 조금 먼 해군부대 근처 아파트에 살고 있었다. 예쁘고 얌전해 보이는 부인과 인형처럼 예쁜 딸과 멋지고 잘 생긴 아들, 이렇게 4명의 가족이 밖에 나와 우리를 기다리고 서있었다. 어찌나 고맙고 반갑던지, 내 입에서는 미소가 떠나지 않았다.

"어머, 이렇게 예쁜 딸과 멋진 아들이 있었군요! 사모님도 너무 미인이세요! 윤 소령님 좋으시겠어요. 이렇게 예쁜 사모님과 함께 사시니."

"네, 감사합니다."

그 당시 윤 소령님 가족은 멕시코에 온 지 얼마 되지 않았기 때문에 차도 없었고 길도 잘 몰랐다. 더욱이 한국 사람들과의 교류도 거의 없었던 것이다. 교회에 오는 내내 차 안에서 나는 속으로 기도했다.

‘하나님 오늘 처음 교회 나오는 귀한 생명들입니다. 오늘 말씀을 통해 큰 은혜 받고 교회의 좋은 분위기에 잘 적응하게 해 주세요.’

걱정과는 달리 온 가족이 첫날부터 교회의 분위기를 너무 좋아하는 것이었다. 특히 부인과 두 자녀들은 태어나서 처음으로 교회에 왔음에도 불구하고 성도들과 잘 어울렸다.

그분들이 그렇게 잘 적응하게 된 이유에 대해 나는 이렇게 생각했다. 처음 멕시코에 오는 외국인들은 위험해서 밖에 자유롭게 다닐 수가 없어 집에만 있게 된다. 더구나 멕시칸 이웃들과는 말이 통하지 않으니 말할 상대도 없다. 대부분의 사람들이 외로움을 느끼고 심하면 우울증까지 오기도 한다. 아마 윤 소령님의 가족들도 그러했으리라. 일주일 내내 아이들과 함께 집에만 있다가 모처럼 주일날 교회에 나오면 한국 사람들을 만날 수 있고, 식사도 함께 하며 교제를 나눌 수 있어서 어른들 뿐만 아니라 어린이들까지도 신이 난다. 또 같은 또래의 젊은 사람들과 자녀 교육에 대한 의견도 함께 나누며 생활에 대한 스트레스도 풀 수 있어 외국에서 신앙생활을 하게 되면 여러모로 많은 유익이 된다. 전도할 때 이런 유리한 점들을 생각하고 대화를 풀어 가는 것도 좋을 것이다.

윤 소령님 가족은 참으로 교회의 모든 성도들을 기쁘게 할 만큼 믿음이 빨리빨리 성장해갔다. 그 후로 차를 구입하여 가족들과 함께 주일이면 빠짐없이 교회를 출석하였다. 새 가족모임에도 등록을 하여 수료식 때는 수료생 대표로 간증문을 발표하기도 하였다. 1년이 지난 후 부인은 본인의 신앙고백으로 세례를 받았고, 윤 소령님은 성가대원이 되어 봉사 하게 되었다. 어느 달에는 교회에서 발행하는 월간지 〈사랑의 소리〉에 처음 전도 받고 교회에 나와 새 가족모임을 수료하고 주님을 만난 글을 싣기도 하였다. 윤 소령님의 가족들이 멕시코에서 예수님을 만나고 멋진 신앙인이 되어 한국으로 돌아 갈 즈음 그의 뒤를 이어 조 소령님이 오게 되었다. 그런데 감사하게도 그분 역시 우리 학원에 등록을 하여 공부를 하게 된 것이다. 조 소령님은 한국에서 스페인어 공부를 많이 하고 오셨는지 오자마자 5단계에서 나와 함께 공부하게 되었다. 주님의 은혜였다. 조 소령님이 우리 학원에 출석한지 두 주일이 지난 어느 날 아침에 나는 그에게 조심스레 물었다.

"혹시 신앙생활 하세요?"

"하하하, 아 그분이시구나! 그렇지 않아도 윤 선배님께 이야기 들었어요. 아나(Ana) 아줌마가 혹시 교회 가자고 말하지 않았느냐고 묻던데요?"

"네? 그럼 윤 소령님을 잘 아세요?"

"네, 이제 곧 가시잖아요. 그래서 제가 대신 오게 된 거지요. 그렇지 않아도 교회 나오라고 해서 가기로 했어요. 원래 저는 가톨릭 신자인데요, 그 교회에 대학 선배님도 계시고 윤 선배님도 자꾸 교회로 나오라고 해서 가기로 했어요."

참으로 감사한 일이 아닐 수 없었다.

그 주일날 조 소령님은 예쁜 딸과 똑똑해 보이는 멋진 아들, 그리고 아직 두 돌이 채 안돼 보이는 귀여운 막내아들까지 5명의 가족이 함께 교회에 출석하고 등록을 했다.

"윤 소령님, 수고하셨어요. 너무 잘 하셨어요. 조 소령님이 교회에 잘 다닐 수 있도록 좀 도와 주셔야 되겠어요."

"네, 선교사님! 기도해 주시고 많이 도와주세요."

"네, 그럼요. 그렇게 할게요."

그런데 조 소령님 역시 참 신실한 분이셨다. 등록한 주간부터 가족들 모두 빠지지 않고 교회에 잘 출석해서 보기에 너무 좋았다. 새 가족들이 처음 교회에 나올 때는 작은 것이지만 김치나 반찬들을 조금씩 챙겨 드리기도 하고 때로는 사서 드리기도 했다. 하지만 조 소령님께는 그렇게 섬겨 드리지 못했는데도 스스로 교회에 잘 적응해나가는 모습이 너무나 감사했다. 나는 조 소령님께 이렇게 말했다.

"이제 조 소령님이 윤 소령님의 뒤를 이어 믿음이 아름답게 성장하길 바래요."

"네, 그렇게 될 수 있도록 도와주세요."

가끔 과다한 직장 일 때문에 주일에 잘 나오지 못하지만, 부인이 세 명의 자녀들을 데리고 빠지지 않고 잘 참석했다. 이제 조 소령님도 모든 것이 안정이 되면 더 열심히 신앙생활을 하게 되리라 믿는다. 그런데 벌써 1년 반이 다 되어가나 보다.

얼마 전 조 소령님 다음 바톤을 받으신 또 다른 조 소령님을 교회에서 소개를 받았다. 두 분의 조 소령님과 함께 식사를 하면서 알아보니 이번에 오신 조 소령님은 처음부터 신앙생활을 잘 하시는 분이라고 했다. 너무나 신실해 보이는 분이셨다.

"신앙생활 열심히 하세요."

"네 그렇게 하겠습니다."라고 공손하게 대답하신 조 소령님은 바쁘신 중에도 구역예배까지 잘 참석하고 계시다는 소식을 듣고 감사했다.

나는 이제 어학원을 졸업하고 지방으로 이사를 하여 선교에 주력하고 있다. 그 때문에 학원에서의 한국인 전도를 하지 못하게 된 것이 아쉽기도 하다. 그리스도인이라면 어디에 있든지 몸담고 있는 현장을 전도의 현장으로 삼아야 한다는 것을 인식했으면 좋겠다.

나는 윤 소령님이 한국에 들어가기 전 부탁의 말을 했었다.

"한국에 가서도 꼭 좋은 교회 찾아서 신앙생활 잘 하세요."

"네. 꼭 그렇게 하겠습니다."

윤 소령님은 한국에 귀국하여 약간은 생소한 한국생활이 다시 시작 되었다는 메일을 보내왔었다. 꼭 좋은 교회에서 믿음이 더 성장하여 주님 손에 붙들림 받아 귀하게 쓰임 받기를 기도할 뿐이다.

그렇게 되기를 간절히 바라서였는지 어느 날 꿈속에서 윤 소령님이 큰 교회 강대상에 서서 말씀을 전하고 나는 성전 가운데 의자에 엎드려 기도하는 것을 보기도 했다. 그런데 얼마 전 반가운 메일이 왔다.

<선교사님, 저 올해 집사 직분을 받았습니다. 곧 섬에서 육지로 나갈 것 같
습니다. 다음에 또 소식 전하겠습니다.>

나는 '할렐루야'가 저절로 나왔다.

지금도 가끔 그분들의 가족들이 생각난다. 순수하게 복음을 받아들이
던 모습들이 떠오른다. 그 가족들 모두 한국에서 신실한 그리스도인으로
살고 있으리라 믿는다.

이 모든 일들은 하나님께서 하고자 하시는 일들에 나를 사용해 주신 것
뿐임을 너무나 잘 알고 있다.

어떤 사람들은 가만히 있어도 하나님께서 구원할 사람은 다 구원해 주
신다고 말한다. 우리가 애써 전도할 필요가 없다는 말이다. 만약 그렇다면
주님께서 그처럼 간곡하게 전도하라는 명령을 하지 않으셨을 것이다. 그리
고 우리도 전도할 필요가 없으니 전도하지 않을 것이다. 그러나 주님께서
는 때를 얻든지 못 얻든지 말씀을 전파하라고 하셨다. 말씀을 듣지 못했는
데 어떻게 믿으며 전하는 사람이 없는데 어떻게 들을 수 있겠는가! 주님은
강권하여 내 집을 채우라고까지 우리에게 분명히 말씀하시지 않았는가?

"그러므로 믿음은 들음에서 나며 들음은 그리스도의 말씀으로 말미암았느니
라"(롬 10:17).
"밤에 주께서 환상 가운데 바울에게 말씀하시되 두려워하지 말며 침묵하지 말
고 말하라 내가 너와 함께 있으매 어떤 사람도 너를 대적하여 해롭게 할 자가
없을 것이니 이는 이 성중에 내 백성이 많음이라"(행 18:9-10).

주일날 연합교회 이경 집사님이 내게 다가와 도움을 요청하였다.

"선교사님, 그동안 교회를 잘 다녔던 어떤 분이 여호와의 증인들과 성경공부를 하고 있대요. 한 번 만나봐 주시겠어요?"

나는 잘못된 곳으로 넘어 갔다는 말에 귀가 번쩍 뜨였다.

"그래요! 알겠습니다. 한번 가볼게요."

그날 곧장 이순희 권사님과 함께 그분의 사업장인 식품점으로 찾아갔다. 사장님은 나이가 지긋하신데 순박하고 선해 보이셨다. 나는 모르는 척하고 말을 건넸다.

"사장님, 혹시 신앙생활은 하시나요? 연합교회가 참 좋은데 함께 신앙생활 해 보시지 않으시겠어요?"

"아, 예. 저는 여호와의 증인 공부를 하고 있습니다. 전에는 교회를 다녔는데 좀 마음에 안 들어서요."라고 솔직하게 말을 하시는 것이었다.

"아, 그러세요. 교회를 얼마나 다니셨는데요?"

"그전부터 오랫동안 교회를 다녔습니다. 그런데 교인들이 너무 나쁘고 또 실망을 주어서 별로 교회는 마음에 들지 않습니다. 그리고 저는 믿음이 없습니다. 이번에 조금 다녔던 교회는 색소폰을 부는 모임이 있어서 배우기 위해 다녔었지요. 그런데 여호와의 증인 공부를 해 보니까 참 좋고 그들의 말이 다 맞는 것 같습니다. 사람들도 다 신실하고 교인들보다 훨씬 착해 보이구요. 교회 다닌다고 하면서 정직하지 못한 사람들도 여럿 보았습니다. 저는 교인들이 아주 싫습니다."

"그러시군요. 너무 죄송스럽네요. 하지만 교회에서 좋은 분들을 못 만나 보셨나 봐요. 교회에는 이런저런 사람들이 많아요. 이제 막 신앙생활을 시작한 사람들도 있고 변화되지 못한 사람들도 많아서 그렇게 실망스러운 일들을 겪을 수도 있어요. 참 안타깝네요. 하지만 저기 계신 권사님이나 저에게 한 달 동안 이 가게를 맡겨 보세요. 단 1뻬소도 틀림없이 맞을 거예요. 신앙생활을 제대로 잘하는 분들을 만나시면 생각이 바뀌실 거예요. 교회에는 실지로 좋은 사람들이 더 많이 있는데…"

"아, 그렇군요. 어떻든 내가 공부를 해 보니 여호와 증인들의 말이 맞는 것 같고, 또 내가 좋으니 이 공부를 계속 할 거예요."

"공부를 얼마나 하셨어요?"

"일주일에 두 번씩, 한 번 할 때마다 약 3시간씩 공부를 하는데 지금 석 달이 되었습니다."

"공부를 많이 하셨군요. 하지만 이제 그 공부는 그만하셔야 할 텐데 안타깝네요."

"왜 그렇죠?"

"만약 그곳이 잘못된 곳이라면 어떻게 하시겠어요? 실컷 애써 믿었는데 천국도 못 들어가고 남들도 못 들어가게 하는 사람이 된다면 어떻게 하시겠어요?"

"아니요, 그렇지 않아요. 제가 지금까지 봐서는 여호와의 증인이 잘못된 것이 없는 것 같습니다."

나는 그때부터 여호와 증인이 어떤 사람들인지, 어떻게 시작되었으며, 기독교와 무엇이 다르고 무엇이 잘못 되었는지, 그들을 왜 이단이라고 하는지, 한 달여에 걸쳐 설명을 하였다. 스페인어 학원 수업이 끝나면 가방 속에 성경책을 넣고 다니며 아예 그 사장님의 사업장으로 출근을 했다. 책가방에 교과서, 사전, 성경까지 넣으면 무거워서 성경책을 가져갈까 말까 망설여 질 때도 있었지만 한 생명의 구원을 생각했다. 사실 그 후 책가방이 무게로 인해 찢어져 두 번이나 바꿨었다.

사장님에게서 조금씩 변화가 오기 시작할 무렵 이단을 전도할 때마다 듣는 똑같은 말을 듣게 되었다.

"선교사님 말을 들으면 선교사님 말씀이 맞는 것 같고, 여호와 증인들의 말을 들으면 여호와 증인들이 맞는 것 같아요."

반응이 보이기에 다음날은 한국에서 새 가족모임 교육 때 사용했던 이단 비교 종교 자료 중에 여호와 증인 자료를 가지고 한 시간에 걸쳐 설명을 해주었다. 설명을 다 듣고 나더니 "선교사님 말씀이 사실이라면 안 해야지요."라고 대답했다.

"사장님, 제가 거짓말을 하면 이 다음에 제가 천국에 못 갈 수도 있어요. 또 하나님께 얼마나 혼나려고 이런 거짓말을 하겠어요? 제가 이렇게 열심히 설명하는 것은 사장님이 이런 사실들을 모르시기 때문에 속지 말라고 말씀 드리는 것입니다. 이번 주에 증인 공부를 또 하실 거예요?"

"그러게요. 안 해야 되는데 그 사람들이 자꾸 오는데 오지 말라고 할 수가 없어요. 그래서 바쁘다고 말하려고요."

"아니에요, 사장님! 이제는 사실대로 말씀을 하세요. 공부를 그만하고 교회를 가겠다고요."

"네, 이번 주에 오면 한번 말씀 드려 볼게요."

너무 마음이 약하여 매몰차게 거절을 못하는 사장님이 딱해 보이기도 했다. 물건을 파는 사업장 안에 손님들이 간간이 오는데 대화를 나누는 것이 조금 미안하기도 했지만 잘못된 길로 가는 한 영혼을 생각하니 시간을 지체할 수가 없었다. 하루라도 빨리 그 공부를 그만 두게 하고 싶었다. 하지만 오늘은 그만 하는 것이 좋을 것 같아 조용히 사업장에서 함께 기도한 다음 다시 오겠다고 약속하고 밖으로 나왔다.

다음날 새벽기도회에 가려고 교회 승합차를 탔다. 새벽기도회를 함께 다니시는 권사님 한 분이 내가 식품점 사장님을 전도한다는 소리를 들으신 모양이다. 권사님은 큰소리로 내게 말했다.

"선교사님! 식품점 사장님 전도하신다면서요? 그만 하세요, 선교사님 헛수고하시는 거예요. 그분은 절대로 교회에 나오지 않을 거예요. 그럴 만

한 이유가 있는 사람이에요."

새벽기도회를 가기 위해 차를 타자마자 갑자기 이런 말씀을 들으니 머리를 한 대 맞은 느낌이 들었다. 나는 목소리를 조금 높여 대답했다.

"권사님, 그런 말씀이 어디 있어요. 헛수고라니요. 나오시면 어떻게 하실 건데요!"

"아니, 그분은 안 나오신다니까요. 그분이 싫어하는 사람이 우리 교회에 있어서 절대로 안 나와요."

"그래도 하나님이 하시면 나오실 수 있습니다."라고 말하였다.

그리고 그날 새벽 기도회 때 나는 그분을 위해 더 열심히 기도를 하였다.

'하나님! 저 권사님이 사람으로는 할 수 없으되 하나님으로서는 능치 못함이 없으시다는 것을 알 수 있도록 역사해 주세요. 전도는 내가 하는 것이 아니고 하나님께서 하신다는 것과 사람의 생각으로 판단하면 안 된다는 것도 알게 해 주세요.'

그리고 이틀 후 학원 수업이 끝나자 또 식품점으로 갔다. 이제는 웃으시면서 아주 반갑게 맞이하신다.

"사장님, 잘 지내셨어요? 여호와 증인들에게 오지 말라고 연락은 하셨나요?"

"네, 어제 또 집에 찾아와서 바빠서 공부 못한다고 말을 했어요. 내가 자꾸 핑계대며 공부를 하지 않으려고 하니까 어제는 사람들이 많이 왔어요. 그리고 공부 가르치는 사람이 마음에 안 들면 다른 사람과 바꿔 주겠다고 하면서 자꾸 계속하자고 설득을 하는 바람에 너무 힘들었습니다."

사장님의 말을 듣고 있자니 답답하기도 하고 안쓰럽기도 하였다.

"그래서 어떻게 하시기로 하셨나요? 사장님! 잘못된 것을 알았으면 이제는 단호하게 끊을 줄도 아셔야지요. 그렇게 마음이 약하시면 어떻게 해요. 이제 강력하게 오지 말라고 말씀을 하세요."

"네, 그래서 2주 전부터 안 한다고 했습니다. 그런데도 자꾸 오네요."

"아무튼 전화를 하시든지 다시 연락하셔서 이번에는 확실하게 끊으세요. 그것이 사장님이 살 길입니다. 너무나 중요한 일이예요. 그리고 어떠세요. 다음 주부터 교회에 나오셔야지요?"

"네? 아무리 그래도 그렇지, 어떻게 그렇게 가볍게 금방 교회를 가요. 그리고 솔직히 그 교회에 내가 좀 싫어하는 사람이 있어요. 그래서 가기는 좀 힘들 것 같아요."

새벽기도회 갈 때 권사님이 하신 말씀을 그대로 하셨다.

"네? 사장님. 그게 무슨 말씀이세요. 사람을 싫어해서도 안 되겠지만 그 싫은 사람 때문에 내 영혼이 멸망해도 괜찮다는 거예요? 그것은 너무나 억울한 일이잖아요. 교회에는 많은 사람들이 있는데 다 내 마음에 드는 사람들만 있는 것이 아니에요. 우리가 믿는 믿음의 표준은 오직 예수님뿐이에요. 심지어 목사님도, 저도 사람이기 때문에 가까이 지켜보면 실망되는 부분이 보여요. 그러니 오직 주님만 바라보고 신앙생활을 해야 해요. 그리고 싫은 사람이 있을 때는 그분을 위해 계속 기도하다 보면 어느 순간 미워하는 마음이 사라지게 돼요. 교회 안을 자세히 살펴보면 사실은 나쁜 사람보다는 좋은 사람들이 훨씬 더 많다는 것을 알게 될 거예요. 다음 주에 꼭 한번 와 보세요."

"네, 알겠습니다. 갈게요." 하셨다.

약속한 주일 아침 조금 일찍 전화를 하였다.

"오늘 교회 오실 수 있겠어요?"

그런데 대뜸 하시는 말씀이 나를 다시 당황하게 했다.

"아니 어떻게 사람이 그렇게 가볍게 금방 교회를 갈 수 있겠어요? 다음에 천천히 갈게요."

지난번 하던 말씀을 똑같이 하는 것이었다. 얼마나 당당하게 말씀을 하시는지 마치 금방 갈 수 없는 것이 당연한 것처럼 들렸다. 나는 약간 흥분된 마음을 진정 시키며 차분한 목소리로 간곡하게 말씀드렸다

"아니 사장님, 우리 같은 죄인들이 전지전능하신 하나님 앞에 예배드리러 가는데 무슨 가볍고 무겁고 무게를 따져요. 하루라도 빨리 겸손하게 주님 품에 나오시면 그때부터 주님의 사랑을 받는 거지요. 오늘 못 오시겠어요?"

"네, 오늘은 안 되겠구요. 그러면 다음 주에 꼭 갈게요."

나의 강한 어투에 한풀 꺾인 목소리로 대답했다. 한 주간 다시 이렇게 기도하며 기다렸다.

'자꾸만 교회 오지 않으려는 마음을 주는 것들을 예수님의 이름으로 물리쳐 주시옵소서! 성령님께서 도와주셔서 평안한 마음으로 교회에 발걸음을 옮길 수 있도록 역사해 주시옵소서.'

한 주일을 그렇게 기다린 다음 주일날 약속 장소에서 다시 전화를 하였다.

그랬더니 이번에는 미국에 물건 구하러 가야 해서 교회에 못 가고 그 다음 주일은 꼭 가겠다고 했다. '너무 쉽게 대답하시니 이러다 교회 출석을 자꾸 미루는 것은 아닐까?' 하는 생각이 들었다. 하지만 사장님이 워낙 솔직하고 착해 보여서 하나님께서 사랑하시고 구원해 주실 줄로 믿었다. 또 한 주간이 지나고 주일날 아침 일찍 전화를 하였다.

"사장님, 여기 집 앞인데요. 지금 빨리 나오세요. 차에서 기다리고 있어요."

"네, 선교사님. 저 오늘 교회 갔다 왔어요. 1부 예배요. 제가 요즘 식당 개업하는 일로 바빠서 일찍 예배드리고 왔어요."

"어머나 그러셨군요. 정말 잘 하셨습니다. 감사합니다. 교회등록은 하셨나요?"

"아니요! 다음에 하지요."

"네 알겠습니다. 약속 지켜 주서서 감사합니다."

이렇게 가까스로 교회에 오신 K 사장님은 그 다음 주일에 약속대로 교회에 등록을 하셨다. 그 이후로 매주 빠짐없이 교회를 잘 출석하셨고 새 가족모임 성경공부까지 마치셨다. 특별히 주일 대예배 중에 있는 새 가족모임 수료식 때는 성도들 앞에서 대표로 은혜 받은 것을 간증까지 하셨다. 교회의 좋은 분위기에 만족해하시며 얼마 후 그는 P 형제님을 교회로 인도하기도 하셨다.

만약 그분을 그대로 두었더라면 자칫 여호와 증인이 되어 믿음의 성도들을 도리어 유혹하고 있었을지도 모른다. 이단에 빠지지 않기 위해 우리는 말씀을 많이 읽고 듣고 배우는 일에 힘써야 한다. 말씀이 부족하고 구원의 확신이 없으면 전도는커녕 이단들의 달콤한 말 몇 마디에 마음을 빼앗기게 된다. 교회에서 성경공부 그룹에 참석하라고 하면 잘하지 않으면서 이단들이 성경공부 하자고 하면 쉽게 넘어가는 이유를 이해할 수 없다.

교회 안에는 이단들의 성경공부 모임보다 더 다양한 성경공부 모임들이 많이 준비되어 있다. 새가족 모임, 제자훈련, 사역훈련, 전도폭발 훈련, 크로스웨이, 벧엘성서대학, 성경 통독모임, 1대1 제자양육, 제자대학, 조직신학까지 평신도 성경공부 수준이 신학교 수준이다. 이런 모임들을 통해 공부를 한 사람들은 이단들이 어떤 말로 유혹할지라도 넘어가지 않는다. 우리 모두 말씀을 읽고 듣고 배우는 일에 게을리 하지 않았으면 좋겠다.

"먼저 알 것은 성경의 모든 예언은 사사로이 풀 것이 아니니 예언은 언제든지 사람의 뜻으로 낸 것이 아니요 오직 성령의 감동하심을 받은 사람들이 하나님께 받아 말한 것임이라 그러나 백성 가운데 또한 거짓 선지자들이 일어났었나니 이와 같이 너희 중에도 거짓 선생들이 있으리라 그들은 멸망하게 할 이단을 가만히 끌어들여 자기들을 사신 주를 부인하고 임박한 멸망을 스스로 취하는 자들이라"(벧후 1:20-21, 2:1).

06 – 멕시코 선교

▲엔도치 마을 어린이들 성탄선물

내가 한국에서 사역할 때, 기숙사를 떠나 처음 부임한 예닮 교회는 작지만 그림처럼 예쁘고 아담한 교회였다. 예닮 교회에 부임한지 얼마 되지 않았고 일도 바쁘던 그즈음 딸이 사춘기를 겪고 있었다. 그동안 영특하여 모든 부분에 앞서가며 나를 기쁘게 해주던 딸이 갑자기 돌변하자, 내 마음까지 안정이 안 되었다. 딸이 늘 신경이 쓰여서 사역하는 데도 지장이 많아 딸에게 유학을 제안해 보았다.

"너 엄마가 유학 보내 줄 테니 갈거니?"

한참 생각하던 딸이 가겠다고 대답한다. 다시 묻기를 세 번, 똑같이 가겠다고 대답했다. 나는 그 길로 15일 만에 학교 서류를 준비하여 케냐에 계신 선교사님께 딸을 보내게 되었다. 케냐에서 미국인이 운영하는 기숙사가 있는 고등학교를 다닌 지 1년이 지날 무렵 딸이 전화로 이런 말을 했다.

"엄마, 이곳 케냐에 있는 미국인 학교는 학비가 비싸잖아요. 그런데 선교사 자녀는 3분의 1만 내면 된대요. 그러니까 엄마도 선교 훈련을 받고 선교사 자격을 갖추세요. 팔복교회에서 선교 훈련을 하고 있는데 여기 계신 선교사님도 거기서 훈련 받고 오셨데요."

"엄마는 지금 그 훈련 받을 시간이 없어. 그런 것 신경 쓰지 말고 공부나 열심히 하렴. 돈 걱정 말고."

그런데 딸이 막무가내로, 엄마는 그 비싼 학비가 아깝지도 않느냐면서 다그쳤다. 딸의 얘기도 있고 선교 훈련을 받는 것도 좋은 일이고 월요일에 시간도 있으니 한번 해보자 생각하고 총회에서 실시하는 지역 LMTC 선교 훈련을 받게 되었다.

사실은 그때 딸은 잘못된 정보를 알고 있었다. 선교훈련을 받는 것과 학비와는 전혀 무관했다. 그러나 그것이 계기가 되어 훈련을 받으면서 다시 한 번 선교에 도전을 받게 되었고 새로운 꿈을 꾸게 되었다. 내가 선교 훈련을 받은 지 1년도 되지 않았을 때, 딸은 케냐에 간지 2년 만에 고등학교 2학년을 마치고 캐나다로 학교를 옮기게 되었다. 하지만 나는 한번 시작한 선교 훈련을 중단하지 않고 끝까지 받았다.

그동안 내가 섬기던 예닮 교회는 계속 성장하여 매년 등록 교인이 100여 명이 넘었다. 만 7년이 된 시점에서 돌아보니 내가 부임할 때 50여 명이 모이던 교회가 장년 출석교인이 350명쯤 되고, 중·고등부와 주일학교 학생을 합하면 500명이 훨씬 넘는 교회로 성장했다. 그사이 교회가 좁아서 두 번에 걸쳐 교회건축과 확장공사를 하였고, 멋진 비전센터 교육관도 짓게 되었다. 그래도 교회가 비좁아 지금은 새 부지에 대성전을 건축하여 지역에서 멋진 교회로 우뚝 세워지게 되었다. 이렇게 교회가 빠르게 성장한 것은 담임목사님의 열정적인 전도 목회와 적극적인 전도지원 그리고 성도들의 순종으로 온 교회가 쉬지 않고 전도를 한 결과이기도 했다.

그 시점에서 나는 전도의 꽃봉오리는 선교라고 하는데, 꼭 한번 선교를 해 보고 싶다는 생각이 들었다. 그래서 국제 기아대책에서 실시하는 선교 훈련을 다시 받았다. 훈련이 끝나자 기아대책 본부에서는 뜻밖에도 멕시코 치아파스 주에 있는 익투스 중·고등학교를 소개해 주었다. 과거에 기숙사에서 학생들을 관리했던 경험을 토대로 복음을 전하라고 소개해 주신 것 같다.

나는 멕시코를 한 번도 생각해 보지 않았지만 그렇게 해서 오게 되었다. 예닮교회에 부임한지 만 8년이 접어들면서 숨가빴던 국내 사역을 잠시 내려놓게 되었다. 멕시코에 갑자기 왔을지라도 인도하신 분은 주님이신 줄 믿는다.

오래 전에 보여 주셨던 바다 위에 펼쳐진 세계지도 위에 딸과 함께 떨어진 꿈이 다시 생각났다. 실제로 내가 처음 멕시코시티에 정착할 때 중국에 있던 딸이 이곳에 와서 7개월 동안 학생들에게 영어를 가르치며 나를 돕고 갔다. 잘 자라던 딸이 왜 사춘기를 심하게 앓았는지 그 이유를 알 것만 같았다. 그렇지 않았다면 나는 유학을 보내지 않았을 것이며, 선교 훈련도 받지 않았을 것이다. 매순간의 삶을 선한 길로 인도하시며 우리를 통해 일하시는 하나님의 섭리하심을 깨닫게 된다.

나는 선교를 하면서 많은 것을 느꼈고 깨달은 바도 크다. 사실 준비 없이 선교를 오게 된 것이 나에게 힘든 시간이 되기도 했다.

첫째는 언어 적응이었다. 아무리 복음의 열정이 있고 특별한 능력이 있다고 해도 언어가 통하지 않으면 아무 것도 할 수 없다. 예상치 못했던 스페인어 권에 준비없이 갑자기 오게 된 것도 적응하기에 힘든 시간이 되었다.

둘째는 문화와 환경 적응이었다. 심지어 목사님들도 훔치고 약속을 어기고 거짓말과 눈속임을 할 때마다 분노가 일어났다. 언어 표현 방법, 식사 습관과 방법, 시간약속, 행동의 표현 등 그들과 동화되기 위해 내 생각들을 내려놓고 그들을 용납하고 이해하고 그들의 문화를 받아들이는 일은 내게는 결코 쉬운 일이 아니었다. 나는 언젠가 읽었던 책 《파인애플 이야기》를 떠올리며 마음속으로 계속 권리 주장을 포기하는 훈련을 스스로 하였다.

또한 동양권 문화에서 수십 년간 몸에 배인 습관을 하루아침에 서양권 문화로 바꾸는 일도 결코 쉽지 않았다. 그러니 자존심, 체면, 명예 같은 것은 생각할 여지도 없었고 모든 것을 다 내려놓고 어린아이가 되어 하나하나 지금도 배워가는 중에 있는 선교 초년생이라고 할 수 있다.

선교를 오기 전부터 '하나님, 저는 아무것도 못해요. 다만 복음을 전하고 싶어요. 저를 사용해 주세요. 제게 주신 달란트와 은사를 잘 활용하게 해 주세요'라고 기도했지만, 선교지에 와서 몇 년 동안 전도는 꿈도 꾸지 못했다. 생활 용어 하는 것조차도 너무 힘들었다. 언어 훈련 기간 동안 전도를 쉬고 있다는 것도 마음에 부담이 되어 다니던 스페인어 학원에서 한국 사람이 가끔 들어오면 기쁘게 전도를 하곤 했다. 하지만 현지인 전도를 하고 싶은데 언제 복음을 전할 날이 있을까 막연하기만 했다. 그런 나에게 하나님께서는 서툴지만 현지인 전도를 할 수 있는 기회를 주셨다.

중학교 때 학교에서 장래 희망을 기록하라는 시간이 있었다. 나는 별 생각 없이 유치원 교사와 고아원 원장이라고 기록했었다. 그 후 기독교 교육학을 전공하고 유치원 교사, 주임교사, 원감, 새마을 유아원 원장까지 조금씩 경력을 쌓게 하시더니, 지금 이곳에서 빈민촌 아동 급식 사역을 하며, 고아와 같은 그들을 도우며 어린이 전도에 주력하게 하신 것을 보면 주님의 계획과 인도하심에 놀랄 뿐이다.

주님께서 미리 훈련시키셔서 즐겁게 사역할 수 있게 하시고 한걸음씩 인도하시고 섭리하심에 감사할 뿐이다. 서툴지만 현지인 전도에 힘쓰고 있는 몇 가지를 적어본다.

< 의료 봉사를 통한 전도 >

하나님의 섭리 가운데 의료 선교를 하시는 K 장로님을 만나 그 팀에 합류하게 되었다. 스페인어 학원에 다니는 1년 반 동안 토요일과 주일에 그 팀의 전도 파트를 맡아 현지 목사님들 전도 훈련 사역을 담당하였다.

매월 도시 빈민마을 두 교회를 방문하여, 목사님은 사영리로, 나는 글 없는 책으로 복음을 전하며 주님을 영접시켰다. 물론 나는 한국에서처럼 자유롭게 언어 구사를 할 수 없었다. 그런데 그 서툰 언어로 복음을 전하지만, 현지인들은 자기들과 다른 모습의 외국인이 복음을 전하니 더욱 신기하게 생각하고 집중하여 듣는 것 같았다. 오히려 내 언어가 틀리면 고쳐 주기도 했다.

하루 종일 전도가 끝나면 목사님은 이미 성령이 충만해져 있다. 복음을 듣고 교회 오기로 약속한 사람들에게 기도를 해 주실 때는 감격하여 눈물을 흘리기도 하셨다. 목사님들 중에는 이렇게 성령 충만해 보기는 처음이라고 고백하신 분도 계셨다. 나는 예닮 교회에서 예쁘게 만들어준 '사영리' 책자를 목사님께 선물하며 이렇게 말했다.

"저는 한국에서 이 사영리로 매일 전도를 했습니다. 목사님도 성도들과 함께 매주 하루씩만 이렇게 전도해 보세요. 교회가 금방 부흥될 거예요. 오늘 교회 오기로 약속한 사람들이 다음 주에 꼭 나올 수 있도록 이름 써 붙여 놓고 매일 기도하시고 성도 한 사람에게 한 사람씩 짝을 지어 드린 다음 책임지고 모시고 오도록 하세요. 그래도 오지 않으면 우리가 가져 온 선물을 가지고 목사님이 직접 방문하시면 큰 효과가 있을 거예요."

목사님들은 꼭 그렇게 하겠다고 약속했다. 사역을 마치고 한 주간 후에 확인해보면 영접한 사람 중에 작게는 2 가정부터 많게는 12 가정까지 교회를 출석하였다는 소식을 듣곤 하였다. 귀한 열매들을 확인할 때마다 감사한 마음이 들었다.

K 장로님은 침, 뜸, 마사지 등으로 중증 환자들을 치료하시고, 부인 권사님과 아들 집사님은 발 맛사지 기계를 맡아서 봉사하시고, Y 집사님은 예배 때마다 '오까리나'를 불어 은혜를 끼치며 때로는 손가락이 마비가 될 정도로 맛사지를 하셨다.

P 집사님은 혈액순환 의료 기계를 맡아 봉사하시고, 여호와 증인 공부하다 전도를 받은 K 집사님은 많은 장비와 준비한 선물들을 차량으로 운반하는 봉사를 하셨다. 이제는 다른 사역들로 인해 이 사역을 할 수 없게 되었지만, 1년 반 동안 좋은 경험을 하게 하셔서 현장 적응에 큰 도움이 되게 하심을 감사드린다.

< 어린이 급식 사역을 통한 전도 >

국제 기아대책 본부의 지원으로 아동 급식 사역을 하고 있다.

도시 빈민가인 '치말우아깐'에 있는 베텔(Bethel)교회로 판자촌 마을 어린이들을 데려와 다양한 프로그램으로 성경 공부를 시키고 점심을 제공한다. 또 한국의 몇 분 권사님들의 도움으로 성경을 보급하여, 모일 때마다 성경을 쓰고 암송하는 일에 주력하고 있다.

만성적으로 잘못된 부패한 사회 문화와 습관, 도둑질과 마약, 거짓말이 몸에 밴 어른들을 변화시키는 일은 힘들지만, 어른의 보호를 받지 못한 채 사랑에 굶주린 어린이들은 보다 쉽게 전도 할 수 있다. 그대로 버려두면 희망 없이 부모 대와 같은 실패를 맛볼 수밖에 없는 빈민촌 어린이들에게 큰 꿈을 심어주어 개인과 가정 더 나아가 사회에 큰 변화를 줄 수 있는 꼭 필요한 사역이 어린이 사역이라고 생각한다. 열악한 환경과 주위의 무관심 속에 자란 아이들에게 하나님의 사랑을 알게 하고 위로와 소망을 주어 크리스천 리더로 키우는 일은 매우 귀한 일이라고 생각한다. 또한 복음을 통해 바르게 성장할 수 있도록 양육하는 일은 사회 전반적으로 문제가 되고 있는 마약, 알코올, 강간, 폭력, 도벽 등의 범죄를 사전에 예방하는 효과도 기대할 수 있다. 이런 일들을 지역교회가 맡아서 감당함으로 좋은 소문이 난다면 지역사회 복음화도 앞당길 수 있을 것이다.

베텔교회 펠리페 목사님은 평일에는 건축 현장에서 페인트칠을 하신다. 도시 빈민교회 목사님들 대부분이 평일에는 노동을 하신다. 그렇지 않으면 교회를 이끌어 가기는커녕 가족이 생활하기도 힘들기 때문이다. 교회에는 보통 이삼십 명의 가난한 성도들이 모인다. 목사님이 돈을 벌어 십 수 년에 걸쳐 조금씩 벽돌을 쌓아 교회를 건축하며 목회를 하는 모습은 참으로 고귀해 보인다. 하지만 교회가 아무리 열악해도 기타와 드럼 건반만큼은 어디에나 있다. 워낙 음악을 좋아하고 춤추며 찬양하는 시간이 설교 시간보다 더 긴 이들의 문화 특성상 악기가 없으면 예배가 되지 않기 때문이다.

나는 주일 예배에 '베텔' 교회와 '에마우스' 교회를 번갈아가며 참석하고 있다.

성경공부 1시간, 찬양 1시간, 설교 1시간, 광고와 생일축하, 교제 30분, 11시 성경공부를 참석하는 것까지 합하면 무려 3시간 30분간 예배를 드린

다. 매주 오후 2시 30분에 예배가 마쳐진다. 그렇지만 어느 누구도 지루하게 생각하는 사람은 없다.

목사님들은 세상일과 교회 일을 겸하여 하니 피곤하여 교회 일에 주력하지 못하고 또한 전도하는 모습도 볼 수 없었다. 그래서 나는 두 교회에 매주 하루씩 성도들과 함께 마을 전도 봉사를 제안했다. 이제는 어느 정도 정착되어 전도 대원들이 열심히 전도하고 있고 조금씩 교회도 성장해가는 모습을 본다. 이곳에서도 한국에서와 거의 같은 방법으로 전도를 한다. 매주 막대 사탕과 함께 예쁜 전도카드에 한국말로 이름을 써주며, 교회 나올 확률이 높은 사람에게는 성경을 준다.

베텔교회는 판자촌 마을 전도에 주력하였더니 불과 몇 달 만에 어린이들이 모이는 숫자가 점점 많아져 처음보다 30% 가량 증가하였고, 처음 내가 주일예배에 참석했을 때 9명이 모이던 장년 숫자는 현재 45명이 넘는다. 로스 레예스에 있는 에마우스교회는 한 가족 7명이 전도를 받고 매주 교회를 잘 출석하고 있다. 특별히 교인 중에서 좋은 전도 대원들을 발굴하게 된 것이 너무 감사하다.

▲베텔교회 급식사역 아동들과 함께

‘틀라우아까’에 있는 ‘레끌루소리오 오리엔떼’ 남자 교도소에는 만 4천 명이 수감되어 있고 ‘치말우아깐’에 있는 ‘레끌루소리오 페미닐’ 여자 교도소에는 6천 명이 수감되어 있다. 나는 매주 화요일 격주로 에마우스교회의 초등학교 교사인 ‘실비아’ 집사님과 ‘로드리고’ 성도님과 함께 그 교도소 전도사역을 한다.

교도소 앞에서 한글로 **〈예수님은 당신을 사랑합니다〉**라고 쓴 피켓 밑에 **〈Quieres sobre que dice !pregunta!〉 (이 말이 무슨 뜻인지 알기를 원하시면 질문하세요!)** 라고 쓰고 피켓을 들고 서있으면 교도소에 음식을 전달하기 위해 방문한 가족들이 웃으면서 다가와 망설임 없이 질문을 한다. 그러면 그때부터 전도가 시작된다. ‘사영리’와 ‘글 없는 책’을 설명해 주고 즉석에서 영접시킨다. 인적 사항을 기록해 주면 화요일 저녁 기도회시간에 교회에서 모여 기도해드린다. 막대 사탕과 요한복음과 로마서 성경을 주고, “예수님은 당신을 사랑합니다.”라고 쓰여진 예쁜 카드에 한글로 그들의 이름을 써주면 너무나 좋아한다. 어떤 사람들은 가족들 이름을 다 불러 주며 써달라고 하는 사람들도 있다.

처음에는 교도소 안에 들어갈 수 없도록 되어 있어서, 우리는 교도관에게 복음을 전하고 신분을 밝혔다. 지금은 안으로 들어갈 수 있도록 허락받아 마음껏 전도할 수 있게 되었다. 남자 교도소 교도관들은 이미 친숙해져서 내가 가면 멀리서 손을 흘들며 ‘아멘’ 하며 웃는다. 여자 교도소는 방문하기 시작한지 얼마 되지 않았다. 가족이 교도소에 있으니 마음이 아프고 힘들 텐데도 항상 밝게 웃는 모습이 우리와는 사뭇 다른 정서를 지닌 민족이다.

나는 차마 미안해서 묻지 못하는 말들을 함께 전도하는 실비아 선생님은 거침없이 질문을 한다. 어떻게 해서 교도소에 들어갔는지 얼마나 되었는지 가족 중 누구인지 그런데 그들은 그 질문에 스스럼없이 자세히 설명해 준다. 강도, 강간, 납치, 아버지, 아들, 어머니, 딸, 형제 등... 현재 34살인데 70년 형을 받았다는 등 솔직하고 편안하게 대답해 준다. 하지만 복음을 들은 자들에게 기도를 해드리면 그 밝았던 표정은 사라지고 어떤 사람은 통곡하며 눈물을 흘린다. 마음이 힘든 사람들이라서 전도가 쉽게 되는 것을 기회로 삼고 쉬지 않을 생각이다. 사역 때마다 사탄의 방해 공작도 많이 경험하지만 강한 성령님의 역사하심을 그보다 더 크게 느낀다. 가끔 꼭 필요한 사람들에게 생필품도 전해주며 기쁘게 사역하고 있다.

⟨ 판자촌 마을 전도 ⟩

'치말우아깐'의 한 지역에 마약과 알코올 중독자들이 밀집하여 사는 판자촌 마을이 있다. 정부에서도 심각성을 알지만 지원하면 다시 마약과 알코올을 하기 때문에 모두들 외면하며 방관하고 있을 뿐이다. 문제는 그곳에 방치된 어린이들이 너무 많다는 것이다.

'까사 데 까르똔'(Casa de carton)이라는 판자촌 마을에 식량 공급과 함께 ⟨어린이개발사역⟩을 통해 복음을 전하여 변화된 삶을 살게 하고 가까운 교회로 인도하면 주님께서도 기뻐하시리라 믿고 힘쓰고 있다.

이미 어린이 급식 사역에 많은 어린이들이 참석하고 있다. 몇 달 전 전기 누전으로 불이 나서 9채가 전소되었다. 그때 식량 공급을 하며 복음을 전한 결과, 지금 두 가정이 교회에 출석중이다. 학교에 다니지 않아 글을 몰라서 성경을 쓰지 못하는 아이들도 있어 급식 사역 때는 별도로 글을 가르치고 있다.

▲현재 사역중인 판자촌 마을 전경

현재 매주 토요일 급식 사역 후에 베텔교회 성도들과 함께 판자촌 마을 전도를 하고 있다. 마을이 쓰레기 처리장과 붙어 있고 길이 포장되지 않은 흙길이라서 먼지가 많아 숨쉬기 힘들 때도 있다. 걷기에는 건강에 지장이 있을 정도로 먼지를 마시게 된다. 그러나 성도들이 잘 따라 주고 있고 조금씩 마을 주민들의 마음 문이 열리고 있어 감사하다. 지난 크리스마스 이브 칠면조 파티 때는 성전이 비좁도록 많은 주민들이 몰려와서 펠리페 목사님과 성도들 모두 기쁨을 감추지 못했다.

< 교회 개척 >

베텔교회 아동급식 사역 봉사자인 '후아니따' 집사님의 고향인 '똘루까' 시 '엔도치' 마을에 크리스천 3가정이 있다는 소식을 듣고 예배를 드리기 시작했다. 내가 살고 있는 지역에서 자동차로 3시간 30분 이상 가야 하는 아름답고 조용한 시골 마을이다. 그곳에 아직 교회가 없어 신자 중 현지 경찰인 '호르헤 메히아' 성도 집 마당에서 예배를 드리고 있다. 마을 전체 주민 중 이 세 가정 외에는 모두 가톨릭과 무신론자 가정이다. 하지만 작년 크리스마스 예배 때 어린이가 30명, 어른이 10명이 함께 모여 성대한 성탄 잔치를 하기도 했다. 마을 전도를 시도해본 결과 가톨릭이 너무 강하여 심하게 반대하고 거부했다. 하지만 시작이 반이라는 말처럼 주님께서 한걸음씩 인도해 주시리라 믿고 하나님께서 하시는 일을 구경할 뿐이다.

이 간증집으로 얻어지는 수익금이 생긴다면 모두 멕시코 전도에 사용할 계획이다. 지금도 사역 중에 많은 어려움은 있다. 현지인의 눈속임, 교육의 부실, 치안의 불안정, 언어로 인한 의사소통 장애 등등 혼자서 감당할 수 없는 일들이 많지만, 선교는 희생, 인내, 용서, 이해가 없으면 할 수 없는 일이기에 삶을 통해 본을 보여 주는 일과 기도밖에 없음을 깨닫는다. 말씀 외에 다른 길이 없음을 깨닫고 주님께서 인도해 주시는 대로 기다리며 순종할 뿐이다.

나를 도와 전도를 함께 다니는 '실비아'는 초등학교 교사다. 매주 그를 만날 때마다 철저한 시간 약속과 정직함에 대한 이야기를 가장 많이 한다. 처음에는 대원중에 시간 약속을 잘 지키지 않아 애를 먹기도 했다.

그런데 지금은 시간도 잘 지키고 이제는 모든 것을 믿고 맡길 수 있게 되었다. 특히 실비아 선생님은 참으로 신실한 신자다. 좋은 전도 동역자를 만나게 해주신 주님께 감사드린다.

숨가쁘게 돌아가는 영적 전쟁 속에서 어둠의 세력들을 대적하는 이 일은 나 혼자서는 감당할 수 없다. 보내는 선교사들과 함께 힘을 합해 기도하며 나아간다면 가능하리라 믿는다. 흑암에 처한 백성들이 주께로 돌아오는 길은 오직 하나님의 말씀을 통해 깨우쳐주는 것밖에 없다고 생각한다. 그래서 모든 사역에서 특별히 성경 보급을 위해 노력을 기울이고 있다. 백 마디 말보다 하나님의 말씀 한 구절이 사람을 움직이는데 더욱 강력하고 능력이 있기 때문이다. 성경 말씀을 읽고, 쓰고, 암송할 수 있도록 해서 하나님을 아는 일에 열심을 내는 성도로 성장하기를 기도한다.

매주 토요일이면 어린이들이 성경을 암송하느라 진땀을 뺀다. 하지만 그 결과 지금은 많은 성경구절을 암송하는 모습을 보고 있다.

작년 성탄절을 두 주 앞두고 미국 의료선교 단체인 'OSI' 주선으로 메린랜드에 있는 교회 성도 30여 명이 방학을 이용하여 판자촌 마을을 섬기고 갔다. 그들은 우리나라 단기선교팀과 같은 방법으로 찬양과 율동 성극을 하고 어린이들에게 푸짐한 선물을 주고 갔다. 그때 했던 성극이 '예수님의 탄생'이었다. 그런데 이번 성탄절 때 에마우스교회에서도 역시 똑같은 예수님의 탄생 성극을 하였다. 내가 어릴 때부터 성탄절만 되면 수없이 보았던 그 성극…….

나는 이것을 보면서 예수님을 믿는 우리 모두는 세계 어디에 살든지 하나라는 것을 더욱 생각하게 되었다. 지금도 복음 안에서 형제자매이지만 머지않아 하나님 나라에 가면 인종과 언어의 구별 없이 완전한 나의 형제요 자매가 될 이들을 더욱 섬기고 사랑해야 되겠다고 다짐해 본다.

우리가 주님의 기뻐하시는 일을 하려고 마음만 먹어도 할 수 있는 능력과 기회를 주시고 장애물도 제거해 주신다. 단지 내 마음에 주님을 사랑하고 영혼을 사랑하는 마음으로 가득 채워지길 기도할 뿐이다. 언제까지 이 사역을 하게 될지 알 수 없지만, 주님께서 허락하시는 그 날까지 부르신 곳에서 지시하시는 말씀에 순종하며 심부름꾼으로 충성하고 싶다. 복음의 빚진 자의 심정으로…….

"이와 같이 너희도 명령 받은 것을 다 행한 후에 이르기를 우리는 무익한 종이라 우리가 하여야 할 일을 한 것뿐이라 할지니라"(눅 17:10).

▲레끌루소리오 오리엔떼 남자교도소 앞에서

PART 05

전도 방법 및 자료소개

"그러나 내게는 우리 주 예수 그리스도의 십자가 외에 결코 자랑할 것이 없으니 그리스도로 말미암아 세상이 나를 대하여 십자가에 못 박히고 내가 또한 세상을 대하여 그러하니라"(갈 6:14).

01 전도자의 자세 (1)

1) 적극적이고 담대함이 있어야 한다.

2) 부지런하고 재치가 있어야 한다.

3) 지혜롭고 끈기가 있어야 한다.

4) 사랑과 섬김으로 상대방의 마음 문을 열게 해야 한다.

5) 베푸는 정성과 주머니를 여는 용기 있는 믿음이 있어야 한다.

6) 믿음의 기도를 쉬지 말아야 한다.

7) 전도에 필요한 성경 구절을 암송하고 짧은 순간에 성경을 보여주는 훈련이 필요하다.

8) 이미 승리한 줄 믿고 확신을 가지고 시작하라.

9) 자녀들이 있으면 과자 사 먹으라고 1~2만원을 선뜻 내줄 수 있어야 한다.

10) 교회 나올 때 차비하라고 택시비 1~2만원을 선뜻 줄 수 있어야 한다.

11) 칭찬을 지혜롭게 잘할 줄 알아야 한다.

12) 매사에 긍정적이고 인자한 마음을 가져야 한다.

13) 주저하지 말고 전도 대상자가 생각나면 즉시 행동에 옮겨야 한다.

14) 복음제시 설명을 잘해야 한다. 성경, 사영리, 글 없는 책, 전도폭발, 기타 준비한 자료를 성령 충만함으로 선포하라.

15) 평소에 성경을 많이 읽고 나를 통해 열방 구석구석이 구원 받기를 원하시는 하나님의 열정을 깨닫고 하나님과 영혼을 사랑하는 마음이 불타야한다.

16) 전도를 할 때 부담감을 갖지 말고 출발 전에 기도하라. 시작은 힘들지만 전도를 마친 다음의 기쁨은 그 무엇과도 비교할 수 없다.

17) '나는 전도의 전문가다'라고 자기암시를 하라. 누구를 만나든지 침

착하고 담대하라.

18) 전도 대상자와 전도자의 연령대가 비슷할 때, 비슷한 경험을 가졌을 때 전도에 성공할 가능성이 높다.

19) 전도자는 인간관계를 잘 해야 한다.

20) 쉬지 말고 찾아가야 한다. 전도인의 헌신과 고난만큼 열매가 있다.

실제로 전도는 심적으로 부담스럽고 힘든 부분들도 많이 있다. 하지만 하면 할수록 쉬워지는 것이 전도이다. 하나님께서 전도를 할수록 용기와 응답을 주시고 역사하시기 때문에 많은 체험을 갖게 되므로 감사하고 행복한 마음으로 복음을 전할 수 있다.

< 이런 자세로 전도할 때의 포인트 >

* 복음 설명이 꼭 필요하다.

말씀을 확실하게 알고 필요한 순간에 성경을 잘 다룰 줄 알아야 한다 (성경 구절 보여주기).

실제로 나와 전혀 관계가 없고 처음 만난 사람도 복음을 잘 설명해주면 누구든지 예수님을 믿고 교회에 나올 수 있다.

오랫동안 관계를 맺고 많이 섬겼는데도 교회에 나오지 않는 경우는 복음제시를 하지 않은 경우이거나 어설픈 복음 제시를 했기 때문일 수도 있다. 기회가 주어지면 복음 설명을 주저하지 말라. 나를 무식하게 보고 비인격적으로 대한다 할지라도 자존심, 체면, 명예를 버리지 않으면 전도할 수 없다. 교회에서 훈련도 많이 받고, 가르치기도 잘하고, 모든 면에 모범적인 리더이지만 전도는 못하는 사람을 많이 보았다. 이와 같이 자기 자존심, 체면을 버리지 못하고 상대방의 입장을 배려하는 마음이 너무 많아도 전도하기 어렵다. (예 : 지금 복음을 전하면 듣기 싫어할 거야, 시간이 없을 텐데 미안해서, 저분은 지식인인데 혹시 내가 실수로 잘 못 말하거나 질문에 답변을 못하면 어쩌지, 혹시 무례한 행동으로 보이면 어쩌지 등의 상대방 입장을 지나치게 의식하고 그들의 입장을 너무 생각하는 소극적인 태도)

어떤 질문도 순간 성령님께서 지혜로운 답변을 할 수 있도록 역사하신다. 그리고 전도를 하다보면 일반적인 질문들이 있기 때문에 미리 준비 해두면 된다.

< 목사님과 교회를 긍정적으로 자랑하라 >

교회의 목회자나 성도들에게 많이 실망하고 식상해 있는 요즘 목사님과 교회분위기와 성도들 자랑을 잘 해야 한다. "우리 교회 목사님은 정말 인격적이시고 훌륭하실 뿐만 아니라 말씀도 너무 좋아서 매주일 말씀을 통해 새 힘을 얻고 삽니다. 오셔서 말씀 한번만 들어보세요." "교회 분위기도 참 좋아요. 우리 교회에 좋은 분들이 많으니 그분들과 함께 교제를 나누시면 많은 유익이 있을 거예요." 등 그리고 실제로 그런 목사님과 교회가 될 수 있도록 매일 기도해야 한다.

< 두 명씩 짝 전도할 때의 지침 >

한 사람은 복음 설명자이고, 한 사람은 기도 동역자이다.

기도 동역자는 옆에서 기도도 해주지만 순발력 있게 주변 정리를 잘 해주어야 한다. 예를 들면, 애기가 울면 빨리 달래주고 (과자, 초콜렛, 사탕, 껌 등 가져간 전도물품 활용), 복음제시 중에 전화가 오면 빨리 받아준다. "지금 손님이 와 계신 데 잠시 후에 다시 하시면 안 될까요? 누구시라고 전해 드릴까요?" 메모까지 해준다. 복음제시 하는 동안 전화나 방문자가 오지 않도록 기도한다. 옆에서 고개를 끄덕이면서 아멘으로 화답해줄 때 전도 대상자의 마음 문을 여는 큰 역할을 하게 된다. 영접기도 할 때는 작은 소리로 함께 따라해 준다. 만약 기도 동역자가 복음제시 내용을 다 알고 있으므로 가볍게 생각하고 옆에서 졸고 앉아있다면 영적 전쟁에서 마귀에게 지고 말 것이다. 복음 제시자 못지않게 센스 있는 기도 동역자의 지혜로운 역할이 매우중요하다.

예수님을 영접하고 교회 나오기로 약속을 했는데도 쉽게 나오지 않는 경우가 많다. 이때는 더욱 적극적인 관심과 사랑이 필요하다. 첫걸음이 가장 힘들므로 쑥스럽고 부담감이 가지 않도록 함께 동행해 주어야 한다. 마귀가 가장 방해하는 때가 이때이므로 강력한 기도가 필요하다. 설교나 간증 테이프, 종교서적을 빌려주고, 개인이나 주변의 감동적인 간증을 들려 준다.

"예수님 믿기 전에는 이렇게 힘들었는데 지금은 이렇게 문제가 해결되었어요. 이렇게 평안을 누리게 되었어요. 이렇게 변했어요." 등 믿음을 가진 후의 유익한 점들을 잘 설명해 준다. 정성을 쏟는 만큼 주님께서 속히 역사해 주실 것이다.

"누구든지 사람 앞에서 나를 시인하면 나도 하늘에 계신 내 아버지 앞에서 그를 시인할 것이요"(마 10:32).
"누구든지 나와 내 말을 부끄러워하면 인자도 자기와 아버지와 거룩한 천사들의 영광으로 올 때에 그 사람을 부끄러워하리라"(눅 9:26).

▲엔도치 마을 예배 (가정집)

02 전도자의 자세 (2)

1. 길다고 생각하지 말라.

대부분 사람들은 복음을 전할 때 상대방이 지루하게 생각할까봐 짧게 하려고 한다. 그러나 오랫동안 우상을 숭배했거나 타 종교를 섬긴 사람들과 불신자들의 고정 관념을 깨고 생각을 바꾸기에는 한 시간이나 두 시간이 결코 길지 않다.

마음 문을 아직 열지 않은 전도 대상자를 붙잡고 한두 시간씩 복음을 설명한다면 들어 줄 사람은 거의 없을 것이다. 그러나 전도 대상자가 자신의 시간을 넉넉히 할애해 주기만 한다면 기독교에 대한 잘못된 오해를 풀어 주고 복음을 자세히 설명해 줄 수 있는 그 시간이 한 생명을 살릴 수 있게 된다는 것을 기억해야 한다.

그러므로 우리가 노력해야 할 것은 복음을 들어 줄 수 있는 시간을 만드는 일이다. 이를 위해 매주 이슬비 편지나 선물 등의 사랑을 전해주면서 친구가 되어주고 섬겨야 한다.

시간이 주어지면 기도로 준비하고, 만날 때는 반드시 빈손 들고 가지 않아야 한다. 시간을 내준 것에 대한 보상이 될 수 있도록 작은 선물을 준비하고, 복음을 들을 때는 안정된 마음으로 평안하게 들을 수 있는 환경을 만드는 것이 매우 중요하다.

처음 만난 사람에게나 복음을 들을 환경이 안 된 상태에서 섣불리 복음을 전하다 질리게 하면 실패할 확률이 높지만 이미 환경을 만들어 놓고 충분한 시간을 가질 수 있는 사람이라면 기회를 놓치지 않고 복음제시를 잘하는 것이 가장 빠른 전도 방법이다.

만일 대상자가 충분한 시간을 낼 수 없을 경우에는 3~5회 정도의 만남을 통해 복음을 조금씩 전하는 것도 좋다. 처음에는 무조건 반대하려고 하지만 복음을 계속해서 몇 차례 들은 사람들은 반대할 이유를 찾지 못한다. 결국 내가 구원의 대열에서 빠지면 손해 볼 것 같은 느낌을 받으며 마음 문을 열게 된다. 인간적인 욕심을 떠나 순수한 마음으로 천하보다 귀한 생명을 사랑하고 불쌍히 여기는 마음으로 전도하다 보면, 어느 순간 교회는 부흥되어 있고 자신도 성숙해 가는 것을 볼 수 있다.

2. 전도는 동역할 때 효과적이다.

전도 대상자를 혼자서 교회까지 인도 할 수 있다면 참으로 좋은 일이다. 그러나 교역자, 전도 특공대원, 구역장 등 여러 성도들이 힘을 합하여 동역할 때 더욱 효과적이다. 하나님께서는 욕심과 투기와 내 힘으로 하려는 교만을 가지고 일을 그르치는 자를 기뻐하지 않으신다. 주님만을 전적으로 의지하는 성도들이 힘을 합해 주의 일을 감당하는 것을 더욱 아름답게 보실 것이다. 때로는 누구의 이름으로 교회에 등록 시킬 것인가, 여러 사람이 함께 섬겼는데……, 이 부분에서 매우 민감한 반응을 보이기도 한다. 우리의 수고를 하나님께서 보고 계신다는 것을 생각하고 겸손하게 끊임없이 양보하는 훈련을 한다면 하나님께서 주시는 더 큰 은혜를 만끽할 수 있을 것이다. 구원의 기쁨과 감격을 가지고 예수님을 진실로 사랑하는 자가 자신의 헌신을 통하여 전도의 열매를 맺는다.

3. 전도가 가져다주는 유익

전도자는 언제나 경건을 유지하기 위해 힘쓰고 기도를 쉬지 않아야 한다. 자신의 모나고 거친 부분을 잘 다듬을 수 있는 기회도 전도요, 늘 성령 충만하게 살 수 있는 비결도 전도요, 신앙 성숙의 가장 좋은 방법도 전도요, 교회의 분위기를 따뜻하고 훈훈한 분위기로 만드는 비결도 전도라고 생각한다. 한 생명을 주님께로 인도하기까지 얼마나 많은 수고와 희생이 따르는지 경험한 사람은, 마음에 들지 않은 성도가 있다 할지라도 그가 교회에 나온 것만으로도 사랑스럽고 감사하게 생각하여 미운 마음을 품지 않는다.

또한 교회에서 하는 어떠한 전도 방법이나 프로그램도 비평하거나 반대해서도 안 된다. 하나님께서는 너무나도 다양한 방법으로 역사하시기 때문이다. 매주 등록 교인들이 없는 예배를 드리는 것은 주님 앞에 부끄럽고 죄송한 예배라고 생각한다. 예배는 잔치다. 그런데 손님도 없이 우리(성도) 끼리만 잔치를 벌인다면 얼마나 부끄러운 일이 되겠는가. 잔치 집에 손님인 새 가족들이 많아야 잔치 분위기도 나고 기쁨도 배가 될 것이다.

이런 자세를 가진 전도자가 많아질 때 교회 안에서 사람의 목소리는 사라지고 하나님의 목소리만 들리게 될 것이다. 많은 성도들이 감사하며 서로 위로하고 격려하는 입술, 예수님의 십자가와 부활만 자랑하는 전도의 입술이 되었으면 좋겠다.

"그러나 내게는 우리 주 예수 그리스도의 십자가 외에 결코 자랑할 것이 없으니 그리스도로 말미암아 세상이 나를 대하여 십자가에 못 박히고 내가 또한 세상을 대하여 그러하니라"(갈 6:14).
"자기의 육체를 위하여 심는 자는 육체로부터 썩어질 것을 거두고 성령을 위하여 심는 자는 성령으로부터 영생을 거두리라"(갈 6:8).

03 전도 방법 (1)

1) 〈준비물〉

　(1) 전도 가방을 준비한다.

　(2) 준비물 : 성경책 (① 수첩 ② 볼펜 ③ 사영리, 글 없는 책, 행복의 길,

　　　④ 전도지, 주보, 엽서, 이슬비 편지, 전도폭발 등...)

　(3) 전도용 선물(떡, 빵, 양말세트, 껌, 초콜릿, 사탕, 치약, 각 티슈, 휴대용

　　　요지, 칫솔, 반찬, 책 등...) 필요에 따라 다양하게 활용한다.

2) 〈전도 순서〉

　(1) 전도할 지역을 돌면서 땅 밟기 기도.

　(2) 전도 대상자 찾기, 접촉점 만들기 (예: 이슬비 전도편지 활용).

　(3) 가장 가까운 사람부터 잉태.

　　　(① 가족 ② 친척 ③ 친구 ④ 이웃 ⑤ 이사, ⑥ 환자, ⑦ 문제 가정 등을

　　　신속히 파악하여 발 빠르게 움직인다.)

3) 〈수첩 활용〉

　(1) 잉태한 날짜와 등록한 날짜

　(2) 번호

　(3) 이름

　(4) 주소

　(5) 연락처

　(6) 가족 관계와 문제 파악

　(7) 기도제목 : 파악이 되는대로 기록한다.

4) 〈전도 대상자가 생기면〉

　(1) 성도들로부터 전도 도움 요청을 받은 경우, 혹은 본인이 직접 전도

대상자를 구한 경우 이들의 정보를 전도 수첩에 기록하고 교회의 문서 전도팀에게 정보를 전달한다.

(2) 문서 전도팀은 매주 1회씩 모여 이슬비 편지와 그림엽서를 정성껏 기록하여 발송한다. (화~수)

(3) 4~5주간 편지 발송이 된 다음에 반응을 살핀다. 전화나 방문을 통해 마음 문이 열려 있는지 확인한 다음 본격적인 방문을 시작한다.

(4) 집에 방문을 하여 만나지 못할 경우, 준비해간 선물, 편지, 전도지, 주보 등을 다시 방문하겠다는 메모와 함께 문고리에 걸어 놓고 온다.

(5) 같은 방법으로 매주 1회씩 챙겨간 준비물을 전달하며 만날 기회를 찾는다. 만남이 이루어지지 않을 때는 저녁 식사 준비하는 시간에 반찬이나 떡, 또는 빵을 준비하여 방문한다. 식사 준비 시간이라고 미안해하지 말고 가족들이 있을 때 얼굴도 한번 보이고 친한 관계를 만든다. 빈손으로 가지 않기 때문에 싫어하지 않으니 간단히 얼굴 도장만 찍고 집안으로 절대 들어가지 말고 언제 시간 낼 수 있는지만 알고 온다.

(6) 전도 대상자를 몇 번 만났을 경우 복음을 전할 장소와 시간을 약속한다. 집, 식당, 사업장, 교회 등 전도 대상자가 선택하는 평안하고 방해 받지 않는 장소가 확인이 되면 날짜를 잡고 열심히 기도한다.

(7) 복음을 제시했으나 거절할 경우 가정의 문제를 파악하여 위로하고 개인 삶의 간증으로 은혜를 끼치며 다정한 친구 관계를 만든다.

(8) 1주일에 1회 방문을 원칙으로 하되, 간혹 장기적인 시간이 필요한 사람은 한두 달 정도 중단한 후에 재방문을 하면 더 좋은 반응을 보이기도 한다.

(9) 마음 문이 열렸을 때 적합한 복음을 제시하고 반드시 가족을 위한 위로와 축복 기도를 마음껏 해준 후 교회를 소개하고 출석할 수 있는 날짜를 확인한다. 거절할 경우 실망하지 말고 거절이 곧 시작 단계임을 인식한다. 기도하고 있으니 언제든지 시간 나면 교회에 한번 구경 오라고 가볍게 말한다. 교회에 나올 때까지 이슬비 편지와

사랑을 전하며 관계를 계속 유지한다. 어떤 경우는 2년이 넘게 걸리기도 하지만 기도하면서 포기하지 않으면 기필코 승리하게 된다.

(10) 복음을 전한 후 교회 출석을 약속한 경우는 토요일에 재차 확인한다. 식사 초대나 사랑을 전하고 시간 약속을 단단히 하지 않으면 사탄의 방해로 약속을 어기는 경우가 많다. 주일날 집까지 데리러 간다. 이때 성공과 실패를 거듭하면서 영적 전쟁을 실감하게 된다. 승리하기 위해서는 기도가 절실하기에 긴장을 늦추지 않고 기도하면 기도의 용사가 된다.

(11) 등록했을 경우 첫날 교회의 분위기와 인상이 매우 중요하다. 정착률 70%정도를 차지하기 때문이다. 안내 위원의 친절하고 따뜻한 인도와 예배 후에는 새 가족실에서 목사님과 상담 후 기도 제목을 나눈다. 축복기도를 받고 식사 후 배웅한다. 이날 왕처럼 대접해야 한다. 예배 후 교회의 장단점들을 이야기하는 경우 잘 이해시키고 설명해 준다.

(12) 문서 전도 팀은 새 가족 된 것을 축하하는 내용과 관리 차원에서 새 가족용 이슬비 편지를 발송하고, 별도의 새 가족 관리부서가 없는 경우는 새 가족 모임에 등록시킨다. 기독교 기본 진리를 7~8주 정도 지도하면서 도우미들이 사랑과 정성으로 섬기면 정착에 많은 도움이 된다.

(13) 새 가족모임이 끝나면 구역장에게 소개하여 구역 예배에 참석토록 하고 구역에서 관리한다.

(14) 새 가족 환영의 밤을 정성껏 준비하여 분기 별로 실시하고, 새 가족들을 참석시키면 교회 정착에 더 많은 도움이 된다.

(15) 전도 대상자를 구하기 힘들 때 전교인 합동 작전을 한다. 주일예배 때 광고를 하고 전도대상자를 찾기 위한 특별준비 기도를 1~2주 한 다음 주일 예배 시간에 전교인을 대상으로 정보를 제공받는다. 예배가 끝날 무렵 배포된 용지에 즉석에서 작성하여 당일에 받은 정보를 문서 전도팀과 전도 특공대에 전달하면 이슬비 편지 발송을 시작으로 전도를 시작한다.

(16) 6개월 또는 1년을 섬겼는데도 교회를 나오지 않는 대상자를 위해 교회가 1년에 1-2회에 걸쳐 전도축제, 이웃초청 잔치 등을 하여 그동안 섬겼던 자들을 초청하면 큰 효과가 있다.

불신자에게는 간절한 욕구 3가지가 있는데 ① **사랑**받고 싶고 ② **인정**받고 싶고 ③ **칭찬** 듣고 싶은 마음이라고 한다. 그중 **첫째가 사랑받고 싶은 마음**이라고 한다. 사랑을 베풀 때 마음 문이 열리게 되므로 교회가 이웃을 섬김과 사랑에 인색하지 않아야 한다. 교회의 많은 프로그램이 불신자를 전도하는 전도 목회 프로그램이 된다면 더욱 강력한 전도를 할 수 있을 것이다.

지금 바로 전도 수첩을 사서 전도에 불을 붙여야 한다.

지금 있는 자리에 혹시 불신자가 있으면 바로 시도해 보자.

"혹시 예수 믿으시는지요?"

지금은 좀 더 강력하고 도전적인 전도가 필요한 때이지 않는가. 그리고 승리를 위해 전도하는 이들을 위해 열심히 기도하자.

"의인의 기도는 역사하는 힘이 많으니라"라고 말씀하셨으니까.

04 전도 방법 (2)

전도자는 언제 어디서 누구를 만나든지 전도하기 위해 집중해야 한다. 나는 사람들을 만나면 어떻게 접근해서 복음을 전할 것인가 무척 고민하고 연구했다. 그 결과 간단한 질문을 통하여 상대방을 파악한 후 유형별로 접근 방법을 달리 했다.

1) 만나는 사람에게 하는 첫 번째 질문

- "혹시 신앙생활을 하고 계세요?" 혹은 "예수 믿으세요?"

  "아니요!"

- "그럼 전에 교회 다녀 보신 적은 있으세요?"

  이때 "네!"라고 대답하는 사람은 전도 대상자이다.

  어릴 때 교회를 다녀 봤다든지 친구 따라 한두 번 나간 적이 있는 분들은 자신들이 교회를 나간 것이 우연이라고 생각한다. 그러나 하나님의 인도하심이 아니고는 교회에 발을 들여 놓을 수 없다는 사실을 이들에게 잘 설명해 주고 관계를 맺어 전도한다.

- 교회를 다니다가 낙심하고 나오지 않는 사람들도 전도 대상자다. 그런 사람들은 교회를 떠나게 된 원인을 파악하고 마음 문을 열게 해야 한다.

〈 교회를 등진 다양한 이유 〉
- 교역자와의 관계에서 실망한 경우.
- 성도와의 관계에서 아픔을 당한 경우.
- 교회의 분위기나 무관심, 예배 방법이 자신과 안 맞는 경우.
- 믿는 가족이나 친척, 주변 사람 중에 본이 안 되는 모습을 보고 실망한 경우.
- 교회를 나갔지만 신앙이 자랄 때까지 이끌어 주는 사람이 없고 무관

심한 경우,

- 나름대로 기대하고 갔지만 아무런 유익을 찾지 못한 경우 등이 있다.

이런 사람들에게는 내 영혼이 구원받기 위해서 예수님을 믿는 것이며, 주변 사람들이나 환경 때문에 구원 받기를 포기한다면 너무나 억울하고 안타까운 일이라는 것을 자세히 설명하고 복음제시를 해야 한다.

(예: 우리 자녀가 아무리 불순종해도 그 자녀를 호적에서 파 버리는 사람은 없을 거예요. 오히려 그 자녀를 위해 눈물로 호소하고 더 많은 관심과 사랑으로 돌이키기 위해 애쓸 거예요. 마찬가지로 예수님을 믿고 하나님의 자녀가 되었지만 신앙생활이나 사회생활을 바르게 하지 못하는 사람들도 있어요. 그러나 하나님은 그 자녀를 버리지 않으시고 오히려 탄식함으로 성령님께서 그를 위해 간구하신다고 했어요. 어쩌면 그는 하나님의 더 많은 관심 속에 있을지도 몰라요. 언젠가 그가 주님 앞에서 눈물로 회개하고 변화될 때까지 우리는 기도로 도우며 기다려 주어야 해요. 만약 그를 흉보거나 판단하면 주님께서 오히려 판단하는 자를 더 벌하신다고 성경은 말씀하고 있어요. 하나님 외에 아무도 판단할 권한이 없기 때문이에요. 열 길 물속은 알아도 한 길 사람의 마음속은 알 수 없다 듯이 판단하는 자신이 더 나쁠지 우리는 알 수 없기 때문이에요. 그 사람은 하나님께 맡기고 우리는 그를 통해 교훈을 삼고 기도해 주는 것이 가장 지혜로운 방법일 거예요. 하지만 교회에는 나쁜 사람보다 좋은 사람이 훨씬 더 많아요. 또한 바르게 살지는 못하지만 하나님의 자녀인 그가 예수님을 믿지 않는 하나님의 무관심 속에 사는 자보다 더 복된 자라는 것도 알아야 해요. 사람을 판단하는 것은 하나님 앞에 옳지 않아요. 하나님께서 보실 때 "그 사람보다 네가 더 나쁘다! 너나 잘해라!" 하실 수도 있거든요.)

2) 교회 다녀 본 적이 없는 사람에게 하는 두 번째 질문

"가족이나 주변 가까운 사람들 중에 신앙생활을 하고 있는 사람이 있으세요?"

이 질문에 "네!"라고 대답하면 가능성이 있는 전도 대상자이다. 이런 사람들에게는 기도가 어떻게 응답이 되는지를 설명하고 당신을 위해 끊임없이 기도하시는 분이 있다면 언젠가 꼭 신앙생활을 하게 될 텐데 이왕이면 일찍 시작하여 빨리 적응하면 더 유익할 것이라고 말해준다. 그리고 이렇게 좋은 기도를 주변에서 받고 있는 당신이 얼마나 행복한 사람인지 나중에 알게 될 것이라고 덧붙인다.

마지막으로 아예 신앙생활을 강력하게 거부하는 불신자를 만났을 때는 "하나님은 당신을 사랑하십니다."라고 말을 전하고 온다. 그러나 이단들은 한두 번 권면하고 멀리 하라는 말씀을 따르는 것이 좋겠다.

> **〈관계 전도를 위한 접촉점 만들기〉**
>
> 간단한 질문을 통한 전도는 내가 직접 그들을 만나서 "예수님 믿으세요?" 라는 질문과 함께 시작된다. 그러나 간단한 질문도 할 수 없는 경우의 이웃들과는 어떻게 관계를 맺을 수 있을까?

나는 그동안 이슬비 전도 편지를 활용하여 전도에 더 많은 효과를 누릴 수 있었다. 가장 자연스럽게 힘들지 않고 관계를 맺을 수 있는 방법 중의 하나가 이슬비 전도 편지를 사용하는 방법이라고 생각한다.

1단계 : 땅 밟기 기도 "하나님 이 지역을 제게 붙여주세요"

2단계 : 접촉점 만들기. 전도 대상자 찾기: 이슬비 전도 편지를 가지고 자기 집이나 교회주변의 이웃을 방문한다. "우리 교회에서 이렇게 아름다운 글이 있는 예쁜 그림엽서를 일주일에 한편씩 보내드리는데 한번 받아보지 않으시겠어요? 차 한 잔 마시면서 편안하게 읽을 수 있는 좋은 글이에요. 저희 교회에서 매주 원하는 분들에게 이 엽서를 보내 드리는데 받아보는 분들이 다들 좋아하세요. 선생님도 혹시 받아보지 않으시겠어요?"

두 가지 반응이 있다. ① 싫어요! 또는 ② 네 좋아요. 보내주세요."감사합니다. 저희가 편지를 보내려면 주소와 연락처가 필요한데 알려주시겠어요?"

이때도 ① "싫어요 그럼 편지 안 받겠어요." 하는 사람이 있고 ② 적어주는 사람들이 있다. 연락처를 알려주면 전도 수첩에 잉태한 날짜, 번호, 이름, 연락처, 가족관계, 기도제목, 문제점 등을 파악이 되는대로 기록해 나간다.

3단계 : 인적사항을 교회의 문서 전도팀에게 전달하면 1신부터 순서대로 편지를 발송한다.

#. 문서전도팀은 이슬비 편지를 발송할 때 그림 엽서를 한 장씩 더 추가한다. 매주 안부를 묻고 용기를 주는 부담 없는 따뜻한 글을 짤막하게 엽서에 직접 펜으로 기록하여 이슬비 전도 편지 속에 함께 넣어 발송한다. 이일을 위해서 매주 한 번 문서 전도팀이 모여 한 편의 글을 작성하여 그림엽서에 옮겨 적는다.

〈이슬비 전도 편지 역할분담〉

(1) 그림엽서에 글을 옮겨 쓰는 사람.
(2) 주소만 기록하는 사람.
(3) 〈이슬비 편지 발송 대장〉을 정리하는 사람.
(4) 새로 발송할 대상자에 맞는 글을 찾아서 첫 장 인적 사항을 기록해 주는 사람.
(5) 봉투를 풀로 붙이고 교회 주소 스탬프를 찍어서 우체국에 발송하는 사람.

만약 교회 규모가 작아서 봉사자가 없다면 혼자서 다해도 된다. 그러나 전도 대상자가 끊임없이 들어오고 발송해야 할 편지도 많고 봉사자도 충분히 있다면 2~3시간 정도면 많은 분량도 기쁘게 소화해 낼 수 있다. 교회에서 누구나 전도 대상자들을 찾아서 이름, 주소, 연락처만 가져다 문서전도팀에게 넘겨주면 매주 거르지 않고 엽서를 보내준다. 나는 섬기던 예닮 교회에서 그동안 이슬비 편지와 그림엽서를 활용하여 전도에 많은 도움이 되었다.

4단계 : 4~5주 정도 편지를 발송한 후 확인 전화를 하거나 직접 방문을 한다.

"혹시 보내드리는 엽서 잘 받아보고 계시는지요? 불편하지는 않으세요? 계속 보내드려도 될까요?"

(1) "네 괜찮아요, 고맙습니다." - 계속 보낸다.

(2) "보내지 마세요." (전도하려는 줄 알고, 거절하는 사람들이 있다)- 발송을 중지한다.

(3) 어떤 사람들은 보지도 않고 반송함 통에 넣는다. 교회로 돌아온 우편물의 반송 이유를 확인하고 고의적으로 편지를 받지 않는 사람은 다음부터 보내지 않는다.

이슬비 편지에 발송 기록지가 있지만 〈이슬비 전도 편지 발송 대장〉을 따로 만들어서 관리한다. 발송을 중지하고 남은 것은 다른 사람에게 활용한다.

5단계 : "계속 보내도 돼요."라고 말한 사람에게는 이슬비 편지와 함께 교회주보와 전도지를 넣어서 간단한 선물(예: 반찬, 찐빵, 떡, 제과점 빵 등.. 약 2~3천원 정도의 선물)을 가지고 잉태한 사람이 직접 방문을 시작한다. 사람이 없을 때는 문고리에 걸어두고 온다. 4~5회 정도 매주 1회씩 빠지지 않으면 마음 문이 많이 열리게 된다.

6단계 : 만날 수 있는 시간 약속을 한다.

전화로 하거나 직접 방문해서 "언제 시간 좀 내 주세요. 만나서 차 한 잔해요. 맛있는 거 사드릴게요. 식사 같이 해요." 등 만남의 시간을 만든다. 도저히 시간 확보를 못하면 저녁 7시쯤, 주부들이 저녁식사 준비하는 시간에 빵이나 반찬 등을 가지고 방문한다. "연락이 안 되어서 제가 잠깐 찾아왔어요. 편지는 잘 받아보셨어요? 불편하지는 않으시구요? 언제 시간 한번 내주세요. 차 한 잔 같이 해요. 오늘 이렇게 다시 뵈니 참 편안해 보이고 좋으신 분 같네요." 가족들이 있으니 절대로 안으로 들어가지 않는다. 빵이나 음식 전도는 토요일이 좋다. 마음 문이 열렸으면 다음날 바로 교회로 인도할 수 있기 때문이다. 몇 달을 섬겼는데 반응이 없는 경우 한두 달 중단한 후에 다시 방문한다.

7단계 : 만남을 가졌을 때 복음제시를 잘해야 한다.

이렇게 시간을 내주어서 만나는 사람들은 복음을 충분히 설명할 시간을 주기 때문에 거의 전도에 성공한다. 늘 무엇을 가져다주면서 섬겨도 복음을 전하지 않으면 교회는 나오기 힘들다. 복음을 들을 때 역사가 일어나기 때문이다. 시간을 내어 복음을 들려주는 것이 관건이다.

8단계 : 교회에 등록하면 새 가족용 이슬비 편지로 바꾸어 보내주면 교회에 정착하는 데 많은 도움이 된다. 그냥 한번 구경삼아 왔다가 매주 편지를 받고 교회에서 관심을 가지고 계속 관리를 하니까 하는 수 없이 교회에 정착하게 되었노라고 하는 이야기를 많이 들었다.

(그림 엽서 글 예)

(날짜기록) 0000년 0월 0일

한주간도 힘든 일은 없으셨는지요.

요즘처럼 험한 세상에 기도 없이 자녀를

키운다는 것은 참으로 힘든 일인 것 같습니다.

사랑하는 자녀들이 오유하고 겸손하며 순종하기를

건강하고 지혜로워서 가정과 사회에 큰 기쁨을

주는 자녀가 될 수 있기를 기도합니다.

오늘도 감사와 기쁨 넘치는 하루 되시고

평안하고 행복한 가정생활 되시기를 기도합니다.

예닮 교회 드림

0000년 0월 0일 (수)

한주간도 어려운 일은 없으셨는지요.

우리는 힘들고 어려운 일이 생길 때

누구를 원망하거나 불평을 곧잘 합니다.

그러나 신앙인은 오히려 그 문제를 통해서

깨닫고 뉘우치고 감사의 조건을 찾는답니다.

그리고 누구의 탓으로 돌리기보다는 자신의

부족함을 깨닫고 내힘으로 할 수 없을 때는

하나님께 기도함으로 용기와 새 힘을 얻는답니다.

우리에게 가장 큰 은혜가 있다면

그것은 깨닫는 은혜랍니다.

한주간도 좋은 일만 있기를 기도합니다.

00 교회 드림

0000년 0월 0일 (수) (새가족용)

한 주간도 평안하셨는지요.

오늘도 이런 기도를 한번 드려 보면 어떨까요.

나 자신의 기분에 대해서 생각하는 것만큼

다른 사람의 기분도 생각할 수 있도록 도와주소서.

나와 함께 일하며 사는 사람들을 언짢게 하는 일을

하지 않게 도와주소서.

그들을 기쁘게 해줄 수 있는 일들이 있다면

일부러라도 할 수 있도록 도와주소서.

오늘 주일도 기쁨으로 만나 함께 은혜받기 원합니다.

00 교회 드림

　이와 같은 글을 매주 한 편씩 전도 대상자 수만큼 기록하여 이슬비 편지와 함께 발송한다. 이슬비 편지에는 이미 좋은 글들이 기록되어 있다. 그렇지만 그림엽서에 매주 또 하나의 편안하고 따뜻한 글을 손으로 직접 써서 이슬비 편지 속에 넣어 함께 발송한다. 인쇄된 좋은 글보다 조금은 어설프지만 손수 쓴 글을 보고 감동하고 감사하다는 연락이 오는 경우가 더 많았다.

이슬비 전도 편지에 대한 그들의 반응

첫 번째 : "아줌마가 엽서 한편씩 보내 준다더니 진짜 왔네!"
두 번째 : "어! 또 왔네!"
세 번째 : "계속 이렇게 오는구나. 내용이 괜찮다."
네 번째 : "어제 밤 부부 싸움하고 속상한 것을 어떻게 알았지?"
　　　　　　 큰 위로를 받는다.

- "보내주신 엽서가 너무 좋아서 남편도 함께 읽어 보라고 머리맡에도 놓아두고 주방에 붙여놓기도 하고 식탁에 올려놓기도 했어요. 감사해요."
- "보내주신 엽서를 벽에 죽 붙여 놓았어요."
- "안 버리고 엽서들을 모두 스크랩 해 놓았어요."
- "좀 힘들었는데 큰 위로가 되었어요. 시간 나시면 식사라도 같이 했으면 해요."

　이렇게 다양한 반응들이 있었다. 반응을 보인 이들은 그 후 대부분 교회에 등록하였다.

예문 – 이슬비 전도편지 발송대장 (전도 대상자)

순번	이름	편지내용	1회	2회	3회	4회	5회	6회	7회	8회	9회	10회	11회	12회	우편번호	주소	전화번호	발송자
1	김구슬	장미	/	/											241-870	전주시 효자동 3가		유현숙
2		백합																
3		소망																
4		사랑																
5		튤립																
6		기도																
7																		
8																		
9																		
10																		
11																		
12																		
13																		
14																		
15																		

이슬비 전도편지 발송대장 (새가족/전도 대상자)

순번	이름	편지 내용	우편번호	주소	전화번호	발송자	발송일
1	김구슬	새가족용					
2							
3							
4							
5							
6							
7							
8							
9							
10							

06 – 복음제시 방법 1

〈글없는 책〉을 이용한 복음제시 방법

〈글 없는 책〉은 짧막하고 쉬우면서도 복음의 핵심이 모두 들어 있는 책자이다. 아파트 앞, 길거리, 교통신호대 앞, 엘리베이터 앞, 시간이 없고 바쁘다고 핑계 대는 사람들이나 학교 앞 등, 어린이 전도를 할 때 효과적으로 사용할 수 있다.

나는 지금 멕시코에서도 전도할 때 〈사영리〉와 〈글 없는 책〉으로 복음제시를 한다. 나의 설명에 멕시코 인들이 진지하게 받아들이는 모습을 본다. 처음 듣는 사람들에게는 너무나 쉽게 복음이 와 닿기 때문이다. 내가이 〈글 없는 책〉으로 전달하는 것을 예로 들어본다.

검정색 : "모든 사람들이 죄를 범하였으매 하나님의 영광에 이르지 못하더니." 성경은 우리 인간들이 이렇게 죄를 지어 이 아름다운 천국(황금색)에 갈 수 없다고 말하고 있습니다.

그렇다면 누가 천국에 갈 수 있을까요?

하얀색 : 이처럼 깨끗하게 죄를 씻김 받은 거룩한 사람만이 천국에 갈수 있다고 성경은 가르칩니다. 왜냐하면 천국은 너무나 거룩 거룩하신 하나님이 거하시는 곳이기 때문에 죄가 조금이라도 있으면 하나님과 함께 살수 없기 때문입니다.

그런데 하나님은 우리를 사랑하셔서 우리의 죄를 깨끗이 씻어 주시기위해 그분의 아들 예수님을 이 땅에 보내 주셨습니다.

빨간색 : 하나님의 보냄을 받고 이 땅에 오신 예수님은 인간의 죄를 씻어 주시기 위해 십자가에서 죽으시고 3일 만에 부활하셨습니다.

우리가 예수님을 믿되 이 두 가지 뜻이 담긴 예수님을 믿어야 합니다.

첫째는 예수님께서 나의 죄를 씻어 주시기 위해 십자가에서 피 흘려 **죽으시고,**

둘째는 나를 다시 살리시기 위해 3일 만에 **부활하신** 것을 믿을 때 예수님께서 흘리신 보혈의 피가 우리의 죄를 깨끗이 씻어서

하얀색 : 이처럼 깨끗하게 씻어 주시는 겁니다. 그러므로 예수님을 믿는 그 순간 죄가 없어지고 이처럼 깨끗하고 거룩해지기 때문에

황금색 : 천국에 갈 수 있는 자격이 주어지는 겁니다. 우리가 궁극적으로 예수님을 믿는 목적은 죄 사함 받기 위함이며, 그 이유는 죄가 없어야 천국에 갈 수 있기 때문이에요. 예수님을 믿고 죄 사함 받은 자는 오늘 밤이라도 무슨 일이 생겨서 이 세상을 떠난다 해도 그 순간 천국에서 눈뜨고 하나님과 함께 영원히 살 수 있게 되는 것입니다.

초록색 : 하나님을 더 잘 알고 믿음이 자라기 위해서는 정기적으로 교회를 출석하셔야 합니다. 선생님, 설마가 사람 잡는다는 말이 있잖아요. 만약 죽음 후에 진짜 천국과 지옥이 있으면 어쩌겠어요. 믿음은 살아 있을 때만 허용이 된답니다. 세상에는 우리보다 똑똑하고 지혜로운 수많은 사람들과 우리보다 잘 사는 선진국들이 예수님을 믿고 복을 받고 사는 것을 봅니다. 선생님도 오늘 이 예수님을 믿고 구원의 선물 받으시기 바랍니다. 가까운 교회에 꼭 가보세요. 세상에서 가장 가치 있는 것을 발견하게 되실 거예요. 하나님은 선생님을 사랑하시며 선생님을 위한 놀라운 계획을 가지고 계십니다.

일반적으로 믿지 않는 사람들이 반대의견을 가지는 세 가지 질문이 있다. 이것을 먼저 다루고 복음제시를 시작하면 더 효과적이다.

1) 하나님이 계신다 –"하나님이 어디 있어! 있으면 보여 줘봐!"

〈창 1:1, 태초에 하나님이 천지를 창조하시니라〉

"종이 한 장도 만든 주인이 있는데 이 우주 만물을 만드신 분이 반드시 있을 것 아니겠어요? 이 세상 사람 중에 누가 천지를 만들었다고 하는 존재가 있나요? 공자나 부처님, 마호멧이 천지를 만들었다고 했나요? 그들은 그런 말 한 적이 없어요. 그런데 성경에는 하나님이 만드셨다고 이렇게 분명히 나와 있어요."

〈창 1:16, 하나님이 두 큰 광명체를 만드사 큰 광명체로 낮을 주관하게 하시고 작은 광명체로 밤을 주관하게 하시며 또 별들을 만드시고〉

"해와 달과 별과 지구를 하나님이 창조하셨어요. 우리에게 햇빛과 비와 공기를 주시는 분이 바로 하나님이세요. 공자나 마호멧, 소크라테스가 아니에요. 이 세상에서 아무리 좋은 대학을 나온 학, 박사라 할지라도 하나님을 알지 못하면 그 사람은 아무것도 모르는 사람이에요. 성경에 하나님을 아는 것이 지혜의 근본이라고 하셨어요. 하나님을 알아야 해요."

"또 하나님이 넷째 날 만드신 태양은 얼마나 거대하냐면요. 우리가 살고 있는 지구보다 백구만 배가 더 크고 부피는 삼십삼만 배가 더 나간다고 해요. 중심부 온도는 만 오천도, 가장자리는 육 천도나 된대요. 이렇게 거대한 태양을 하나님이 만드셨다는 거예요. 그리고 우주에는 태양의 이십 배 크기의 별들이 수없이 떠있답니다. 그런데 하나님이 계신 천국은 해와 달의 비침이 쓸데없으니 이는 하나님의 빛이 밝게 빛나기 때문이라는 거예요."

〈계 21:23, 그 성은 해나 달의 비침이 쓸 데 없으니 이는 하나님의 영광이 비치고〉

〈계 22:5, 다시 밤이 없겠고 등불과 햇빛이 쓸 데 없으니 이는 주 하나님이 그들에게 비치심이라〉

"하나님이 이렇게 거대하고, 위대하고, 전능하신 분이세요. 하나님의 광채가 태양보다 세다니 하나님은 얼마나 거룩하신 분이세요? 그래서 하나님 나라는 태양이나 등불이 필요 없다는 거예요. '하나님 어디 있는지 보여 줘 봐, 그러면 내가 믿을게 차라리 내 주먹을 믿지.' 하는 사람들이 있어요. 그런 사람들은 무시무시한 말을 하고 있는 거예요. 하나님이 우리 앞에 나타나지 않는 것이 얼마나 감사한 일인지 몰라요. 하나님이 우리 앞에 나타나시면 우리는 다 타버리고 말 거예요. 하나님은 우주보다 더 거대하신 분이신데 우리는 개미처럼 작고 미약한 존재예요. 그런데 우리가 창조주 하나님을 향해 얼마나 대항하는지 몰라요. 그런데도 하나님은 그런 무지한 사람들을 단번에 멸하지 않고 사랑하신다는 거예요. 그래서 기독교를 사랑의 종교라고 하는 거예요."

2) 죽은 후에 심판이 있다 -"죽어봐야 알지! 천국과 지옥이 어디에 있어! 죽으면 끝나지."

"우리는 죽는다고 끝나지 않습니다. 죽음과 함께 다 끝난다면 우리는 동물과 하나도 다를 것이 없어요. 동물은 영혼이 없기 때문에 죽거나 잡아먹히면 끝이에요. 그러나 인간은 영혼이 있어서 절대로 죽음과 함께 다 끝나지 않아요. 영혼불멸이라고 했어요. 우리 영혼은 반드시 천국으로 가거나 지옥으로 내려가게 되어있어요. 그리고 성경에는 우리 영혼에 대해 반드시 심판이 있다고 했어요."

〈히 9:27, 한번 죽는 것은 사람에게 정해진 것이요 그 후에는 심판이 있으리니〉

"저는 오랫동안 교회 일을 하다 보니 죽음 직전에 있는 사람들을 많이 보았는데, 두 가지로 확실하게 나뉘는 것을 보았어요. 지옥에 가는 사람들은 지옥에서 저승사자들이 새카맣게 와서 자기를 지옥으로 데리고 가려고 기다리고 있는 것을 보면서 두려워하며 떨었고, 반면에 천국에 가는 사람들은 천사들이 자기를 데려 가려고 미리 와서 대기하고 있는 것을 보며 천국 가는 기쁨을 다양하게 표현하는 것을 보았어요. 지옥에 가는 사람들은 가기 싫어서 눈물 흘리며 발버둥치고 슬퍼하지만, 천국에 가는 사람들은 미소를 띤 모습의 평안한 얼굴로 간답니다. 천국과 지옥이 없다구요? 여기 있다고 이렇게 기록되어 있습니다."

〈계 20:6, 이 첫째 부활에 참여하는 자들은 복이 있고 거룩하도다 둘째 사망이 그들을 다스리는 권세가 없고 도리어 그들이 하나님과 그리스도의 제사장이 되어 천 년 동안 그리스도와 더불어 왕 노릇 하리라.

계 20:12-15, 또 내가 보니 죽은 자들이 큰 자나 작은 자나 그 보좌 앞에 서 있는데 책들이 펴 있고 또 다른 책들이 펴졌으니 곧 생명책이라 죽은 자들이 자기 행위를 따라 책들에 기록된 대로 심판을 받으니 (13절) 바다가 그 가운데에서 죽은 자들을 내주고 또 사망과 음부도 그 가운데에서 죽은 자들을 내주매 각 사람이 자기의 행위대로 심판을 받고 (14절) 사망과 음부도 불 못에 던져지니 이것은 **둘째 사망 곧 불 못**이라 (15절) 누구든지 생명책에 기록되지 못한 자는 **불 못에 던져**지더라.

계 21:8, 그러나 두려워하는 자들과 믿지 아니하는 자들과 흉악한 자들과 살인자들과 음행하는 자들과 점술가들과 우상 숭배자들과 거짓말하는 모든 자들은 **불과 유황으로 타는 못**에 던져지리니 이것이 **둘째 사망**이라.

계 21:4, 모든 눈물을 그 눈에서 닦아 주시니 다시는 사망이 없고 애통하는 것이나 곡하는 것이나 아픈 것이 다시 있지 아니하리니 처음 것들이 다 지나갔음 이러라.

계 21:21, 그 열두 문은 열두 진주니 각 문마다 한 개의 진주로 되어 있고 성의 길은 맑은 유리 같은 정금이더라.

계 22:1-5, 그가 수정같이 맑은 생명수의 강을 내게 보이니 하나님과 및 어린양의 보좌로부터 나와서 길 가운데로 흐르더라 강 좌우에 생명나무가 있어 열두 가지 열매를 맺되 달마다 그 열매를 맺고 그 나무 잎사귀들은 만국을 치료하기 위하여 있더라… 그들이 세세토록 왕 노릇 하리로다.〉

"한 번 죽고 끝나지 않습니다. 우리의 행위를 기록한 책들이 있어서 우리는 심판을 받게 됩니다. 바다가 죽은 자들을 내주고 사망과 음부도 그 가운데 죽은 자들을 내주어 심판을 받게 되고 두 번째 영혼의 사망이 기다리고 있다는 것입니다. 인간은 절대로 한 번 죽고 끝나는 존재가 아닙니다."

3) 하나님은 생사화복을 주관하시는 분이시다.

〈삼상 2:6-7, 여호와는 죽이기도 하시고 살리기도 하시며 … 여호와는 가난하게도 하시고 부하게도 하시며 낮추기도 하시고 높이기도 하시는도다.〉

〈삼상 2:8, 땅의 기둥들은 여호와의 것이라 여호와께서 세계를 그것들 위에 세우셨도다.〉

"하나님은 가난하게도 부하게도 하시고, 낮추기도 높이기도 하세요. 사람을 지옥에 던지기도 하시고 건져서 살리기도 하시는 분이 바로 하나님이십니다. 그분이 우리의 생사화복을 주관하고 계세요. 하나님이 햇빛과 비와 공기를 주지 않으시면 우리는 살 수도 없고 선생님이 드시는 그 식사를 하실 수도 없습니다. 우리는 우리가 잘나서 우리 힘으로 돈을 벌어 사는 줄만 알지, 하나님 은혜로 이렇게 살아간다는 것을 모르고 있어요. 오늘 무슨 일이 있을지 우리는 한치 앞도 알 수 없지만, 하나님께서는 우리가 어떻게 태어나서 어떻게 살다가 어떻게 죽을 것을 다 아시는 분이세요. 하나님께서 건강 주시지 않으면 아무 것도 할 수 없습니다. 오늘도 내가 살아있게 하신 생명 주신 하나님께 감사해야 합니다. 하나님께서는 그 사실을 모르고 사는 사람들에게 가르쳐주라고 명령하셨습니다. 선생님이 그 은혜를 알고 감사하며 살아갈 때 하나님께서 기뻐하시고 선생님에게 은혜와 기쁨을 주십니다. 또한 매일 감사하며 살면 감사할 일들을 더 많이 주시는 사랑의 하나님이십니다."

이 세 가지를 미리 설명하고 복음 제시에 들어가면 사람들이 복음을 제시하는 중간에 가로막지 않는다. 그러므로 복음을 장애 없이 끝까지 잘 증거할 수 있다.

이때 성경을 자기 눈으로 보면서 직접 확인하게 하는 것이 매우 중요하다. 말씀은 곧 하나님이시기 때문에 사람들이 말씀 앞에 직면하게 될 때 성령께서 역사하신다. 때로는 위의 말씀들을 짚어가며 읽어 주기만 해도 무릎을 꿇고 더 이상 반론하지 않고 조용히 잘 듣는다.

08 – 복음제시 방법 2

〈행복의 길〉을 이용한 복음제시 방법

출처 : 지구촌 전도협회 (행복의 길 전도 학교)

(연령대가 높으신 분들에게나 혹은 농어촌 전도용으로 전도할때 사용하기에 유익하다.)

1페이지

"선생님, 제가 행복의 길에 대해 잠깐 말씀 드릴게요."

2페이지 (행복을 위하여)

"모든 사람들은 다 행복하기 위해서 살잖아요? 사람들이 공부하고 직장을 갖고 돈을 버는 것도, 결혼을 하고 아기를 낳고 운동을 하는 것도, 건강을 챙기고 여행을 하는 것도 모두가 다 행복하기 위해서 하는 거잖아요. 하지만 우리가 구십세 백세가 되면 언젠가 다 이 세상을 떠나야 하잖아요. 그러면 우리 육신은 흙으로 돌아가고 우리 영혼은 하나님을 만나야 되는데 선생님은 만일 오늘밤 무슨 일이 생겨서 이 세상을 떠나신다면 하나님을 만날 준비가 되어 있으세요?"

3페이지 (하나님)

"우리가 만나야 될 하나님은 우주 만물을 창조하신 분이라고 성경은 말씀하고 있어요. '태초에 하나님이 천지를 창조하시니라.' 하나님께서 해와, 달과 별과 지구 그리고 이 모든 생명체들을 다 만드셨어요. 부처님, 마호멧, 공자, 그 누구도 천지를 만들었다는 사람은 없어요. 이 천지는 하나님이 만드셨습니다. 그리고 하나님이 마지막 날에 사람을 만드셨는데 사람을 만드실 때는 아주 특별하게 하나님의 형상을 따라 만드시고 사람에게 이 모든 것을 다스리고 하나님을 사랑하고 섬기고 의지하면서 행복하게 살도록 하섰어요.”

4페이지 (인간의 상태)

“하지만 인간은 자기 맘대로 살려고 했기 때문에 하나님의 명령을 어기고 불순종하고 말았어요. 하나님의 말씀에 순종하지 않는 것이 바로 죄예요. 아담과 하와에게 동산의 모든 열매는 다 먹되 선악을 알게 하는 나무의 열매는 먹지 말라고 하셨는데 불순종해서 따먹고 말았어요. 전능하신 하나님이 이랬다, 저랬다 하는 분이 아니세요. 네가 따먹는 날에는 정녕 죽으리라 하셨는데 아담과 하와가 하나님의 명령을 어겼기 때문에 하나님과의 관계가 끊어져 버리고 말았어요. 그래서 인간이 에덴동산에서 쫓겨나서 남자는 피땀 흘려 일해야 먹고 살고 여자는 잉태하고 해산하는 고통을 받게 되었어요. 그리고 더 심각한 문제는 우리 인간의 마음 속에 그 불순종으로 인해 죄짓는 마음들이 들어왔어요. 공작처럼 교만한 마음, 염소처럼 불순종한 마음, 돼지처럼 탐욕스러운 마음, 거북이처럼 게으른 마음, 호랑이처럼 사나운 마음, 뱀처럼 음란한 마음, 여우처럼 교활한 마음, 이런 마음들이 인간에게 다 들어왔어요. 이런 마음은 저에게도, 선생님에게도, 신부님도, 목사님도, 스님한테도 다 있어요. 그래서 우리는 이 죄 때문에 결국 다 지옥으로 가게 되어 있어요. 성경에 누구든지 생명책에 기록되지 못한 자는 지옥의 불 못에 던져진다고 하셨어요.”

5페이지 (인간의 노력)

“우리 인간은 모두 하나님을 찾게 되어 있습니다. 예수님을 믿건 믿지 않건, 종교인이건 아니건 말이예요. 그래서 모든 사람들이 다 이런 생각들을 가지고 있어요. ‘좋은 일해야 좋은 데 간다.’ 사람들이 이 세상에 살면서 누가 시키지 않아도 착한 일을 하려고 노력하는 것은 바로 하나님이 계시다는 증거예요. 사람들이 스스로 불우이웃 돕기도 하고, 선한 일을 하고, 도덕적으로 깨끗한 삶을 살려고, 뇌물을 주어도 받지 않고 서낭당 나무 아래서 빌기도 하고 부처님 맹자님 마호멧 하면서 자꾸 종교적인 행위를 하는 이유도 바로 죄의 문제를 해결하고 하나님께 가까이 가려는 노력을 하고 있는 거예요. 그런데 우리 인간의 노력으로는 죄 문제를 해결 할 수 없으며 천국에 가는 것이 불가능하다고 했어요. 우리 인간의 노력은 완전하지가 못하기 때문이예요. 모든 착한 일을 항상 할 수도 없고 죄를 완전히 벗어버리지도 못해요. 그것은 하나님과 나 사이에 죄의 담이 가로막혀 있기 때문에요."

"오직 너희 죄악이 너희와 너희 하나님 사이를 갈라 놓았고"(사 59:2). 라고 성경은 말하고 있어요.

6페이지 (천국과 지옥)

우리는 죄로 인하여 지옥으로 가고 있는데 하나님이 우리를 사랑하셔서 천국으로 가는 길을 열어주셨어요. 지옥은 꺼지지 않는 불 못에서 영원히 고통을 받는 곳이고 천국은 거룩하시고 자비하신 하나님과 영생복락을 누리는 곳이예요. 지옥이 너무나 고통스러운 곳이기 때문에 하나님은 우리가 지옥에 가지 않기를 원하세요. 반면에 천국은 괴로움이나 슬픔이 없고 병이나 이별이 없는 곳 하나님의 놀라운 사랑을 온전히 깨닫고 영원토록 존귀와 찬양과 경배와 영광을 돌리며 순간순간 감격하며 사는 곳이예요. 우리 스스로는 천국에 갈 수 없기 때문에 하나님께서 천국 갈 수 있는 길을 열어주셨어요."

"누구든지 생명책에 기록되지 못한 자는 불 못에 던져지더라"(계 20:15).

7페이지 (예수 그리스도)

"그 길은 바로 하나님께서 우리의 죄를 해결해 주시기 위하여 예수님을 보내 주신 일이예요(요일 4:10). 예수님은 우리 인간의 죄를 대신 담당해주시기 위해 하나님이 사람이 되셔서 이 땅에 오셔서 말구유에서 첫 생일을 보내셨어요(빌 2:6-8). 그 예수님이 우리의 죄를 대신하여 십자가에서 죽으

시고 무덤에 들어가셨다가(롬 5:8) 우리를 살리기 위해 삼일 만에 다시 부활
하셨어요(고전 15:3-4). 예수님이 부활하신 것은 그분이 죄 없는 분이셨다는
증거가 되고 그분의 죽으심이 정말 우리의 죄를 위해서 대신 체험하신 일
이었다는 증거가 되는 거예요. 그 예수님은 우리를 다시 데려가시기 위해
재림하시겠다고 약속해주셨어요(요 14:3). 그래서 예수님의 죽음은 나의 죽
음이 되고 예수님의 부활은 나의 부활이 되는 거예요."

8페이지 (예수를 믿음)

"그 예수님이 우리와 하나님 사이에 다리가 되어 주셨어요. 예수님의
십자가의 죽으심과 부활을 믿는 믿음으로 인해 우리가 이 구원의 다리를
건널 수 있게 되는 것이에요. '너희는 그 은혜에 의하여 믿음으로 말미암아
구원을 받았으니 이것은 너희에게서 난 것이 아니요 하나님의 선물이라 행
위에서 난 것이 아니니 이는 누구든지 자랑하지 못하게 함이라'(엡 2:8-9).
선생님은 지금 하나님의 큰 은혜를 받은 것이에요. 하나님의 은혜가 아니
면 이렇게 하나님의 말씀을 듣지 못해요. 하나님이 선생님을 너무 사랑하
셔서 오늘 늦었지만 저를 만나고 이렇게 천국의 복된 소식을 들을 수 있는
기회를 주신 것이라고 믿어요. 선생님이 이 은혜를 받으시고 예수님을 믿
으시면 오늘 구원의 선물을 받게 되는 것이에요. '행위에서 난 것이 아니니'
라고 하셨어요. 사람이 아무리 행위로 노력해도 착한 일 해서 구원받지 못
하고 오직 예수님을 믿음으로만 죄 사함을 받게 되고 구원받을 수 있어요.
선생님이 예수님을 믿으면 지금까지 지은 모든 죄가 이렇게 깨끗하게 사함
받게 되고 선생님은 하나님의 자녀가 되고 생명책에 이름이 기록되고 예수
님이 선생님의 마음속에 항상 함께 해주실 것이에요."

9페이지 (영접)

"예수님께서 지금 마음 문 밖에 서서 마음 문을 두드리고 계시며 선생
님이 마음 문을 열도록 기다리고 계세요. 이 마음 문은 문고리가 밖에는 없

고 안에만 있어서 선생님만이 열 수 있습니다. 선생님을 너무나 사랑하셔서 선생님의 죄를 씻어 주시기 위해 대신해서 십자가에서 죽으시고 다시 선생님을 살리기 위해 부활하셨다는 것을 믿기만 하는 순간 구원이 이루어지는 거예요. 지금 선생님의 문 밖에 서 계신 예수님께 마음의 문을 열고 모셔드리면 구원의 선물을 받을 수 있습니다. 원하시면 예수님께서 선생님 마음속에 들어오시도록 이렇게 저를 따라 영접기도를 하시면 됩니다. 성경은 마음으로 믿어 의에 이르고 입으로 시인하면 구원을 받는다고 가르칩니다(롬 10:10)."

저를 따라 한마디씩 하시면 됩니다.
"주 예수님 /나는 주님을 믿고 싶습니다./ 지금 이 시간 제 마음의 문을 열고/ 예수님을 나의 구주 나의 주님으로 영접합니다./ 이 시간 제 마음속에 들어오셔서/ 영원토록 나와 함께 해 주시옵소서./ 지금까지 지은 죄를 회개 하오니 용서해 주시옵소서./ 예수님께서 나의 죄를 위해 십자가에 죽으시고/ 나를 살리시기 위해 부활하신 것을 믿습니다./ 영원토록 나와 함께 해 주시고/ 내가 하나님 나라에 갈 때까지/ 나의일생을 책임져 주옵소서/ 이제부터 예수님만 믿고 살겠습니다./ 나를 구원해 주신 주님께 감사 드리며/ 예수님의 이름으로 기도합니다. 아멘.

선생님 믿음이 자라기 위해서는

(1) 교회 출석을 잘 하셔야 합니다.
(2) 정기적으로 예배를 드리셔야 합니다.
(3) 기도를 하셔야 합니다.
(4) 성경을 읽으셔야 합니다.
(5) 봉사를 하셔야 합니다.
(6) 전도를 하셔야 합니다.
그러면 선생님 믿음이 잘 자랄 수 있습니다.

　만약 시간을 더 허락한다면 사영리를 설명한다.

　글 없는 책, 행복의 길, 사영리 복음제시를 모두 할 수 있는 시간이 주어졌을 때는 중복되는 것은 생략한다. 그러나 같은 내용이 다소 반복되어도 괜찮다. 그래야 세뇌가 되고 이해를 쉽게 한다. 사영리나 전도폭발은 많은 사람들이 잘 알고 있기 때문에 생략한다.

참고

이것은 전도용 소책자 '행복의 길'에 실린 그림을 설명한 것이다.

그러나 성경 구절과 간단한 내용만 인용했을 뿐 대부분은 개인적으로 성경 구절에 맞게 설명을 덧붙인 것들이다. 경우나 대상에 맞게 활용하면 좋을 것이다.

사람들은 대부분 착한 일을 해야 죽어서 좋은 곳으로 간다고 말합니다. 하지만 성경은 그 착한 일이 예수님을 잘 믿는 믿음이라고 가르칩니다. 율법의 완성은 하나님 사랑과 이웃 사랑이며 가장 아름다운 이웃사랑 실천은 곧 전도가 아닐까 생각합니다. 언젠가 욥기서를 보면서 하나님께서 욥을 향해 "너는 아느냐?"라는 질문을 쏟으셨을 때, 저 또한 부끄럽고 어리석은 자신을 돌아보게 되어 무릎 꿇은 적이 있습니다.

복된 나라에 가면 내가 세상에 살 때

왜 몸이 아팠는지 건강했는지?

왜 사업에 성공했는지 실패했는지?

왜 만났는지 헤어졌는지?

왜 부요했는지 가난했는지?

왜 의심했는지 싸웠는지?

왜 마음이 아프고 고통스러웠는지?

왜 기쁘고 행복하였는지?

왜 공부를 많이 했는지 더 배우지 못했는지?

왜 믿음을 가졌는지 불신했는지?

이 모든 것들을 너무나도 분명하게 알게 될 것입니다.

이 모든 것 뒤에는 측량할 수 없는 하나님의 사랑이 숨겨져 있었다는 것을...

깊고 오묘하신 하나님의 사랑을 온전히 깨닫고 그 은혜에 감격하여 찬양과 경배와 영광을 날마다 새롭게 돌려 드리며 감사하며 살게 될 것입니다.

우리에게 가장 가치있는 삶은 불신자들을 그 찬란하고 영화로운 곳으로 인도하는 전도의 삶이라고 생각합니다. 때로는 전도자에게도 힘든 고난의 순간들이 찾아오기도 합니다. 하나님께 기도하며 고난의 순간이 지나가기를 애원해도 하나님은 애써 외면하시는 것처럼 느껴질 때 낙심이 되기도 합니다. 하지만 하나님의 입장에서는 분명 깊은 뜻과 계획이 있으시기에 하나님의 뜻을 이루시는 일을 포기하시거나 중단하지 않으시고 계획대로 이루어 가십니다. 그것은 우리를 사랑하시기 때문이었다는 것을 훗날 알게 됩니다. 그러기에 인내하며 주님만을 바라보며 나아갈 때 반드시 하나님께서 준비하신 우리에게 없어서는 안 될 꼭 필요한 그 무엇인가를 얻게 되리라 믿습니다.

그러므로 순례자의 길을 가면서 영적 전쟁을 하는 동안 먹구름과 천둥번개 폭풍우가 몰아칠 수도 있지만 잠시 후 햇빛보다 더 밝은 내 집에서 순풍에 돛을 달고 기쁨의 찬양 부르며 주님과 함께 누릴 그날을 생각하면 이 땅에서의 짧은 삶도 천국 생활이 될 수 있을 것입니다.

모든 영광을 하나님께 돌립니다.

"우리 생명이신 그리스도께서 나타나실 그때에 너희도 그와 함께 영광중에 나타나리라"(골 3:4)

멕시코에서
유현숙

행복한 선교사 유현숙의
희망 전도 – 다시 태어나도 이길을

초판1쇄 발행 2012.3.15

지은이 　 유현숙
펴낸이 　 방주석
책임편집 　전찬우
영업책임 　유영채

펴낸곳 　 도서출판 소망
주소 　 서울특별시 종로구 연지동 136-56 기독교연합회관 1309호
전화 　 02-392-4232 　 | 　 팩스 　 02-392-4231
이메일 　 somangsa77@hanmail.net

출판등록 　1977년 5월 11일(제11-17호)
ISBN 978-89-7510-083-3 03230
책값 　뒤표지에 있습니다

도서출판 소망은 기독교문화 창달을 위해 좋은 책 만들기에 힘쓰고 있습니다.

오직 성령이 너희에게 임하시면 너희가 권능을 받고
예루살렘과 온 유대와 사마리아와 땅끝까지 이르러 내 증인이 되리라 (행 1:8)